＼2024年大注目！／

スガシタ流 60銘柄で あなたのお金を増やす!!

菅下清廣

Sugashita Kiyohiro

はじめに

日本経済と株式市場に今、大転換が起きています。

長きにわたり、日本経済を苦しめてきたデフレがいよいよ終わり、これから日本はインフレに向かうからです。

これから3年後、2023年、2024年、2025年の3年間を振り返ったら、株式投資をやった人とやらなかった人の格差はものすごく大きくなるでしょう。ここで日本も、アメリカみたいに富の格差が一気に広がる時代がやって来ます。

しかし、株式投資の初級者は、そもそも何を買ったらよいかが分かりませんし、中級者は値上がりしそうな銘柄の選定に、上級者は上級者で、大化け株の選定に苦労します。

そこで本書では、初級・中級・上級の3つのクラス別に、スガシタ流の推奨銘柄を、それぞれ20銘柄ずつご紹介しています（第4章、第5章、第6章）。

本書を読んで、3年後、「ああ、あの時決断して本当によかった」と喜べるように、あなたのお金をスガシタ流で増やしてください。そして、この日本株の黄金時代の勝ち組になってくださることを心から願っています。

2023年11月15日

菅下清廣

『2024年大注目！スガシタ流60銘柄であなたのお金を増やす!!』◆目次

投資は自己責任で行ってください。本書を読んで投資した結果について、出版社、著者は一切責任を負いません。

第1章
「脱デフレ・資産インフレ」相場への大転換

■30年続いたデフレがいよいよ終わった

今、日本経済に一体何が起きているのか。

過去30年続いたデフレがいよいよ終わって、ついに日本はインフレに向かっています。インフレに向かうということになれば、株が上がります。

どんな株が上がるのか。

今まで上がらなかった株が上がります。デフレの時代、日本経済が悪かった間、バリュー株は全然上がっていませんでした。たとえば銀行、不動産、大企業の株などはほぼすべて上がっていません。

ところが２０２３年4月以降は、バリュー株もグロース株も株価の底上げが起きています。グロース株（成長株）は、この不景気の中でも多少は上がっていました。しかしバリュー株は全然上がっていなかった。それが今上がっているわけです。

一体何が起きているのか。パラダイムシフトです。日本経済が30年間の長い眠りから今、目覚めようとしています。

私は、2023年1月の年頭に、スガシタボイスの会員向けに、2023年1〜3月期が日本株の底値圏。直近、最後の買い場になる。4月以降、新たな株高の足音が聞こえてくるだろうというメッセージを出しました。

2020年のコロナショックの安値から後は、私の予測はことごとく的中しています。今回も、どんぴしゃでその通りになりました。1〜3月は本当に底でした。1〜3月に買っていればほとんど儲かりました。

ただし、バリュー株です。ハイテク株は今はダメです。

バリュー株の中でも、3月末に配当権利を取り、高配当の株が狙い目だとスガシタボイスに書きました。具体的に言うと、海運・鉄鋼・商社です。

海運株には、私自身、一番投資しました。川崎汽船は、3月決算の配当が300円もありました。普通の会社の配当は5円とか10円なのに、300円です。そのときの株価は3000円。1000株買って300万円。配当30万円。そんないい話があるのか？　あったのです。実際に、配当は30万円落ちたのです。配当落ちしたあと、川崎汽船などの海運株は下がるだろうとみなが思っていました。理論価格では下がりました。しかし、その後すぐに上がってきました。川崎汽船は、直近で、3000円台だった株価が5000円を付けました。3月からほぼ半年くらいで、5000円。なんとこれが十数年ぶりの高値です。

商船三井も2023年の3月決算の配当が400円ありました。日本郵船は500円もありました。

■脱デフレ・資産インフレ

このように、現在の相場の大局観は、30年ぶりに日本経済がデフレを脱却しようとしていることです。それで株価が上がっています。だから、狙い目の投資テーマは「脱デフレ・資産インフレ」関連ということになります。現在はこの一言で集約されると言っていいでしょう。この本ではこのテーマに沿って推奨銘柄を選びました。

初級者向け、中級者向け、上級者向けにそれぞれ20銘柄ずつ選んであります。しかし、「脱デフレ・資産インフレ」関連というテーマは、すべてのクラスに共通の分母になっています。

日本経済はこれから長期に続いたデフレを脱却して、資産インフレに向かっています。それは政府が公言しています。物価目標2％です。これからデフレが終わって、2％のインフレを国が目指しているわけですから、その国策に乗っかって株価は上がっていきます。あるいは、その国策に乗っかっている銘柄、乗っかって業績がよくなるであろう、あるいはよくなっている銘柄はすでに上がっています。今後も上がるでしょう。

そして、その「脱デフレ・資産インフレ」相場の中で狙い目の業種はなにかと言うと、**円安メリットのある会社、インフレの恩恵をこうむる会社**です。その代表格が、先に挙げた海運大手3社（日本郵船・商船三井・川崎汽船）、鉄鋼、商社です。これがビッグ3です。

海運というのは、船賃はすべてドル建てです。円安だと黙っていても儲かります。鉄もそうです。輸出はすべてドル建てです。商社もそうです。ベースはドルです。

海運・鉄鋼・商社に続く第4の業界は自動車です。自動車もドル建てです。こう言うと、「いや、トヨタなどは多国籍化して、工場は海外にあるから為替はもう関係ないでしょう」などとわけ知り顔で言う方がおられますが、まったく違います。アメリカで作ってアメリカで売るとしても、日本の本社は最後は円で計算するわけですから、例えば海外で1000万ドル儲けたものは、決算するときの為替レートで日本円に換算されます。売ったとき

1ドル100円で、今150円だとしたら、売った時の利益が100億円だったものが、決算のときの利益は150億円になるわけです。これはものすごい為替差益です。

インフレと言えば、物価が上がるだけのようにイメージしている方がいますが、「資産インフレ」というのは資産価値が上がるということです。資産とは何かと言えば、株と不動産です。それプラス、商品（コモディティ）です。金《きん》とか石油とかです。この3つを資産と言います。コモディティが上がって行くのは目に見えています。だから、それを買えばいいのです。国内の金《きん》価格は今、1グラム1万円を超えました。最高値を更新中です。

不動産は、東京都心の一等地のマンションはずっと値上がりが続いています。庶民の手が届かない値段になっています。青山などでは坪1000万円以上になっています。

株はと言えば、今、目指せ4万円です。4万円つけるのはもう時間の問題です。

これが私の大局観です。だから「脱デフレ・資産インフレ」関連の株を買え、ということになります。これが大きなテーマです。

今回、私が選んだ60銘柄は、すべてこの共通分母から厳選した銘柄です。

■初級・中級・上級者、それぞれの狙い目

それでは、この「脱デフレ・資産インフレ」関連の中で、さらに狙いを絞って行く場合の指標を考えていきましょう。1つ目は、当たり前のことですが、①**業績見通しのいい会社**です。これは四季報やゴールデン・チャートなど、一般に手に入りやすい数字を利用します。そこに書かれている通りになるかどうか、100%の確約はもちろんありませんが、一応、四季報に「業績見通しがいい」と書かれていれば、「好業績」と判断します。

次に発表されている配当を見ます。できるだけ、②**高配当の会社**、を買いたい。現状で「高配当」と言えば、3%以上です。4%以上だったら合格です。

ですから、好業績・高配当の会社を狙います。それで、初級者は、③**株価が安いところ**、を狙いましょう。株は安く買って高く売るが基本です。当たり前のことですが、しかし、言うは易し、行うは難《かた》しです。

もう1つ、初級者にとっては大切なのは、④**分かりやすい企業**、を買うことです。何をやっている会社か分かりやすい企業です。著名投資家のウォーレン・バフェットも言って

います。自分が理解できる商品やサービスを提供している会社の株を買いなさいと。証券会社に勧められたからといって、何をやっている会社かよく分からない会社の株を買ってはいけません。

ですから、初級者は、③価格はチャート図を見て安値圏にあるもの、なるべく安め、しかも④分かりやすい会社で、誰もが知っている一流企業を買う。さらに①業績見通しがよくて、②配当もいい、そういう銘柄を狙いましょう。

では、中級者はどうでしょうか。中級者は、初級者の銘柄では満足できません。中級者はもうすでに投資経験が何年かある人です。①好業績・②高配当を狙うのは初級者と同じですが、できたら、⑤**キャピタルゲインを狙いたい**。つまり、値上がりしそうな株を買いたい。

これは簡単には見つかりません。そこで出てくるのがスガシタ流の波動理論です。好業績で高配当だけでなく、株価が高かろうが安かろうがキャピタルゲインを狙えそうな、つまり値上がりしそうな銘柄を買いたい。それが中級者が目指すところです。

上級者は、投資経験10年以上、資金も大きく動かしている人です。15％や30％程度の値上がりでは満足できない人です。上級者はずばり、⑥**目指せテンバガー（10倍株）**、です。

株価が何倍にもなるものを買いたい。10倍株はどこにある？　そういう狙いを持ちつつも、できるだけ①好業績・②高配当の銘柄を買う。

以前であったら、「テンバガー」、大幅値上がり銘柄と言えば、ハイテク、DX・デジタル関連銘柄でした。しかし、現在はハイテクはダメです。配当がありません。成長株は先行投資をするので、配当はみんな0〜1％台です。これでは、デフレを脱却しようとしている今現在は魅力がない。だから、ハイテク株が今は売られている。

ですから、今はインフレに向かうので、人々は高い配当が欲しい。一番簡単なのは配当利回りが高い銘柄。しかし、業績が悪いと減配されてしまうので、業績見通しのいい会社を選ぶ。

スガシタ流波動の超基本

各クラス別に、それぞれの戦略を一言で表現するとすれば、次のようになります。

初級者は安い銘柄を買ってしばらくの間、がまんしましょう。そのうち値上がってきます。

中級者はタイミングのよいところで買って、自分なりにどのくらい値上がりしたら売るか、たとえば、利益率15％でも30％という目標を設定する。

上級者は大幅に何倍にも値上がる銘柄を狙いたい。バリュー株の大化けを狙う。これが上級者です。たとえば、日本郵船はこの3年半で株価が10倍以上になっています。しかも、高配当です。

だから、配当も要る。株価が上がらなかったら、配当をとって惹きつける。

では、いつ買ったらよいか。初級者の方たちにいつも聞かれるのはこの質問です。「狙っている銘柄がいったん下がったところで買いなさいということになりますか」と聞かれます。

これに答えて分かってもらうためには、スガシタ流波動の基本を勉強してもらわねばなりません。

波動というと難しそうに聞こえるかもしれませんが、株というのは、単純な上昇直線では上がりません。上下動を繰り返しながら、トレンドラインとして上昇します。トレンドラインは上値《うわね》の点を結んだラインです。のこぎりの歯のようなこれが波のサイクルです。

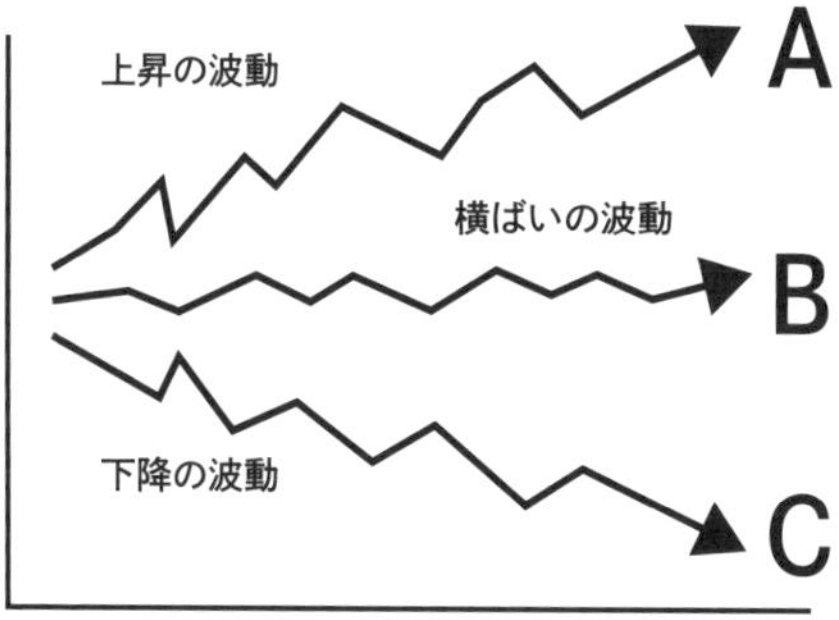
上昇の波動
A
横ばいの波動
B
下降の波動
C

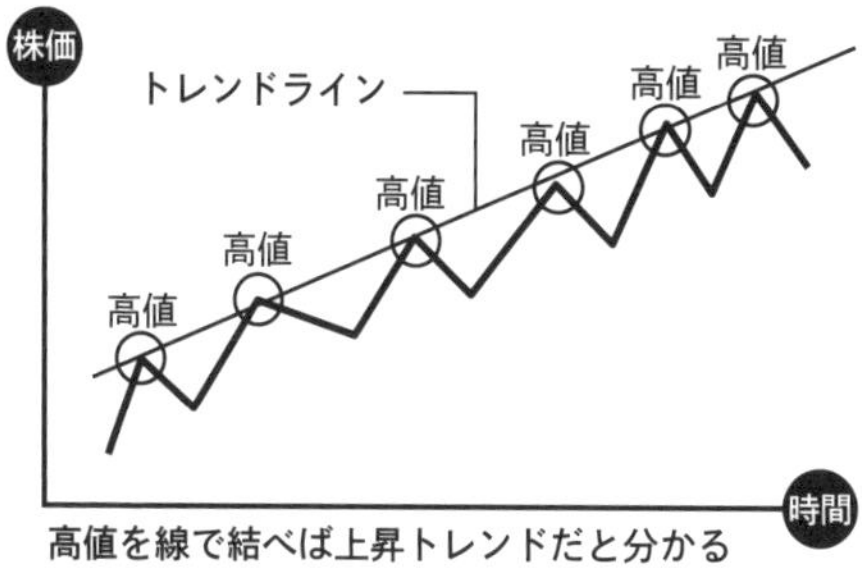
株価
トレンドライン
高値
高値
高値
高値
高値
高値
時間
高値を線で結べば上昇トレンドだと分かる

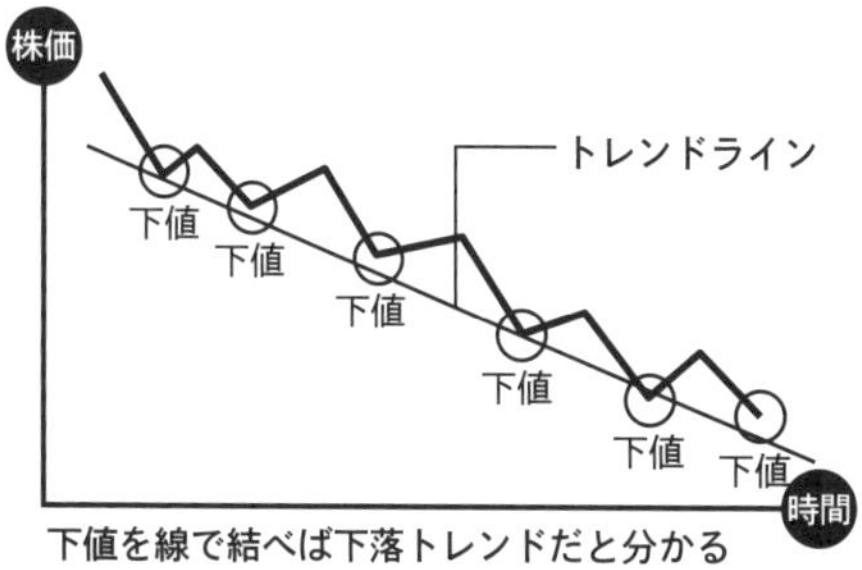
株価
トレンドライン
下値
下値
下値
下値
下値
下値
時間
下値を線で結べば下落トレンドだと分かる

ですから、一般の人は、上昇トレンドの銘柄を買っても、買った時の値段から一回下がると、青ざめてすぐ売ってしまう。すると、そのあとすぐ上がります。慌てて買い戻したら、また下がる。こんなことをやっているとずっと損です。

だから、波動の基本を知らなければいけないのです。波動には、今言ったA「上昇の波動」と、逆にトレンドラインとして下降していくC「下降の波動」があります。下降のトレンドラインは下値《したね》を結んだ点です。それから3つ目としてB「横ばいの波動」があります。

今、自分が買おうとしている銘柄が、どの波動にあるかぐらいは、初心者といえども分からないといけません。チャートを見れば分かります。チャートを見て、A、B、Cのどの波動かを判断する。

上級者はAの上がっている株を買います。初級者はだいたいCの下がっている株を買います。中級者はその間をうろうろしている。だいたいそういう傾向があります。

Cの下がっている株は、リスクが低いように見えます。なぜ株価が下がっているか。業績が悪いからです。だから、下がっている株のほうがリスクが大きい。ここが初級者が間違う点です。下がっている株は買うなと、初級者に言いたいです。だいたい下がっている

ダブルボトムの３つのパターン

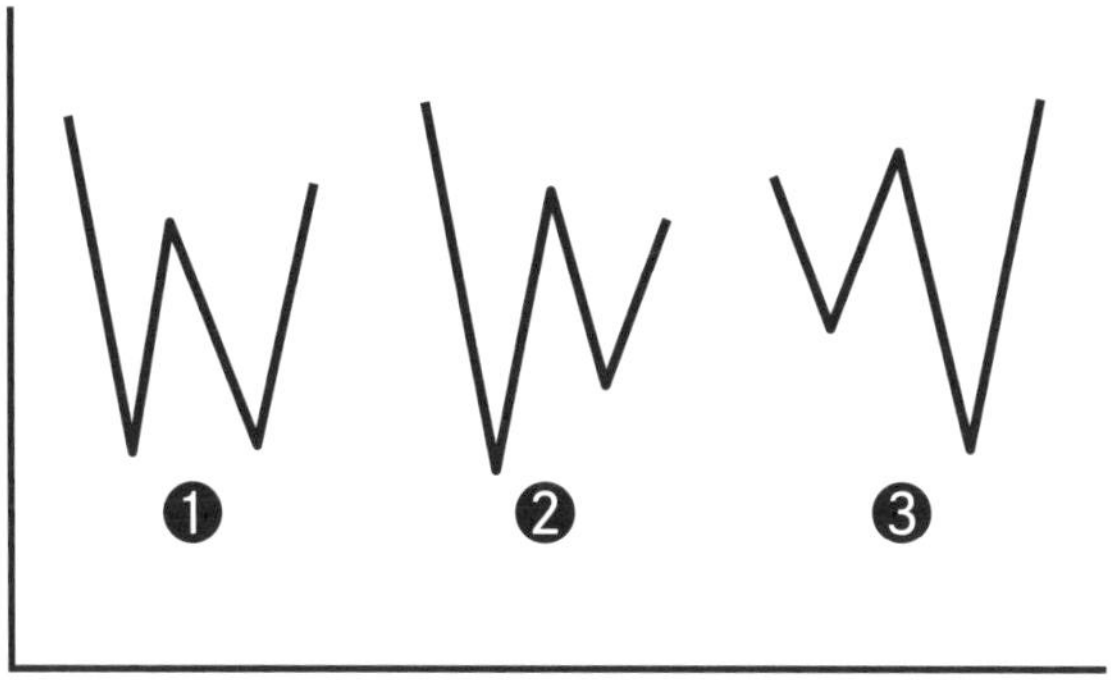
❶
❷
❸

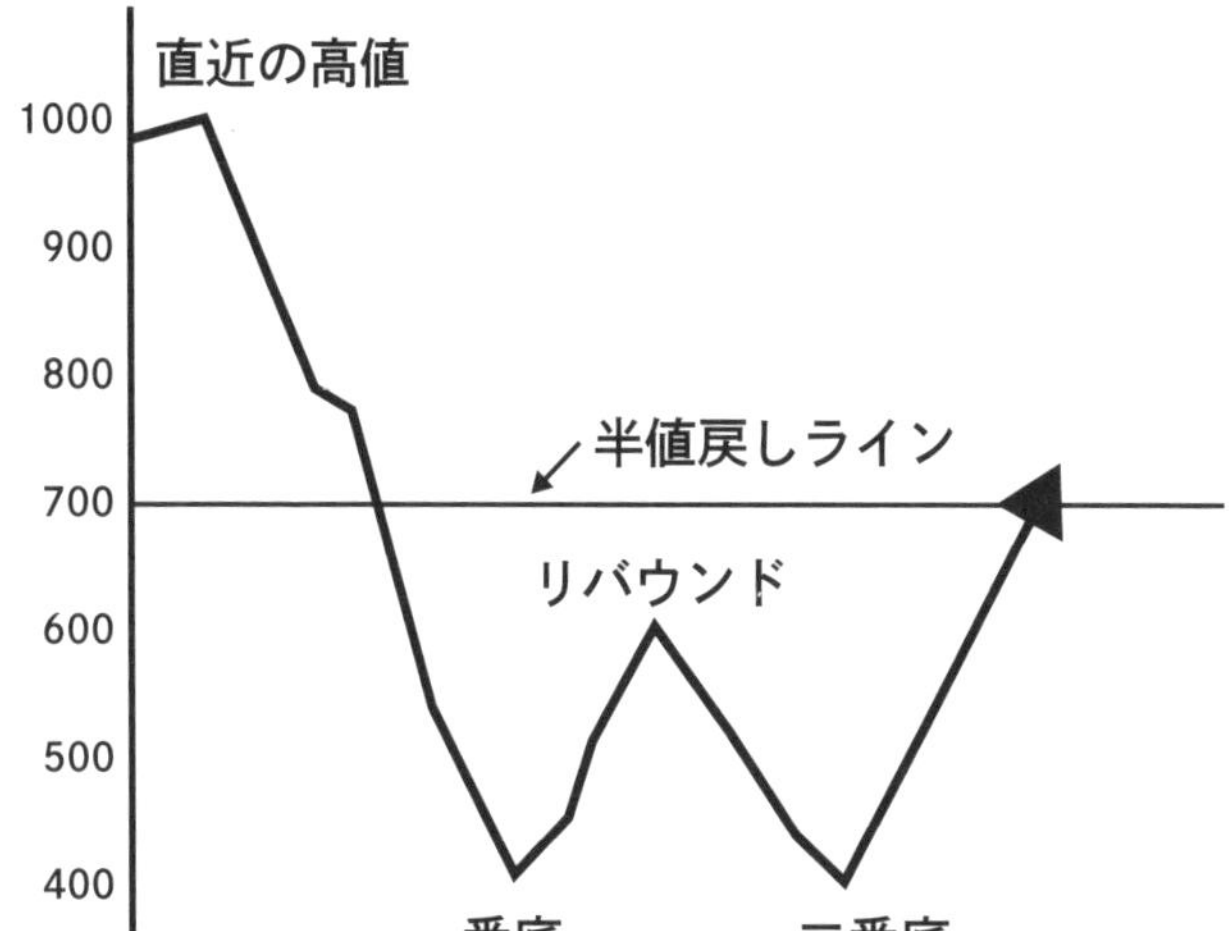
直近の高値
1000
900
800
700
600
500
400
300
半値戻しライン
リバウンド
一番底
二番底

株を初級者は買います。人間の心理としては下がっている株を買いたくなります。たとえば、この間まで1500円していた株が今は900円だ、バーゲンセールだと思って買ってしまう。さらに下がって、今度は450円になってしまった。人間の心理としては下がっている株を買いたくなる。

しかし、初級者は最低でもC銘柄の高値を買わないようにしなければいけません。だから、下がっているけれども「底入れ」している銘柄を見極めなければなりません。「底入れ」して上がってきている銘柄。これを買えばいい。その「底入れ」のサインは何か。波動の基本型を知っていれば簡単に分かります。

株価が「底入れ」する場合は、図のようにW字型に底入れします。この左の底値を一番底といいます。ここで買ってはいけません。株価は二番底を入れて上がるのが基本です。ですから、早稲田大学のマーク「W」みたいになったら、右の底値が入ってから買いたい。しかし、二番底を入れたかどうかはすぐには分かりません。いつ分かるか。直近の高値を抜いた時です。

さらに続きがあります。図を見てください。この株は1000円から下がっていっています。半値になって一番底が400円です。二番底で400円です。二番底は一番底より少し高い場合もあれば低い場合もありますが、ここでは分かりやすく一番底と同じ400円にしましょう。ようやく400円で底入れしました。一番底を入れたあと、だいたい1回戻ります。これを自律反騰《じりつはんとう》と言います。ボールを壁に投げてぶつけたら戻ってくる現象と同じです。だいたい3分の1ぐらい戻ると言われています。相場の世界ではこの自律反騰のことを「リバウンド」と言います。リバウンドはだいたい3分の1ぐらい戻ります。1000円が400円になりましたからマイナス600円です。3分の1戻るということは200円戻ります。安値が400円ですから、これに200円を足すと600円です。株価の習性としては一番底を入れてから、下がった分の3分の1ぐらいを1回戻します。そのあと、再び下がります。なぜかというと、1回リバウンドすると、一番底の400円にまで行く前に買っていた人たちが、やれやれで売ってくるからです。それで再び下がります。

そして、二番底を入れる前には、それまでに諦めた人はほとんど売ってしまっていますから、その後、上がります。そして、この3分の1ライン（600円）を抜いたときには、売り物があまり出ていない状態になっています。下がる局面でみな売ってしまうからです。

この二番底を打ってから上がってきた株価が最初の1000円から見て半値に戻してこ

これを超えるかどうか、ここを見ます。このラインが壁になることが多いからです。マイナス600円の半分ですから300円をプラスして700円のラインです。これを「半値戻し」と言います。この壁を突破したら、「**半値戻しは全値戻し**」と相場の世界で言われる格言にあたります。半値を戻したら、前の高値に接近、もしくはそれを超えるということです。

ですから、初級者の人は、二番底を入れて、3分の1ラインを抜いてきたときに買うか、そうでなければ、この一番底に対して、二番底が同じような値段でうろうろしますから、そのうろうろしているあたりで買って、上がってくるのを待つというのが初級者のやり方になります。

これが初級者の人でも知っておかねばならない最低限の知識になります。

大事なことなのでもう一度言いますと、相場の波動の基本型は、A「上昇の波動」、B「下落の波動」、C「もみ合いの波動」の3つがあります。自分が買おうとしている株はどの波動ですか。だいたい傾向として、上級者は「上昇の波動」の株を買います。初級者は「下落の波動」のほうを買います。中級者はその間にいます。

この下がっている波動の株を買うときは、ダブルボトムかトリプルボトムをつけてから買いなさい、ということです。底入れしたかどうかは、直近の戻り高値を抜いてきたときです。

2024年の注目業界

次に注目業界を見ていきましょう。

すでに述べたように、まず海運です。海運大手3社というのは、日本郵船、商船三井、川崎汽船です。どこもものすごく配当がいいです。昨年の配当は15%ぐらいです。いまは4~5%ですが、それでも、この間、直近の高配当利回りのトップ20社が発表されました。それを見ると、1位が川崎汽船です。商船三井は2位か3位でした。海運はものすごく配当がいいです。当たり前です。めちゃくちゃ儲かっているのですから。1ドル120円か130円だったのが、今150円になっているのですから。

同じことが鉄鋼や商社や自動車にも起こりつつあります。脱デフレ、円安、資産インフレで株が上がってくるのは当たり前のことです。

推奨銘柄に入れた鉄鋼関連は、日本製鉄と神戸製鋼です。日本製鉄がNo1、神戸製鋼が

No2です。高配当、好業績です。神戸製鋼は日本製鉄より配当がいいです。業績はものすごくいいです。

自動車で業績がいいのはトヨタ、ホンダです。自動車株も化けると思います。日本の大手自動車企業は、この2、3年のうちに主流がEV、電気自動車に切り替わります。その時に企業変革が起きますから、株価は上がります。今はテスラですが、5年後はトヨタ、ホンダがEVで頭抜けている可能性があります。技術力と資本力で日本の自動車企業は圧倒的に力があります。

ただ、トヨタは今、戦艦大和みたいになっています。ハイブリッドカーで組織が出来上がってしまいました。EVに切り替えると多数の失業者が出てしまいます。だから、新会社を作ったほうがいいぐらいです。その点、小回りが利く、ホンダやマツダのほうが面白いかもしれません。

■大企業、一流企業の底上げ相場

上級者向けの推奨銘柄を見てもらって分かると思いますが、上級者向け銘柄の企業も、非常に有名な企業ばかりです。何をやっているかよく分からない企業は入れていません。一部、新興企業は入っていますが、ほとんど知られている会社ばかりです。

なぜかと言うと、脱デフレ時代の株式投資の狙い目は何か。どんな銘柄を買ったらいいかと言うと、まず一流企業、です。これがハイテク時代と全然違います。大企業を買いなさい、ということです。これは初級者でも中級者でも上級者でも同じです。なぜか。GAFAの時代は新興企業やDX、ハイテク株が狙い目だったのです。結局出てきませんでしたが、日本のアップルやグーグルになりそうな会社の株を買いましょう、ということで相場が上がった。それで株価が10倍、20倍になったものもありますが、それらの株は今は10分の1、20分の1になっています。

今回は、脱デフレで何が起こっているかというと、30年以上続いていたデフレの間に、業績が停滞して株価が全然上がらなかった大企業がほぼすべて立ち上がってきていることです。だから、**大企業、一流企業の底上げ相場になっています**。その底上げをする株を買ったら儲かる、という、そういう相場です。

その底上げ企業の目印が、**①PBR（株価純資産倍率）1倍割れ**、です。だから、脱デフレで高配当・好業績の会社で、PBR1倍割れの会社を買っておけば間違いありません。

どこの会社も1倍以上になるように努力しているわけですから。海運大手3社はすべて1倍割れです。自動車も、トヨタを除いて1倍割れです。商社は5大商社（三菱商事、三井物産、伊藤忠商事、住友商事、丸紅）はすべて1倍以上です。ウォーレン・バフェットが買ったからです。双日は1倍割れです。

ですから、PBR1倍割れの大企業、一流企業を買いましょう。そして、**②配当3％以上している会社**。これを買いましょう。配当2％以上はごろごろしています。できたら4％以上の会社を買いましょう。ということで、みんな買ってくるから、配当4％以上の会社の株価は上がるに決まっています。みんな高い配当の株を買おうと思いますから。

さらに、**③自社株買い**、を発表している会社です。双日も300億円を上限とする自社株買いを発表しています。ホンダなども発表しています。

だから、何を買うかという場合、この3点セットなのです。①PBR1倍割れ、②配当3％以上、③自社株買い、です。これは初心者でも簡単に見つけることができます。波動は初心者にはちょっと難しいですが、この3点セットは誰でもすぐに調べることができます。

■インバウンド、賃上げインフレ関連企業を見逃すな

まとめると、現在のこの脱デフレ・資産インフレ相場は、初級・中級・上級を問わず、個人投資家にとっては絶好のチャンスです。

万が一、株価が上がらなかった場合は、来年3月決算の配当まで持っている。その間に日本経済はどんどんよくなります。好業績・高配当の株を持っていれば、黙っていても儲かる相場です。どたばた売り買いしなくていい相場です。

推奨銘柄に挙げたくら寿司は客の迷惑行為で話題になった会社ですが、回転すし屋の評価はいまものすごく上がっています。ニューヨークでくら寿司米国は大繁盛しています。なぜかというと、いまアメリカは人件費が上がって、職人にものすごく高い給料を払わなければいけなくなっています。ところが、くら寿司はロボットで作ります。アメリカの証券会社のアナリストもくら寿司をすごく高く評価しています。これから海外投資家が日本の株を買ってきたら、買われるかもしれません。回転すしなんて日本独自の文化ですから。

ですから食品業界はいいいと思います。

同じく推奨銘柄に入っている東洋精糖は、5月に特別配当（記念配当）を発表しました。その時の配当は10％を超えていました。だから値上がりしました。事実、6月、7月、8月で2倍以上になりました。9月が直近の相場のピークでした。だからどんな株もピークアウト（天井）します。そこで下がり始めたら利益確定するか、継続保有するかの判断をしなければなりません。10月は調整局面です。調整局面は1か月は続くでしょう。そして年末にまた上がってくるでしょう。波動から見てそう見えます。

今後の株式投資の狙い目は、①インフレ・円安メリット関連。海運大手3社。船・鉄・商社、自動車です。これが今年前半の大当たり株です。バフェットが商社株を買って話題になったので、私はバフェットの後を追いかけてもしょうがないと海運・鉄鋼株に集中しました。

次が円安でメリットが出てきた、②インバウンドです。ですから、今後もインバウンド関連は面白いでしょう。インバウンド関連の中で特に面白いのは「消費」関連です。それで食品に注目しています。その中でも高配当で砂糖です。先ほども言ったように、東洋精糖は配当6％を発表して、その後3か月で2倍以上になりました。

今の状態は賃上げインフレです。私が２０２３年の4月から、なぜ株が上がると予想したかというと、1つの理由は、4月から日本の大企業の多くが賃上げをする。これによって賃上げインフレが起こるだろうと予想できたからです。ですから、③賃上げを積極的にする企業、の株は買いです。この間、日経新聞が「賃上げインフレ関連企業」を発表しています。

そして、まだ大きな相場は来ていませんが、いずれは④防衛関連もいいです。その代表はもちろん三菱重工（7011）です。

したがって、大企業の中で、円安・インフレ、インバウンド、賃上げの関連の企業が狙い目です。これらすべてが「脱デフレ」を後押しします。「脱デフレ」関連ということになります。

一番最後、5番目に、⑤資源・エネルギー株です。投資テーマを並べるとなると、この5つです。これは、もちろん世界的なインフレで資源価格が上がるだけでなく、今や世界は戦争経済です。戦争が拡大しそうな状況です。いずれの時代でも戦争経済はインフレを呼び込みます。資源価格、エネルギー価格は急騰です。おそらく石油価格は1バレル100ドルぐらいになるでしょう。

第2章
2024年、
世界経済のゆくえ

■アメリカの金利とインフレは高止まり

今のアメリカの金融・経済状況はどうか、というと、昨年、インフレ率が9％ぐらいまで上がったのが、年初からの金融引き締め（利上げ）でインフレ率は4％台ぐらいまでに今、収まってています。しかし、一言で言うと、アメリカは今後、金利とインフレが高止まりします。

それはなぜかと言うと、金融引き締め（利上げ）しているにもかかわらず、アメリカの景気はいいからです。ですから、一部アナリストは、学校で習う金融論そのままに、引き締めして、利上げしたら景気は悪くなると考えて、アメリカの景気後退を予測しています。アナリストの半数以上がそう予測しています。だから、年末から2024年年初にかけて景気後退（リセッション）に陥るとテレビ番組で発言しているアナリストがたくさんいます。

ところが、実は、アメリカの景気はよいのです。今もよいです。それがデータにも表れています。図1のアメリカの製造業指数のグラフを見てください。これを見ると、202

図1　米国の製造業景況指数の推移

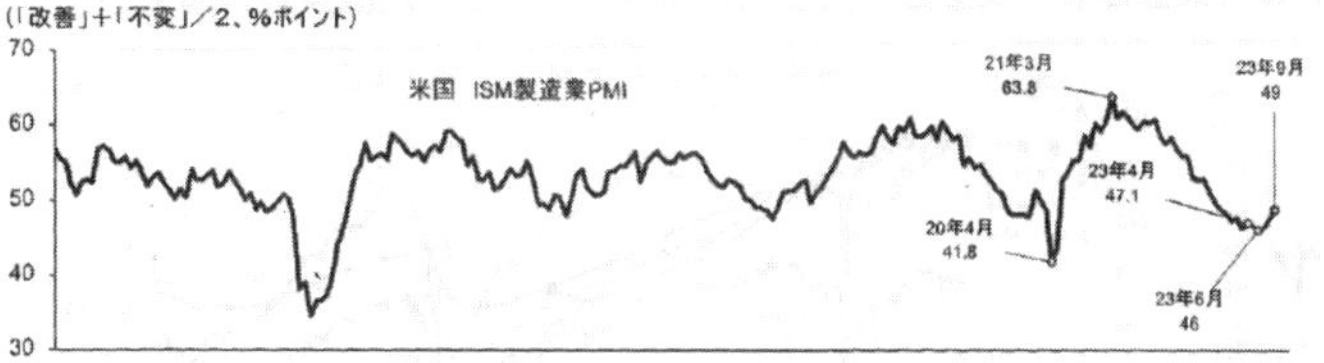

出所：ISM『Report On Business』

3年の6月ぐらいに製造業も底入れしていることが分かります。つまり、アメリカの景気はすでに底入れして、今はむしろ上がってきている。

では、金融引き締めしているのになぜアメリカの景気がいいのか、というと、ウクライナ戦争です。アメリカは今、膨大な軍事支援をしています。これはものすごく景気波及効果があります。軍需産業が潤うだけではありません。ロケット1つ作るだけでも、何万人の人が関わるわけですから。だから、いまアメリカは軍需景気です。

過去の歴史を見ると、第1次世界大戦のときに、ヨーロッパが戦場になり、そのときに物資支援や軍事支援をしたアメリカと日本は特需景気に沸きました。日本では「神風が吹いた」という捉えられ方をされました。その前の日露戦争で費やした戦費で、日本はものすごく借金に苦しんでいたのに、第1次世界大戦のこの特需で国家財政は急回復、大幅な黒字になりました。

第1次世界大戦は1914年から4年間続いたわけですが、その間に、この戦争で一番潤った産業は、一に海運、二に鉄鋼、三に商社でした。その具体的な例として、1914年の年末に船賃はそれ以前の2倍になりました。それだけでも儲かるのですが、1918年の終戦（11月11日）の前日に、この船賃は20倍になりました。戦争ではこういうことが起こります。

だから、今、ウクライナ戦争でアメリカの景気はよくなっています。ということは、もしかすると、ウクライナ戦争が停戦になると、軍事支援という特需がなくなりますから、アメリカの景気も悪くなるかもしれません。今、特需ブームです。

日本にもその恩恵が今、来ています。だから日本の海運も鉄鋼も商社も、今ものすごく儲かっています。この状況が続くと、アメリカは少々金融引き締め（利上げ）をしても、当分、インフレと金利は高止まりします。なのに景気はいい。個人消費も伸びる。今、こういう状況です。

これは少なくとも、2024年11月のアメリカの大統領選挙まで続くと思います。それまでにウクライナ戦争が終われば、どうなるかは分かりません。普通は軍事支援がなくなれば景気は悪くなりますが、停戦になったあとのウクライナの復興支援があります。そうなると引き続き特需ブームが続くかもしれません。日本もウクライナ戦争が終わっても、主要な復興支援国になる可能性がある。ですから、日本の景気にものすごい波及効果があります。

そして、相場の世界では**「近い戦争は売り。遠い戦争は買い」**と昔から言われています。今、その通りの展開です。ですから、海運株や鉄鋼株が上がって、次第に高値を切り上げています。これは当分続きます。ものすごく儲かっていますから、増配しています。第1章でも書いたとおり、昨年、日本郵船の配当は16・8パーセントでした。2~3パーセントぐらいが普通のところに16パーセントというのは、あり得ない数字です。今も高い配当をしています。

ですから、アメリカは、以上のような特需ブームがあるので、先の図1のようなデータを見ると、自然に景気に底入れ感が出ています。一般のアナリストが言っているような景気後退（リセッション）はない可能性が高い。むしろ、2024年の年初ぐらいからさらに景気がよくなる可能性がある。それは、特需ブームだけではなくて、大統領選挙の年はだいたい景気がよくなるからです。すでに立候補を表明しているバイデンが、自らの再選を目指して景気対策をするに決まっています。

■難民・移民がこれからの世界経済の一番の問題

では、アメリカ経済に不安材料はないのか。確かに心配なのは、地方銀行の倒産や、治安の悪化、債務上限問題など、アメリカに関してはネガティヴな報道が増えてきているという点です。

まず、地方銀行の倒産に関しては今後もあり得ます。しかし、今のアメリカにとってはどうということはないと思います。地方銀行が倒産しても大手都市銀行が吸収するだけです。リーマン・ショックのような、すわ、世界恐慌か、という時でさえ、リーマン・ブラザーズは潰れましたが、メリルリンチはバンク・オブ・アメリカが買収して救済されています。ですから、地方銀行のいくつかが潰れても、アメリカの金融システムには何の問題もないと思います。預金している人たちがいますから、一時的な混乱はあります。一部で取り付け騒ぎが起こる可能性はあります。しかし、アメリカの金融システム全体にとってはたいしたことはないでしょう。

債務上限問題も、政治的な駆け引きですから、これはデフォルトさせるはずがありません。アメリカの国債がデフォルトしたら、世界中が大混乱になって、一番損をするのがアメリカですから。

ただ、治安の悪化は続きます。一番の原因は、押し寄せて来る難民・移民です。トランプ前大統領のときは、国境の壁を作って、難民・移民を国内に入れないようにしました。バイデン大統領は、トランプが行った政策を全部ひっくり返してしまって、国境の壁も撤去しました。人道主義で、どんどん難民・移民を受け入れなさいという真逆の政策を当初はとりました。

ところが、今、どうなっているかというと、やっぱり壁をつくろうという話になっています。それはそうです。毎日毎日、中南米から何千人もやって来るのです。なんと歩いてくるのです。南部のテキサス州の共和党のアボット知事は頭に来てしまって、入ってきたこの人たちをみんなバスに乗せて、ワシントン、ニューヨークに千人単位で送りました。民主党の知事がいるところに送るわけです。バイデンに面倒を見てもらえということです。

この状況は治安の悪化にどんどん結びつきます。難民・移民の人たちは英語がほとんどできません。仕事に就ける能力がほとんどない。その人たちにベッドと食料を与えるだけでものすごい負担です。

だから、ニューヨークでは現在、難民・移民がうろうろしています。超一流ホテルの前の道路にマットを引いて寝ている難民もいます。

この難民・移民の問題は、これからの世界経済を考える上で一番大きな問題であると言っても過言ではありません。アメリカだけの問題ではありません。今、ヨーロッパもすごいことになっています。地中海を渡ってイタリアの最南端、シチリア島よりさらに南のランペドゥーザ島に、島の人口の10倍を超える難民が押し寄せています。収容施設も何も間に合いません。みんな路上で寝るしかありません。

ですから、翻《ひるがえ》って日本を見ると、日本には難民・移民問題がありません。ひと頃は日本は難民・移民が極端に少ないと批判されていましたが、こうなってくると逆に日本が見直されます。今後5年、10年、20年の長期の世界の一番の問題の1つが難民・移民問題です。もう、民主主義国家が難民・移民を受け入れることができない。ドイツも2015年以来、最初はどんどん難民・移民を受け入れていましたが、このままではドイツ社会が崩壊することになると、現在、難民受け入れ反対の政党が支持を伸ばしています。フランスも同様です。パリのど真ん中でテロを起こすのは難民に混じって入国してくるイスラム過激派です。

イギリスもたいへんなことになっています。アフリカからどんどん難民が入ってくるから、英国政府がルワンダに難民を飛行機に乗せて送り返そうとしました。その代わりにルワンダにお金を渡すと英国政府は言いました。ところが、イギリス国内の人道主義者たちが反対して、送ることができなくなりました。

そういう難民たちは、仕事がない。住む場所もない。寝る場所もない。これはたいへんな問題です。

世界のもう1つの問題は、水と食料です。これはこれから大問題になっていきます。日本は人口が減少していますが、世界の人口は爆発的に増えています。とくにアフリカはものすごく増えています。その人たちがどんどんヨーロッパに押し寄せている。だから、食料と水はおそらく将来、世界の先進国が自国の国民を守るために、保守的に確保する状況になると思います。水と食料の奪い合いが起きます。それがきっかけで紛争、戦争が起こる事態が容易に予想できます。

中国が一番心配しているのも水です。中国は人口が多いですから、今でも水が足りません。ですから、日本の河川を占領しようとして、日本の土地を買おうとしている。日本は山あり、川ありで、水が豊富です。

図2　米国の住宅需要と在庫・価格の推移

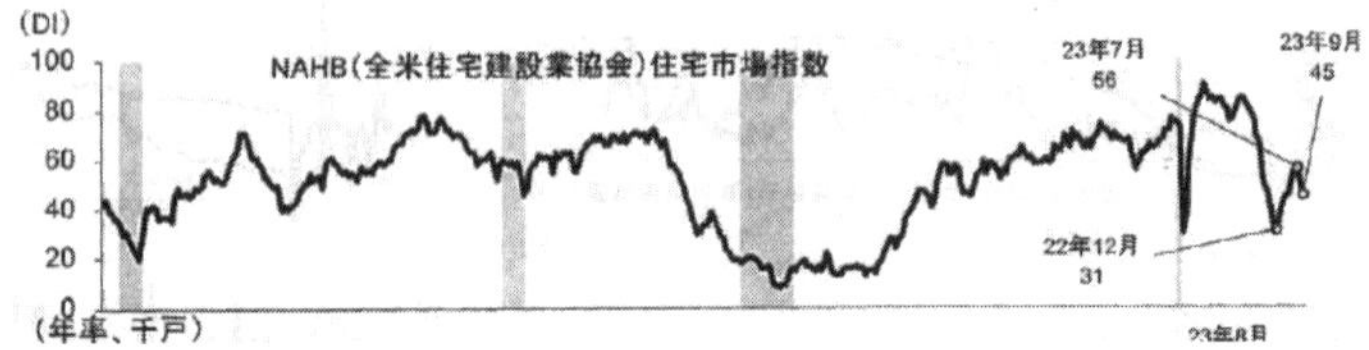

出所：NAHB『Housing Market Index』

平和ボケしていた日本の政治家たちもようやく、安全保障上の問題があるから、日本の土地を外国人に買わせるのを制限すると言い出しています。

水の問題は今すぐの問題ではありません。しかし、難民・移民の問題は今すぐの喫緊《きっきん》の問題です。相当厳しい状況にあります。次のアメリカ大統領選挙でバイデンがもし負けるとすれば、移民問題で負けると思います。

アメリカの不動産市況は上昇傾向

次にアメリカの不動産市況ですが、この間、金融引き締め（利上げ）で住宅ローン金利も上がっていましたから、一時ものすごく悪かった。しかし、直近は底入れしてきます。図２に、米国の住宅需要と価格の推移のグラフがあります。これを見ると、２０２２年の12月が底です。その後、上昇に転じているのが分かります。

ですから、ようやく、アメリカの不動産不況が今、終わりつつあります。そこから判断すると、アメリカの景気は来年はおそらくよいです。不動産不況が底入れして、金利はまだ上がっていますが、いずれ金利はピークアウトします。金利が上がっていても、いま景気がいいのに、来年（２０２４年）のどこかで金利を下げるようなことになれば、さらに景気がよくなりますから、それで株価も上がります。日米の来年の株価は「大幅高」と予想します。今から買っておけという話です。下がったら買いです。

民主主義・自由経済国家VS独裁専制国家の新冷戦構造が続く

次は中国経済の現状です。中国の景気動向はどうでしょうか。図3が、中国のマネーサプライと固定資産投資と住宅価格のグラフです。これを見ると、一番悪いところは終わったという感触です。固定資産投資の一番上の線がずっとへこんでいたのが、いま上がってきています。まだいわゆる回復途上という感じですが、最悪期は脱しつつあります。２０２３年８月に中国の最大手の不動産会社、恒大集団が破産しました。これが中国の不動産不況の底です。このあとは回復します。そういう状況です。

ですから、中国経済の現状と見通しということになると、現状はようやく不動産不況が底入れして、次第に景気は改善に向かうという動きです。

続いて、今後の世界経済全般の動きです。BRICSの加盟国が11か国に増えて、世界がG7 vs BRICS のように二極化しているように見えるかもしれませんが、実際は、G7とBRICSの二極化というよりは、日米欧の民主主義・自由経済グループと、ロシア・中国その他のような非民主主義の独裁専制国家の対立です。これがこれからも続きます。その中でBRICS加盟の国々にどちらかと言うと、独裁専制国家が多いようです。この民主主義・自由経済国家と独裁専制国家との対立というのが、今、新冷戦構造を形成しています。昔の冷戦構造は、米ソの対立でした。この米ソの冷戦構造がどうして生まれたかというと、民主主義 vs 社会主義の対立でした。当時は社会主義と言えば、理想の国家だと言われていました。みんな平等で、輝かしい未来が約束されている、と言われていたのですが、その後、ソ連は崩壊したわけです。

今回の対立は違います。今度の戦いは、独裁専制国家 vs 民主主義・自由経済 の戦いで

図3　中国のマネーサプライと固定資産投資と住宅価格

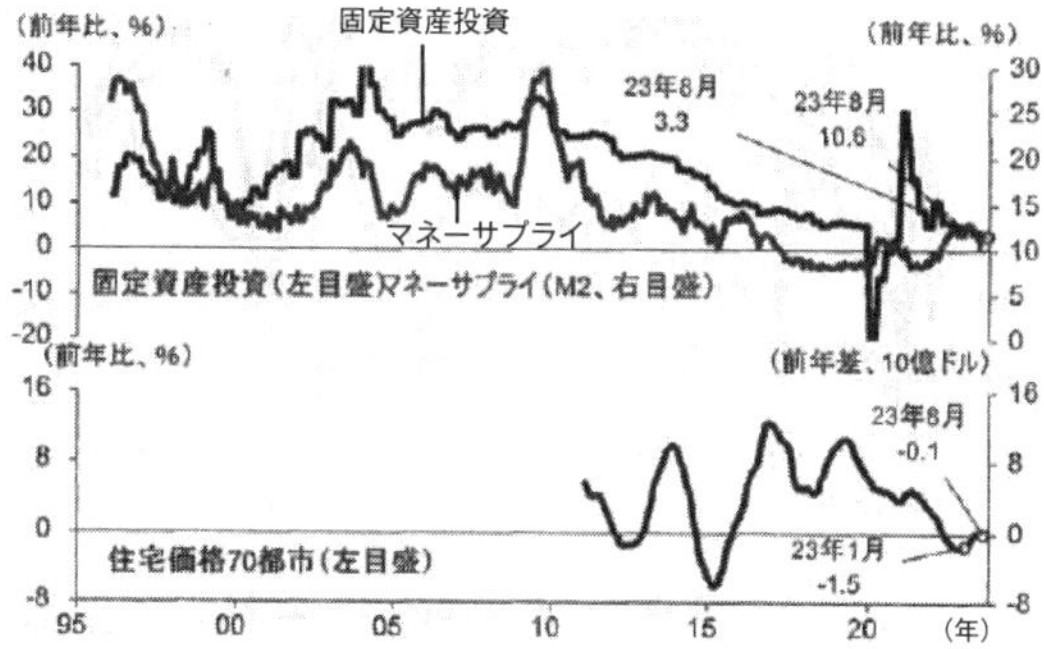

出所：National Bureau of Statistics of China, The People's Bank of China, Refinitiv Datastream

すから、イデオロギーの戦いでは実はない。パワーの戦いです。強いほうが勝つという戦いです。これは今、ウクライナ戦争で形となって現れています。ロシアとウクライナのどちらが強いか、ということです。

今、そこへハマスとイスラエルの戦いが勃発しました。もともとは宗教戦争ですが、これもパワーの戦いです。

ですから、世界中でこの新冷戦構造の戦いが起きています。それがこれから先の世界の基本構造になります。この新冷戦構造は長引きます。簡単には終わらない。中・長期的にこの対立は続いていくと見なければなりません。

しかし、最後の勝者は、私は日米欧だと見ています。民主主義・自由主義経済国家が勝ちます。

というのは、独裁専制主義国家は、たとえばロシアなら、プーチンが死んだら終わりです。中国も習近平が死ねば終わりです。独裁政権の継承は難しい。出来のいい後継者はだいたい排除《はいじょ》されます。前任者を超える独裁者は現れにくい。ですから、プーチンも習近平も自らの政権が続く間は、今の独裁を続け、自国内を牛耳《ぎゅうじ》り、アメリカや日本、ヨーロッパと対峙するでしょう。しかし、彼らが死んでしまえば、民主主義国家の勝ちです。

民主主義国家は、たとえばバイデンの次に誰がアメリカ大統領になろうが、岸田首相の次に誰が内閣総理大臣になろうが、体制は変わりません。ですから、最後の勝者は日米欧だと思います。

■ウクライナ戦争が続いている間、アメリカのインフレは終わらない

ウクライナ戦争の長期化は世界経済にどのような影響を及ぼすでしょうか。先ほどすでに述べましたが、戦争はいかなるときでも必ず世界経済にインフレを呼び込みます。ですから、ウクライナ戦争が続いている間はアメリカのインフレは簡単には終わりません。戦争というのは基本的に物資不足になります。物が少なくなれば、値段が上がります。ウク

ライナのゼレンスキー大統領がいま何が欲しいかと言えば、武器・弾薬です。ロシアに勝つまで、武器・弾薬はいくらでも欲しい。その武器・弾薬の元は何か。鉄であり、アルミニウム他の金属であり、紙に至るまでのさまざまな資源です。それを商社が仲介して、海運がそれを運ぶ。みんなそのようにつながって行って、それらのコストはすべて上がっていきます。

武器・弾薬を求めているのはウクライナだけではなくて、ロシアもそうです。世界中の人たちがいま、武器・弾薬を求めていると言っても過言ではありません。NATOの国々は、自国の武器・弾薬をウクライナに供与しています。ロシアは中国に応援を仰いでいます。最近は北朝鮮も列車を何台も連ねて、武器・弾薬をロシアに送ったようです。

だから、戦争は世界経済を必ずインフレにします。そして、資源価格の高騰、物価上昇が続くということになります。ですから、資源株を買えということです。たとえば、INPEX《インペックス》という石油開発の株が上がっています。

台湾有事はあり得るか

私は、台湾有事は、起こるか起こらないかのどちらかかと言えば、起こらないと思います。台湾有事を起こせば、習近平政権が滅びるのはほぼ間違いないと思います。実際に戦争してみないと分かりませんが、中国が台湾に侵攻した場合、今の状況から言えばアメリカが必ず出てくる。あれだけ台湾を支援していますから。そしてアメリカが出て行った場合、米軍のほうが強いです。それは間違いない。

もし、中国が次の5年ぐらいで空母や戦闘機の数を増やしたとしても、やはり兵隊の質が違うと思います。米軍にはなかなか勝てない。かつて、太平洋戦争でも、日本は世界一の陸軍を持っていました。海軍も世界トップクラスの技術力と優秀な人員を誇っていました。それでも勝てなかった。米軍はやはり強い。人口、技術力、資本力などの総合力は、今も世界一です。戦ったら必ず負けます。それを習近平は分かっていると思います。

だから、台湾を攻めるなら、戦争をしないで攻める方法を中国は考えていると思います。武器や兵器は威嚇に使うだけで、とにかく強大な軍事力を見せつけて中国に跪《ひざまず》かせようとする。その可能性が一番高い。台湾の中にも中国と手を組もうという人たちもいるわけですから。しかし、今の香港を見ると、台湾の国民のほとんどは中国を嫌っていると思います。

結論から言うと、私は戦争、台湾有事はないと思っています。

ただ、いまアメリカはウクライナを支援しています。そこにハマスとイスラエルの紛争が拡大して、中東戦争になった場合、アメリカはイスラエル側で支援しないといけなくなります。そうなると、米軍が手薄になります。もしそうなったら、今がチャンスと考えて、習近平が戦争を始める可能性はゼロではありません。それでも、私は習近平はそこまでバカではないと思います。

勝ったほうに付こうと考えているインド

次は、今注目のインドです。中国に続いて2050年ぐらいの大国はインドだという人が、結構たくさんいます。

しかし、私はそう思いません。今の新冷戦構造の世界情勢から言うと、インドはどちらにも属していません。それで「グローバル・サウス」と言って、どっちにもいい顔をして見せます。ですから、インドは大きくは中立派です。しかし、簡単に言うと、インドは賢い、ずるいのです。勝ったほうに付こうという考えでいると思います。また、対立を利用して、武器供与を受けたり、あるいは中国への輸出の拡大を目論んでいます。一言で言うと、あまり信用できません。

巷《ちまた》では、インドと言えば数学ができるエリートみたいに考えている日本人も多いと思いますが、それはインド国民の上のほう、ごく一部の人たちの話です。下のほう、全体の9割の人たちはそんなことはありません。いまだに、カースト制度による下層階級が存在します。ヨーロッパで言うと、イタリアなんかと似ていますが、もともと別々の国だったのがまとまって1つの国になりました。州によっては言語まで違います。そして下層階級には貧民階層がいて、職業の自由も婚姻の自由もありません。そんな国が発展してもたかが知れています。インドの地方に行ったら、まだ下水道も整備されていません。ですから、インドが2050年には大国になっている、などというのは幻想と言っていいでしょう。

■ヨーロッパは凋落《ちょうらく》

次にヨーロッパに目を向けてみましょう。ヨーロッパの国々、中でもEU各国は、いまウクライナ戦争の最中ということもあり、ロシアと完全に対立しているので、今までロシアから豊富で安定した天然ガスの供給を受けていたドイツや、その他の欧州主要国は、これから経済的には相当に厳しいです。コストアップが半端ではありません。ですから、いまドイツの景気はものすごく悪いです。それに加えて、先ほど書いたように、難民が押し寄せています。だから、これからヨーロッパ経済は長期にわたって停滞します。難民・移民の流入は止められません。それとロシアとの対立によって被る経済的なマイナス面があまりに大きい。

しかも、ウクライナ戦争は続いて、その戦火が他の国に及ぶ可能性があります。ロシアがポーランドに侵攻する可能性がある。あるいは、バルト3国に侵攻する。これはあり得ることです。そして、ロシアのほうが優勢になってくる。もし、事態がそんなふうに進めば、経済やビジネスどころではなくなります。第3次世界大戦になってしまいます。

エマニュエル・トッドというフランスの人口学者が『第三次世界大戦はもう始まっている』（文春新書）という本を出していますが、それはある意味、本当です。ウクライナ戦争の戦火が広がるようならば、第3次世界大戦への途上にすでにあるということで、NATO、ヨーロッパのすべての国はこれから厳しい状況に置かれるでしょう。ですから、その中で国力・経済力を伸ばす国は出て来られません。

ただ、ヨーロッパ大陸から離れているイギリスは、どこかで再興してくる可能性があります。そう考えると、2020年にイギリスがEUから離脱したのは、こうなってみると賢かったと言えるでしょう。EUの加盟国だとEUのルールに縛られます。EUのルールとは、例えば難民・移民問題にしても、基本的に受け入れ推進です。ですから、イタリアに押し寄せている難民を、EU加盟国が分担して受け入れましょうということになっているのですが、加盟国の中にはハンガリーとかオーストリアとか、もうこれ以上は受け入れられませんと大反対している国も多いです。難民・移民は「侵略軍」だ、などとさえ言っています。

ですから、ドイツ、フランスが盟主のヨーロッパは、株で言うと、下降トレンドです。唯一、イギリスがアメリカとの同盟で生き残るか、というところです。

■イスラエル・ハマス紛争

先ほども触れましたが、2023年10月7日に、イスラエルとハマスの間で勃発した紛争の影響についてです。先ほど言いましたように、戦火が拡大すれば世界経済のインフレを拡大します。資源価格の上昇が起きます。そして、アメリカにとってはたいへんな重荷になります。今回、ハマスがイスラエルを攻撃した一番の理由は、米国がサウジアラビアとイスラエルを和解させようとしていたことです。サウジアラビアを含めたアラブの穏健国とイスラエルを米国が仲介して握手させようとしていた。サウジアラビアのムハンマド皇太子とイスラエルのネタニヤフ首相が和平合意する、もうその一歩手前まで行っていた。9月の国連総会でネタニヤフ首相が「一歩手前」と演説しました。

このタイミングでハマスがエルサレムにミサイルを撃ち込んできた。これはアラブとイスラエルの和解を断ち切ることがハマスの一番の狙いだった。そして、ハマスを後ろから応援しているのがイランです。ガザ自治区を支配しているだけのイスラム過激派ハマスに1日3000発もミサイルを打てるだけの自力の資金力があるはずがありません。これはイランの後方支援であると考えて間違いありません。もちろん、イスラエルもそのことは分かっています。

ですから、最悪のケースは、イスラエルがイランと交戦するケースです。これは第3次世界大戦になります。世界同時株安になります。私はその可能性は低いと見ていますが、可能性だけを言えば、そういうことになります。いずれにしても要注意です。イスラエルがイランに対して強硬なことを言い始めたら、気をつけないといけません。イランも絶対引き下がりません。あの人たちは宗教戦争ですから。

注目人物はトランプとイーロン・マスク

アメリカは来年、２０２４年、大統領選挙を迎えます。大統領選挙の年はこれまで必ずと言ってよいほど景気がよくなりました。バイデンも自分の支持率を上げるために、さまざまな施策を打ってアピールしてきます。さらなる景気浮揚策、弱者対策も打ってくるでしょう。

しかし、私は、２０２４年はトランプが再選されるのではないかと思っています。

ドナルド・トランプという人物はすごいと思います。アメリカの下町の不動産屋の息子から、40歳には不動産王になって、そのときに『トランプ自伝』という本を出しています。出たときに私も読みました。この人はすごい人だと、その本を読んで思いました。ただの下町の不動産屋から世界一の不動産王になる。ラスベガスにカジノホテルをがんがん建てた。ゼロから始めたにもかかわらず。そして、最後はアメリカの大統領になったのです。アメリカの大統領にビジネス界からなった人はかつていません。だから、来年、２０２４年の大統領選挙で、バイデンは相当苦戦すると思います。

ついでに言えば、アメリカ政治の世界で私がすごいと思うのはトランプですが、経済・ビジネスの世界ですごいなと思うのはイーロン・マスクです。実際、世界一の大金持ちになっています。

イーロン・マスクはいろいろな場面に顔を出して話題をふりまいていますが、私は、いま世界で一番注目すべき人物はイーロン・マスクだと思っています。

一番の理由は、マスクは今までまったくなかったものを作っているからです。究極の技術革新です。電気自動車というのは今までなかったものです。その他にスペースX社で宇宙開発もしようとしています。

さらに今、「ハイパーループ」という、真空チューブの中を最高時速1200キロメートルで列車が疾走するまったく新しい交通システムを計画しています。時速1200キロメートルというのは、実現すれば、東京－大阪間に換算すれば30分かかりません。もう瞬間移動みたいなものです。これでヨーロッパ横断交通を作り、アメリカ国内では大都市間の瞬間移動を可能にしようとしています。

この人は技術革新の神様みたいな人です。天才的な企業家です。イーロン・マスクが株だったら買いたい。テスラの株はずっと上がっています。金融引き締め（利上げ）でアメリカのハイテク株は売られたので、テスラの株も結構下がっていました。しかし、今はかなり回復してきています。ですから、アメリカの株を何か買うとしたら、テスラの株が下がった時に私なら買います。

ビジネスの世界で大成功している人は、もちろん有能なのだと思いますが、やはり運がある人です。能力と運と両方を併せ持っていないと大成功はしません。ですから、トランプにもイーロン・マスクにも、素晴らしい能力と運があると思います。

第3章
日本株の黄金時代がやってくる

円安ドル高のトレンドは続く

この章では日本の国内情勢を見ておきます。

まず、円・ドル相場の流れですが、長期的には円安が続くというのが見通しです。その理由が何かと言えば、為替を動かすものは短期的には日米の金利格差です。長期的には各国のファンダメンタルズ（経済の基礎的条件）の強弱。国力が強い国の通貨が買われて、弱い国の通貨が売られます。長期的にはファンダメンタルズで示される国力の差です。短期的には、金利の高いほうの通貨が買われて、低いほうは売られる。ですから、今の円ドル相場は、日米の比較ということになりますと、ご承知のように、アメリカの金利は高いと分かっていて、日本の金利は０％、マイナス金利。だから、当然、ドル高の円安が続きます。

では長期のファンダメンタルズはどうか。国力の指標となるファンダメンタルズを見れば、経済力、外交力、軍事力、そして資源力など、総合的に言えば、米国のほうが強いということになるので、短期の金利格差でも日米のファンダメンタルズの比較でも、当分、ドル高の円安だろうというのが見通しです。

ただし、短期的には、日本の金利はこれから上がりそうです。日銀は新しい総裁に就任した植田和男新総裁が、マイナス金利を早い時期にやめ、ＹＣＣ（イールド・カーブ・コントロール）、金利操作もやめると、すでにそう発言しています。そういう方向だと思います。

今は、タイミングを計っているだけで、早ければ年内にもそういう動きが出てきます。つまり、日本はこれからは短期的には利上げ、アメリカはまだ利上げムードですが、近い将来利下げの可能性があるので、そうなれば一時的な円高になる。円高ドル安がやってくるというのが、為替の今後の見方です。

ですから、短期は円高警戒、長期は円安ドル高のトレンドが続くだろうということです。

直近で、ドルが１３０円台から１５０円近くまでぐっと円安に進みました。この直近の動きの一番の理由は、アメリカの金利が近々下がると見ていたことです。しかし、この間の8月24～26日に開かれたジャクソンホール会議（米カンザスシティー連銀主催の国際経済シンポジウム）以降の、ＦＲＢの直近のＦＯＭＣ（連邦公開市場委員会）の発言では、金利は下げないと、それどころか、年内もう1回上げると発言しました。それで円安になってしまったのです。それで金利の先高観を嫌気《いやけ》して、アメリカの株も一時下がったのです。

ＦＯＭＣ（日本の日銀でいうところの金融政策決定会合）は２回あります。ですから、年内もう１回あります。そのうちの１度は上げると言ったのです。それに加えて、来年、２０２４年も金融引き締め、利上げのスタンスを続けると言ったので、ウォール街や金融筋の一部はそろそろ利下げがあると、思っていたのが、そうでなかったので、アメリカの株も下がったのです。円安になって、それで連動して日本の株も一時下げたのです。こういう展開でした。

大方の見方がはずれて、言わば期待外れになってしまったのです。おそらく、年内もう１回利上げするのではないか。もし、利上げしなかったとしたら、逆にポジティブな材料になります。11月か12月に利上げするというのが、現時点での見通しです。アメリカは来年も金融引き締めを続ける、金利もまだ上がりそうだ、というのが、今の一般の見方です。それでアメリカもちょっと波乱含みになっている。

いま、アメリカはダブルトップをつけたような感じになっています。２番天井をつけた形です。

■植田新日銀総裁はすごく頭のいい人物

今、述べたように、2023年の4月から日銀総裁が植田和男氏に交代しました。今、言ったとおり、植田総裁は、黒田前総裁時代にやった異次元の金融緩和の修正に動く、ということになります。それが実現すると、たとえば、マイナス金利をやめるとか、金利操作をやめるとか、実質的な利上げになるので、この利上げを嫌気して株は下がる。それを今、織り込んでいる可能性があります。近々利上げするのではないか、と。今、0・75％まで引き上げました。1％まで引き上げる可能性があるわけです。なぜなら、物価目標は2％ですから。だから、金利も2％にしたいわけです。そうなると株は下がります。ただし、一時的にです。なぜかと言うと、金利を1％、2％にするというのは、長年続いたデフレを脱却して、適度な金利水準にしようとしているわけです。世界各国の中央銀行が目指している金利水準は2％です。インフレ2％、金利2％というのが適温なのです。それを今、日銀は目指している。

利上げによって株安などの一時的なショックはあり得ますが、日本経済は正常化に向かっていると言えるので、中長期的には株式市場にとっても、日本経済にとってもいいことです。

植田総裁は、すごく頭がいい人です。黒田日銀総裁時代の異次元の金融緩和を修正するというのが彼の役割ですが、修正するというのは、短期的には利上げになるので、利上げすると株が下がったり、景気が悪くなる。だから、そうならないように慎重にソフトランディングする。だから、植田新総裁は、金融緩和の修正をソフトランディングにやろうとしている。これが正解です。ですから、まずは賃上げ。そして消費拡大。公共投資拡大。株高。これを続けながら、じわじわ、気がついたらマイナス金利でなくなっている、金利は1%ぐらいまでに上がっている。植田新総裁はそれを目指していると思います。

衆議院解散総選挙があれば株高

2023年9月に内閣改造が行われました。しかし、今回の内閣改造の顔ぶれには、まったく新鮮味がありませんでした。女性を5人入れたというだけです。その女性の新閣僚も、能力があるか、適材適所だったかという点ではクエスチョンです。外務大臣の上川陽子氏の能力は高いようですが。内閣改造そのものは不発だったと思います。

だから、内閣改造後、岸田内閣の支持率は上がっていません。横這いか、あるいは少し下がっているぐらいです。

今回の内閣改造には新鮮味がない、まったく評価されていない、なので支持率も上がらなかったというのは一般的な見方です。普通は人心一新で支持率が上がるはずです。しかし、今回は上がっていない。だから株も上がっていない。ただ、今回の内閣改造で1点、注目すべき点は、なぜ外務大臣を替えたかということです。林芳正というのは岸田派のナンバー2です。だから、なにか岸田さんに問題があって、岸田派から首相を出すとすれば林芳正氏なのです。つまり、林芳正・前外務大臣は首相候補です。岸田派のナンバー2ですから。

それなのに、なぜ外務大臣を替えたのか。岸田内閣で、岸田首相の右腕、しかも林芳正は外務大臣を2年弱やって、各国首脳に非常に評判がよかった。あの人はバイリンガルです。英語ペラペラです。ものすごい有能です。なぜ外務大臣を替える必要があるのか。

よくよく考えると、いずれ近い将来ありうる選挙を考えての人事だったのではないか。だから、内閣改造の時点で、岸田首相は年内もしくは来年早々の選挙を決断しているのではないか、と俄《にわ》かに思い当たりました。

選挙になると、首相は自分の派閥の面倒を見られません。他の選挙区に行くのが仕事です。それで林氏に、自分の派閥の応援は林さんにやらせようとしたのではないかと思います。全国に行かなければなりませんから。外務大臣では公務に拘束《こうそく》されてしまう。

ただ、直近各メディアが年内の解散を見送り、断念などと報道していますので、早くとも来年早々ということになるのかもしれません。今始まっている臨時国会でしっかり景気対策をやってからでしょうか。

なので、岸田首相が発言しているのが、「経済、経済、経済」です。そして、所得税減税をやると明言しています。今、景気がよくなって税収増です。それを国民に還元するために減税する、と言っています。首相が減税すると明言するのは珍しいです。来年のどこかで、解散総選挙で、減税策を出されたら、株は上がります。景気対策をやって、解散をして、減税したら、株価が上がります。今までのアベノミクス相場では、衆議院解散は100%株高になっています。ですから、今回もそうなる可能性はあります。

そこで外務大臣の交代に意味が出てくる。選挙なら、ナンバー2の林芳正が派閥の面倒を見ざるを得ない。外務大臣をやっていたら、できません。外務省の仕事が優先になりますから。選挙中に外遊はしないとしても、派閥の人の応援なんかに行っている余裕はありません。

前の内閣改造の時に、甘利明氏が幹事長になって、他の人の応援をしていたら、自分が落ちてしまいました。比例で復活しましたが。さように選挙は水ものです。

相場世界では「一寸先は闇」と言われますが、選挙もまたしかりです。

不動産市況の二極化

最後に国内の不動産市況の動向ですが、不動産市況は当面、国内はちょっとまずい状況です。なぜかというと、今後利上げが続きます。金利が上がると不動産市況が弱いのは当然です。というのは、不動産というのは住宅ローンも、あるいは不動産業者も、みんな、たとえば、マンションでも、オフィスビルでも、100億円で建てる場合、100億円キャッシュで建てる人はいません。せいぜい100億円のうち、キャッシュ10億円か20億円。あとはすべて銀行ローンです。そのローンの金利が上がったら、強烈なコストアップになります。これから日本の金利は上がりそうなので、不動産全体のマーケットはアゲンスト

（逆風）です。

しかし、その一方で、東京都心の一等地の高級マンションはそれほど下がらない。むしろ上がっています。なぜかと言うと、最近の株高で日本の富裕層はますます儲かっているからです。株を持っている人、昔からマンションを持っている人は儲かっています。少し前に、富裕層の人とランチをしたら、2年前に1億5000万円で買った物件が、今はもう2億円以上になっていると言っていました。ですから、富裕層が持っているような、あるいは富裕層が買うようなマンションは下がらないし、まだ上がります。利上げがあってもまだ上がります。というのが今の状況で、二極化の動きになっています。

しかし、30年続いたデフレが終わって、これからインフレに向かうということをみなさんだいたい分かりつつあるので、全国の地価は底上げになってくる。ただ前述のように、今後、金利が上がるということになると、その後、不動産がどんどん上がっていくという状況ではありません。安すぎたのが今、底上げになっている。その一方、青山高級マンションは全然下がらない。むしろ上がっていく。つまり、不動産市況の二極化が当分続くということです。

岸田政権には意外に運がある

岸田政権は、今、支持率が低迷していますから、ここで景気対策をやって、いいタイミングで解散総選挙をして、支持率を回復して、来年の総裁選で再選を果たそうというのが岸田首相の目論見です。

景気対策をやってからどーんと解散をぶち上げるかたちで、早ければ来年の1月の通常国会の召集時、このあたりでするのではないでしょうか。

岸田首相は、今回は中央突破というか、やるしかない、という状況だと思います。やらなかったらジリ貧になってしまう。だから、好機をとらえて勝負に出ると思います。そして、意外と岸田首相は自民党の総裁選以降、ツキがあります。

2021年の自民党総裁選を覚えているでしょうか。あの時は、河野太郎氏、高市早苗氏、野田聖子氏との4人の争いでした。当初は、地方では河野太郎氏が勝つと予想されていたのですが、蓋を開けてみると、岸田氏がなんと1票差で勝ったのです。わずか1票差です。1票差で勝つというのは運です。そして決選投票では、安倍さんの指示で、岸田陣営と高市陣営が手を組みました。そして、岸田氏が河野太郎氏を引き離して首相になりました。

ですから、あの時から岸田首相にはツキがあります。だから、意外と今回も、中央突破で解散したら、圧勝するかもしれない。まず野党が全然ダメですから。それで支持率回復、株高。というのがあり得ます。

■日本はこれからどんどんよくなる

日本という国の見通しですが、これからますますよくなります。それはなぜかと言うと、何度も言うように、バブル崩壊後30年間続いたデフレが終わろうとしているからです。デフレは最悪ですから。デフレというのは、資産価値がどんどん下がる。だから、デフレ時代というのは、一言で言うと、日本人はみんな仲良く貧乏になる。こういう時代です。そうではなくて、みんな仲良くお金持ちになる時代へ行こう、というわけです。日本の未来はこれからどんどんよくなる。その一番の理由が、デフレが終わってインフレの時代に入るからです。適度なインフレです。アメリカみたいにむちゃくちゃなインフレになったらまずいですから。適度なインフレというのは、金利が1%から2%になることです。分かりやすく言えば、そういうことです。

世界情勢ではどうかというと、第2章でも述べたように、かつての米ソ冷戦時代に日本は漁夫の利を得ました。今度はもっと大きな漁夫の利が日本にやってくる可能性があります。米ソ冷戦以上に厳しい米中対立。あるいは、欧米対中国・ロシアの戦いになってきています。

前回の米ソ冷戦の時の戦いとは、どんな戦いだったかと言えば、民主主義陣営 vs 社会主義陣営の戦いでした。今度は自由主義 vs 専制主義の戦いです。これはもう思想や考え方ではなくて、パワーの強いほうが勝つという戦いです。ですから、これは必然的に軍事拡大競争になります。北朝鮮も中国も、ものすごい防衛予算を組んでいます。アメリカも負けじと対抗しています。ですから、この新冷戦はものすごく危険な冷戦時代になります。その中で、自由民主主義陣営で、日本は、欧米グループにとっては、米ソ冷戦時代以上に重要な国になってきます。是非とも日本を自分たちの仲間にして、地理的にいって言わば敵である中国・ロシアに睨みを利かせてもらいたいわけです。

つまり、今回の新冷戦時代の最前線に日本はいます。だから、欧米は日本を力の限り応援することになります。ということは、いくら円安になってもアメリカは文句を言わないということです。日本にとってそれがプラスならば黙認するでしょう。その円安は今、デフレ脱却のきっかけになっています。

あるいは、日本がいくら防衛力を拡大してももう文句は言わないでしょう。おそらく日本が核兵器を持つと言っても反対しません。米ソ冷戦が終結した1990年代からの30年はデタント（緊張緩和）の時代でしたが、次の30年はおそらく戦争の時代となるでしょう。だから、国際情勢は、刻々危機を感じる状況ですが、日本にとって再び新冷戦の恩恵を受けることになるでしょう。国内はついにデフレが終わろうとしています。なので、日本はこれからどんどんよくなるという未来を迎えることになります。ですから、株高になるのです。

政府がバカな政策を採らなければ、景気も株もどんどん上がる

いろいろ批判もありますが、今の円安はいい円安です。円安というのは通貨の価値が下がっているわけですから、いつまでも円安では困ります。しかし、日本はデフレの時代、

重病でした。それを今、治そうとしている。それを治癒するために今の円安は効果がある。なぜかと言えば、円安になったら輸入物価も上がるからです。それによって、物価が上がることが、デフレをなくすことにつながります。つまり、当面の円安は日本にとって「いい円安」。もし、日本の金利が1％や2％になって、めちゃくちゃ景気がよくなってきたら、この円安はほっといても円高になります。たぶん、来年2024年以降は、日本はものすごく景気がよくなります。もうその兆候が出ています。設備投資が拡大してきています。まずはなんと言っても、賃金が上がってきています。

2024年は、景気も株も上がります。大きな波動が日本に来ています。この波は2025年の大阪万博に向かってずっと続きます。株はその間上がり続ける、というのが大きな流れです。ですから、来年の年末ぐらいまでにはバブルの最高値を奪回するでしょう。

2024年の年末までには日経平均は4万円をつけるかもしれない。ただし、それはまだ株高の通過点に過ぎない。その先があります。もっと上がります。ただし、日本政府が、バカな政策をしない限りです。バカな政策とは、消費税を上げる。これで株高が止まってしまいます。あるいは、日銀が予想以上の金融引締めをする、などです。日銀と政府がそういうバカな政策をとったら、楽観シナリオは修正されます。たぶん、そんなことはしないと思います。

■日本株の黄金時代が到来する

それにもう1つ、岸田首相は支持率が低くて、それほど評価されていないけれど、岸田首相がやっていることで素晴らしいことは、前回イギリスのロンドンシティで、日本に投資してくれと金融機関関係者を前にして発言した中身です。その時に、資産所得倍増論、眠っている個人の金融資産1000兆円に働いてもらうと言ったのですが、今回もニューヨークの国連総会に行って、同じことを言っています。日本に投資してくれ、構造改革をする、そして近いうちに投資資産大国を目指すと言いました。欧米の金融機関のトップ、投資ファンドのトップがいるところで、そういう投資資産特区を作ると発言しました。その特区では全部英語で通じます。みなさん、来てくださいと岸田首相は熱弁をふるいました。ですから、たぶん実行するでしょう。これなんか、将来の株高の大きな要因です。

今まで中国に投資していた世界のマネーが、今、中国売り、日本買いになりつつあります。みんな日本に来たいという流れになっています。株だけではなく不動産も含めてです。

実際、欧米だけではなく、中国、台湾などアジアの富裕層からも、さらにはオイルマネーも日本に投資の拠点を構えて日本の株を買おうとしています。日経新聞にも記事が出ていました。

ですから、これから日本株の黄金時代がやって来ます。それに加えて岸田さんが行ったよい政策は、2024年1月から始まる新NISAです。これはものすごくよい制度です。この制度を使って、眠れる金融資産1000兆円、金融資産全体では2100兆円がこれから株式市場に入って来ます。それで、日経平均は早ければ2024年の年央、遅くとも年末までにバブルの最高値を超えて4万円時代がやってくるというのが私の相場観です。だから、株式市場での岸田首相の支持率はしだいに上昇する。

この2024年1月からの日本株の黄金時代の波に乗ってお金持ちになりましょう!

＼第４章からいよいよ推奨銘柄です！／

チャートの分類

Ⓐ型

チャート・波動の形から押し目が浅くとくに強い上昇波動。
次の上昇相場の本命株期待だが、すでに新高値圏にあり押し目買いを要する。

A型

チャート・波動の形から、今まさに株価が上昇している最中で、さらにこのあと上昇第2波、第3波がやってきそうな銘柄。ただし現在の株価がすでに天井の可能性もあるので、リスクもチャンスも大きい。

B型

A型ほどではないが、チャート・波動の形が極めて良い形になっており、短期・中期で値上がりが期待できる銘柄。

C型

直近にすでにひと相場を終えており、現在は休憩している銘柄。ただし休憩期間を経たのちに、再び上昇を開始するかもしれない。底値圏模索局面が長く続く場合もある。

D型

今は底値圏、もしくは長期の調整局面にある銘柄。上昇を開始するまで時間がかかる可能性があるが、低リスクで投資でき、長期的には上昇波動がやって来る可能性がある。

第4章
2024年大注目！ スガシタ流推奨銘柄20 ～初級編～

の分かりやすい会社を狙う

	企業名	コード	市場	配当利回り	PBR
11	花王	4452	東プ	2.72%	2.6 倍
12	ベクトル	6058	東プ	2.51%	4.1 倍
13	日立製作所	6501	東プ	1.51%	1.9 倍
14	トヨタ自動車	7203	東プ	2.23%	1.3 倍
15	三菱自動車	7211	東プ	2.02%	0.9 倍
16	マツダ	7261	東プ	2.98%	0.7 倍
17	オリックス	8591	東プ	3.47%	0.9 倍
18	東京海上 ホールディングス	8766	東プ	3.27%	2.0 倍
19	日本電信電話（NTT）	9432	東プ	2.88%	0.1 倍
20	KDDI	9433	東プ	3.03%	1.9 倍

※配当利回り・PBRは2023年11月20日引け値

初級者は、好業績・高配当

	企業名	コード	市場	配当利回り	PBR
1	ニッスイ	1332	東プ	2.83%	1.0 倍
2	積水ハウス	1928	東プ	3.91%	1.2 倍
3	フジ日本精糖	2114	東ス	3.19%	1.2 倍
4	ウェルネオシュガー	2117	東プ	4.50%	1.0 倍
5	森永乳業	2264	東プ	0.92%	1.1 倍
6	伊藤園	2593	東プ	0.87%	3.4 倍
7	くら寿司	2695	東プ	0.55%	2.9 倍
8	ヒューリック	3003	東プ	3.36%	1.6 倍
9	三越伊勢丹ホールディングス	3099	東プ	1.38%	1.2 倍
10	丸千代山岡家	3399	東ス	0.25%	3.2 倍

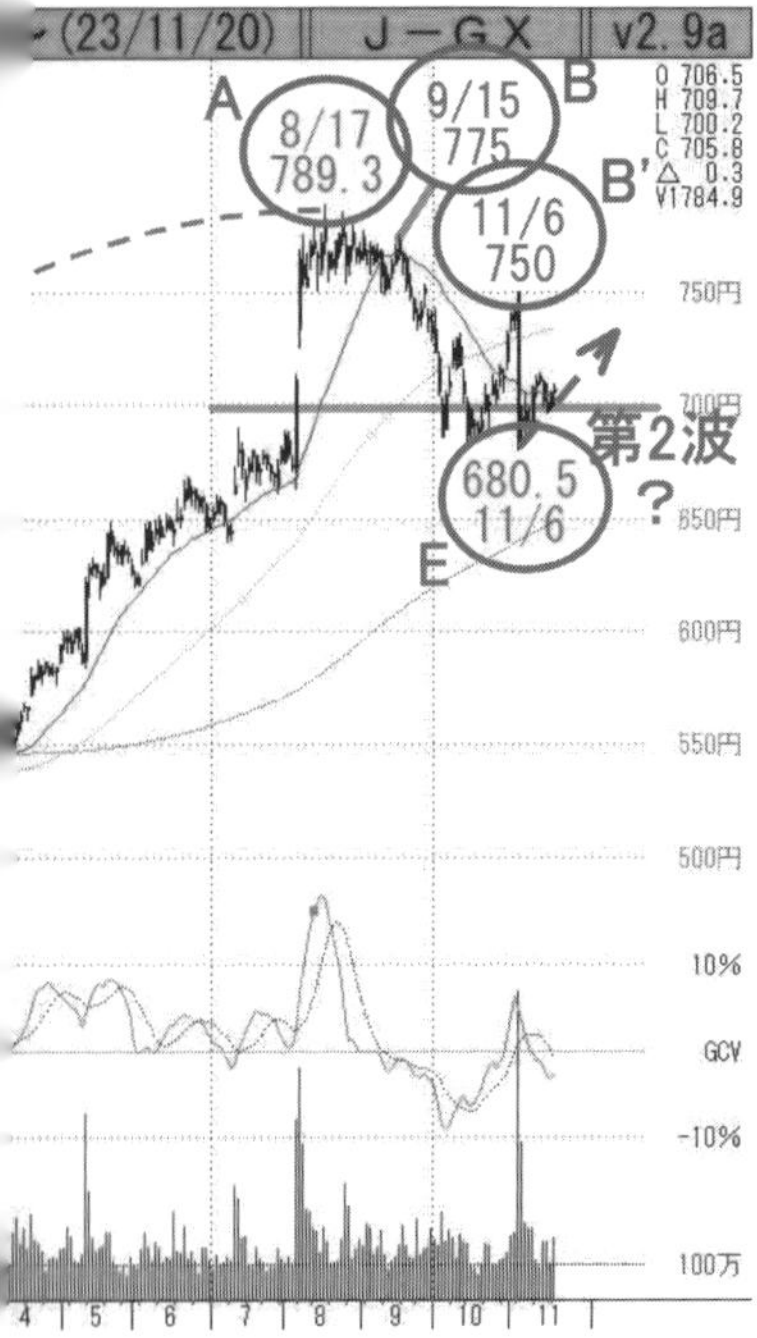

1332

ニッスイ

東 PRM

水産・農林業

２０２２年に日本水産株式会社から商号変更。水産事業、加工事業、物流事業、医薬品事業や船舶の建造・修繕および運航とプラント機材他の販売を行っている。

１９９０年代前半までは自社で遠洋漁業を行っていたが撤退。

売上規模では同業２社が経

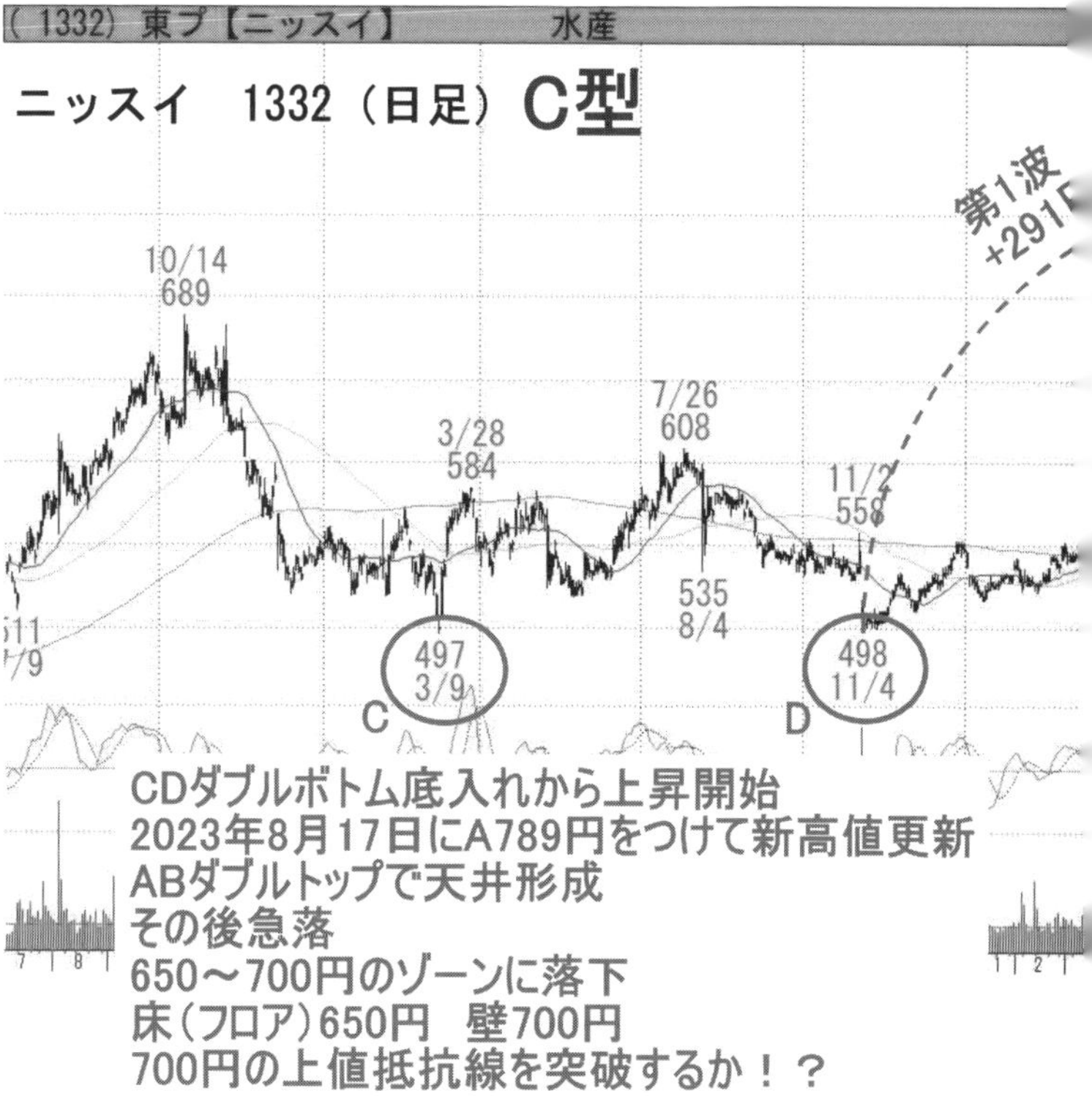
(1332) 東プ【ニッスイ】 水産
ニッスイ 1332（日足）C型
第1波
+291
10/14
689
3/28
584
7/26
608
11/2
558
535
8/4
497
3/9
498
11/4
C
D
CDダブルボトム底入れから上昇開始
2023年8月17日にA789円をつけて新高値更新
ABダブルトップで天井形成
その後急落
650〜700円のゾーンに落下
床（フロア）650円　壁700円
700円の上値抵抗線を突破するか！？

営統合したマルハニチロに次ぐものの、ファインケミカル事業による高純度エイコサペンタエン酸の医薬品向け原料供給により、水産業のなかでは収益性が高い。機能性表示食品事業も展開している。

　新高値を更新したあと下落したが、７００円の上値抵抗線を突破すれば、上昇第２波となるか。

1928

積水ハウス

東 PRM

建設業

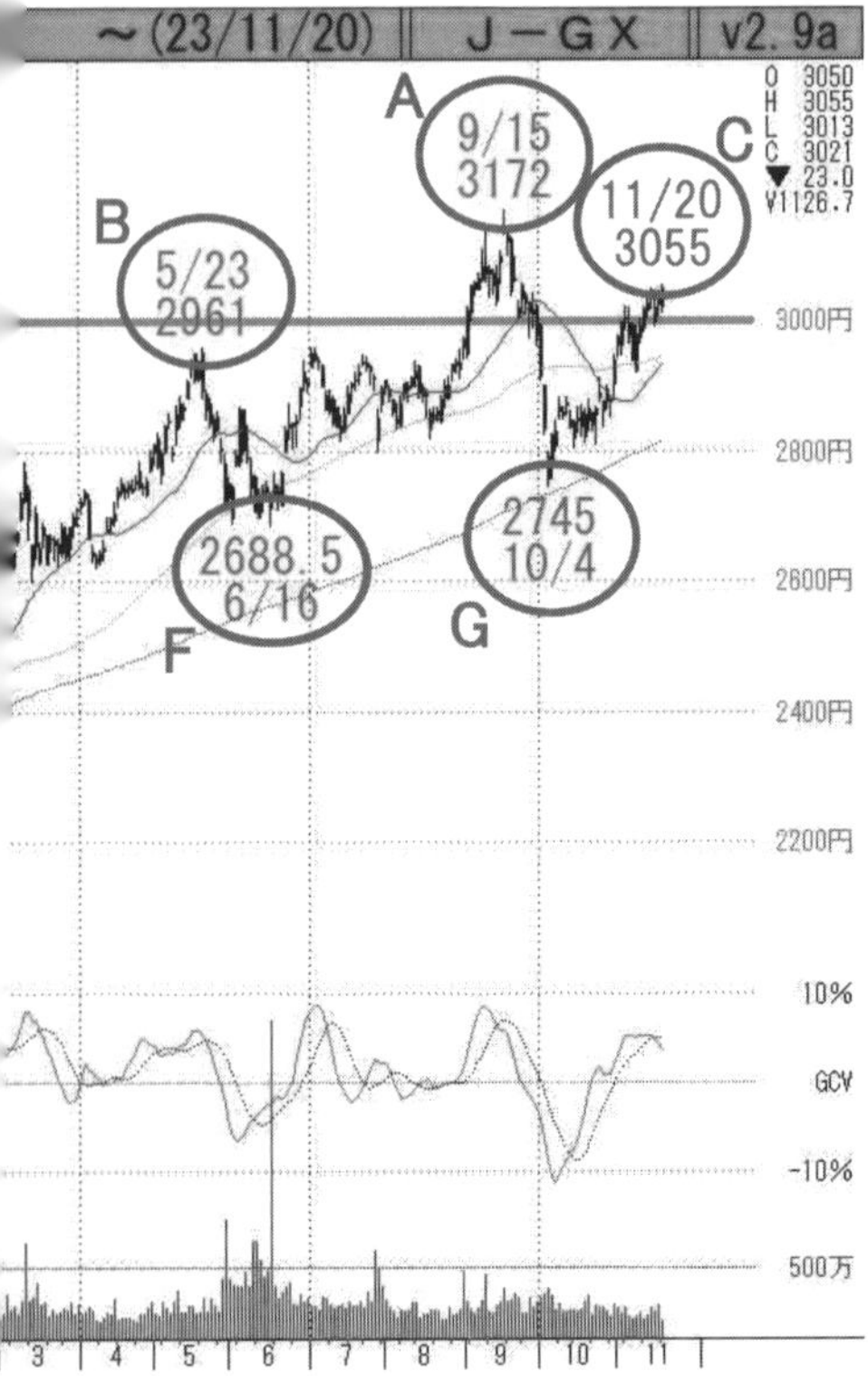

～(23/11/20)
J－GX
v2.9a
O 3050
H 3055
L 3013
C 3021
▼ 23.0
V1126.7
A
9/15
3172
B
5/23
2961
C
11/20
3055
2688.5
6/16
F
2745
10/4
G
3000円
2800円
2600円
2400円
2200円
10%
GCV
-10%
500万
3
4
5
6
7
8
9
10
11

国内住宅メーカーのなかで圧倒的実績を誇るトップメーカー。2020年に創業60周年を迎え、これまで260万戸を超える住宅を国内外で提供。最高級外壁ダインコンクリートが人気の鉄骨住宅イズ・シリーズと木造住宅シャーウッドが主力商品。

国内の住宅市場は、人口減

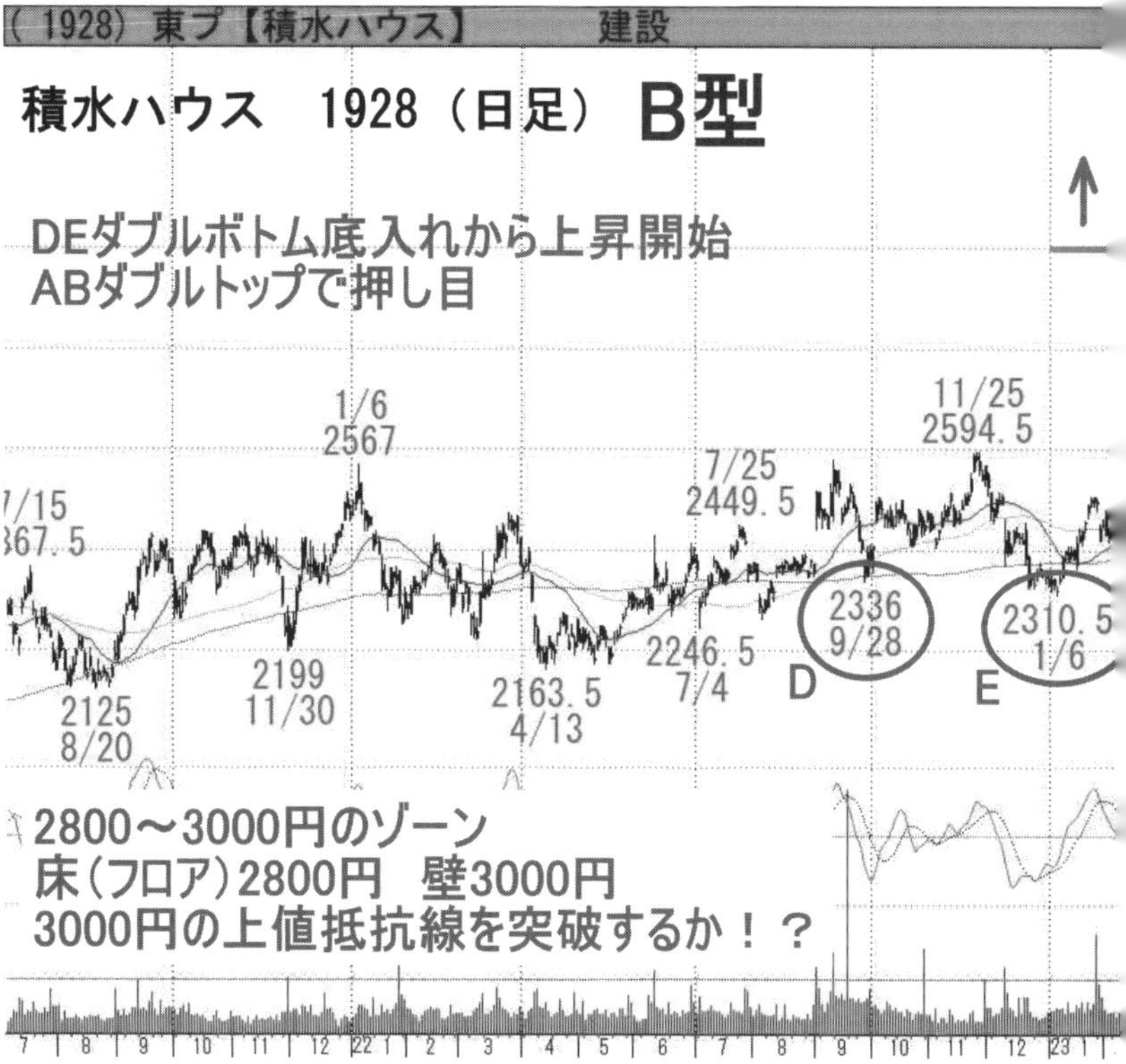
(1928) 東プ【積水ハウス】　建設
積水ハウス　1928（日足）B型
DEダブルボトム底入れから上昇開始
ABダブルトップで押し目
1/6
2567
11/25
2594.5
7/25
2449.5
2336
9/28
2310.5
1/6
D
E
2125
8/20
2199
11/30
2163.5
4/13
2246.5
7/4
2800～3000円のゾーン
床（フロア）2800円　壁3000円
3000円の上値抵抗線を突破するか！？

少によって縮小していくと考えられがちだが、空き家を含めた日本の戸建住宅は約2900万戸で、そのうち現在の耐震基準に満たない戸建住宅が約500万戸もある。さらに断熱性能が現行の基準を満たす戸建住宅は、わずか11%という。

積水ハウスは、海外進出にも積極的で、海外市場における年間1万戸の住宅供給に向け米国の事業展開エリアを8州に拡大中。

〜(23/11/20)
J－GX
v2.9a
O 935
H 954
L 934
C 941
△ 8
V 32.4
A
8/23
1296
1200円
B
11/20
954
1000円
870
11/1
第2波
?
800円
E
れから上にマドをあけて上昇開始
A1296円をつけて新高値更新（天井）
ーンに落下
壁1000円
泉
線
目標値1700円近辺
8
9
10
11

2114

フジ日本精糖

東 STD

食料品

大手の砂糖の製造販売会社。日商岩井（双日）系列の日本精糖とフジ製糖が２００１年に合併し誕生。砂糖のブランドは東北・新潟県では旧日本精糖の『さくらんぼ印』、山梨県・長野県・静岡県では旧フジ製糖の『フジ印』を販売している。

砂糖以外の事業として食品

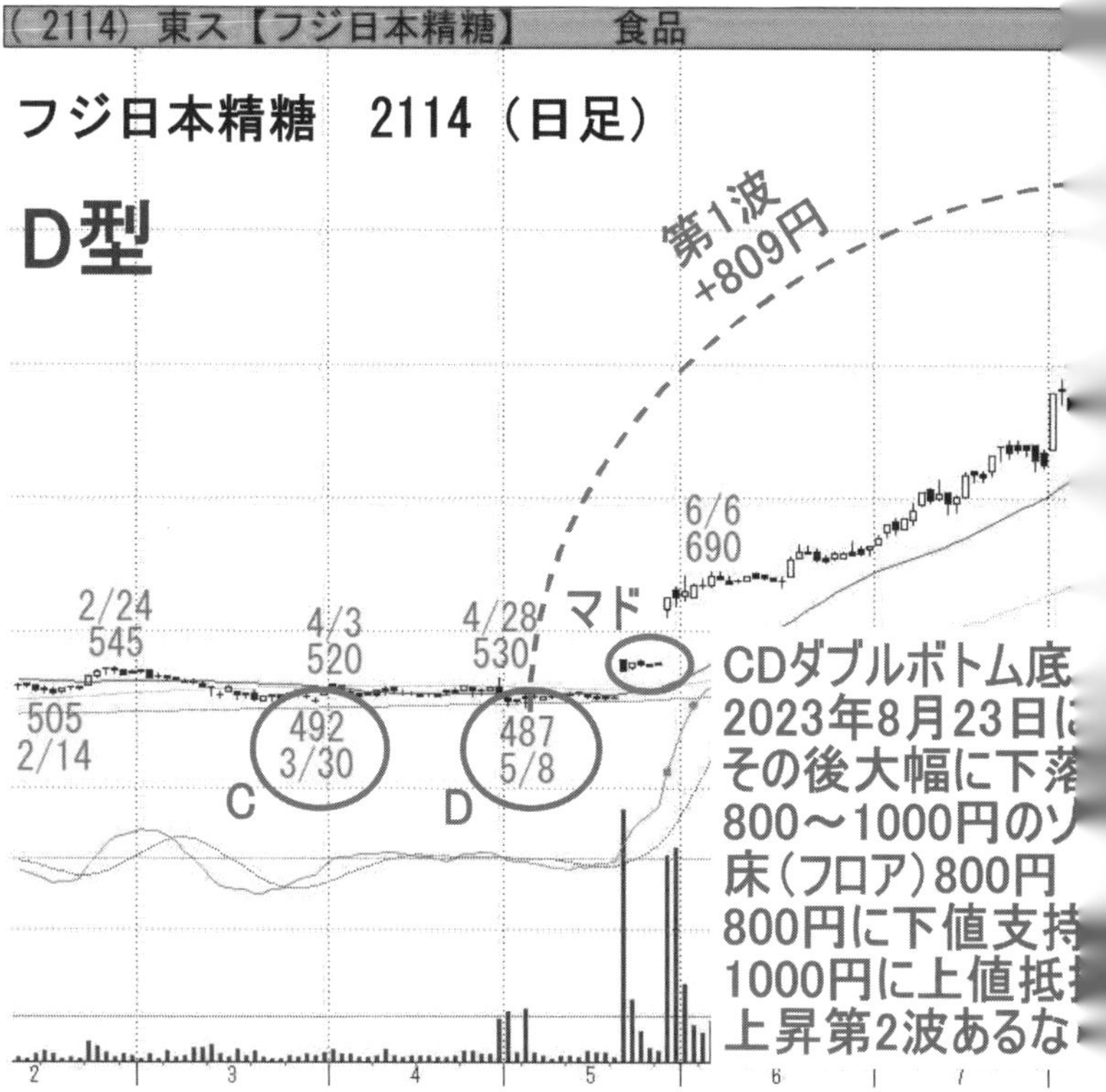
(2114) 東ス【フジ日本精糖】 食品
フジ日本精糖 2114（日足）
D型
第1波
+809円
6/6
690
マド
2/24
545
4/3
520
4/28
530
505
2/14
492
3/30
487
5/8
C
D
CDダブルボトム底
2023年8月23日は
その後大幅に下落
800～1000円のソ
床（フロア）800円
800円に下値支持
1000円に上値抵
上昇第2波あるな
2
3
4
5
6
7

添加物、食物繊維素材「イヌリン」の製造、切花活力剤「キープフラワー」などの機能性素材の製造を行っている。国内、海外ともに「イヌリン」の売り上げ増。連結子会社ユニテックフーズ株式会社では、ペクチンをはじめとする既存の増粘多糖類の拡販をし、さらには新規事業である植物代替肉（プラントベースドミート）の拡販にも意欲的に取り組む。

2117
ウェルネオシュガー

東PRM

食料品

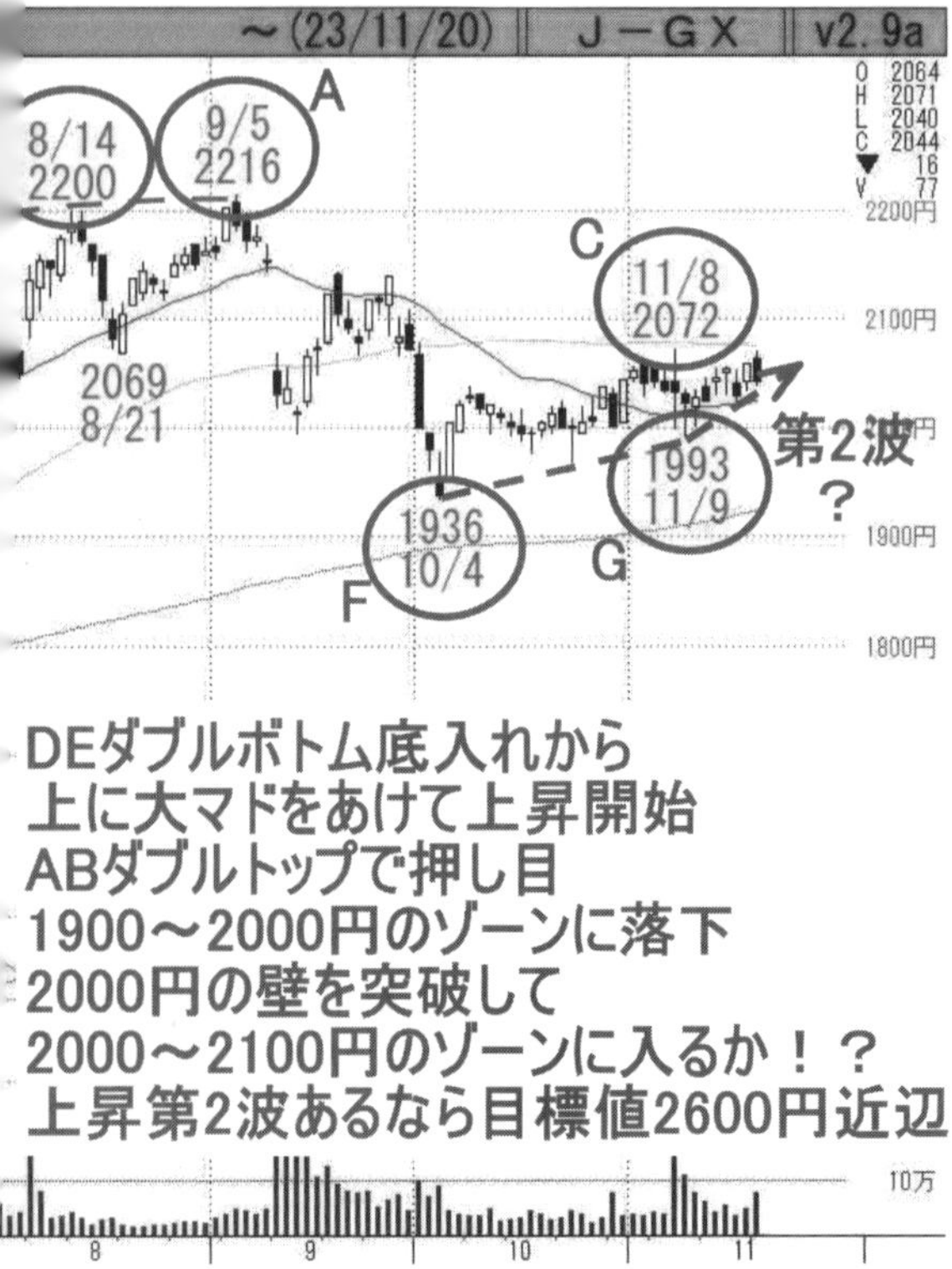

～(23/11/20) J－GX v2.9a
O 2064
H 2071
L 2040
C 2044
▼ 16
V 77
2200円
2100円
1900円
1800円
10万
8
9
10
11
A
8/14
2200
9/5
2216
2069
8/21
C
11/8
2072
第2波
？
1993
11/9
1936
10/4
F
G
DEダブルボトム底入れから
上に大マドをあけて上昇開始
ABダブルトップで押し目
1900～2000円のゾーンに落下
2000円の壁を突破して
2000～2100円のゾーンに入るか！？
上昇第2波あるなら目標値2600円近辺

ウェルネオシュガーは日新製糖と伊藤忠製糖が2023年1月に経営統合を行い、新たなグループ体制として発足した。日新製糖株式会社の証券コードで東証の上場を継続。

日本の精製糖業界における主要プレーヤーとして、沖縄・鹿児島のサトウキビを原料とする製糖事業および国産

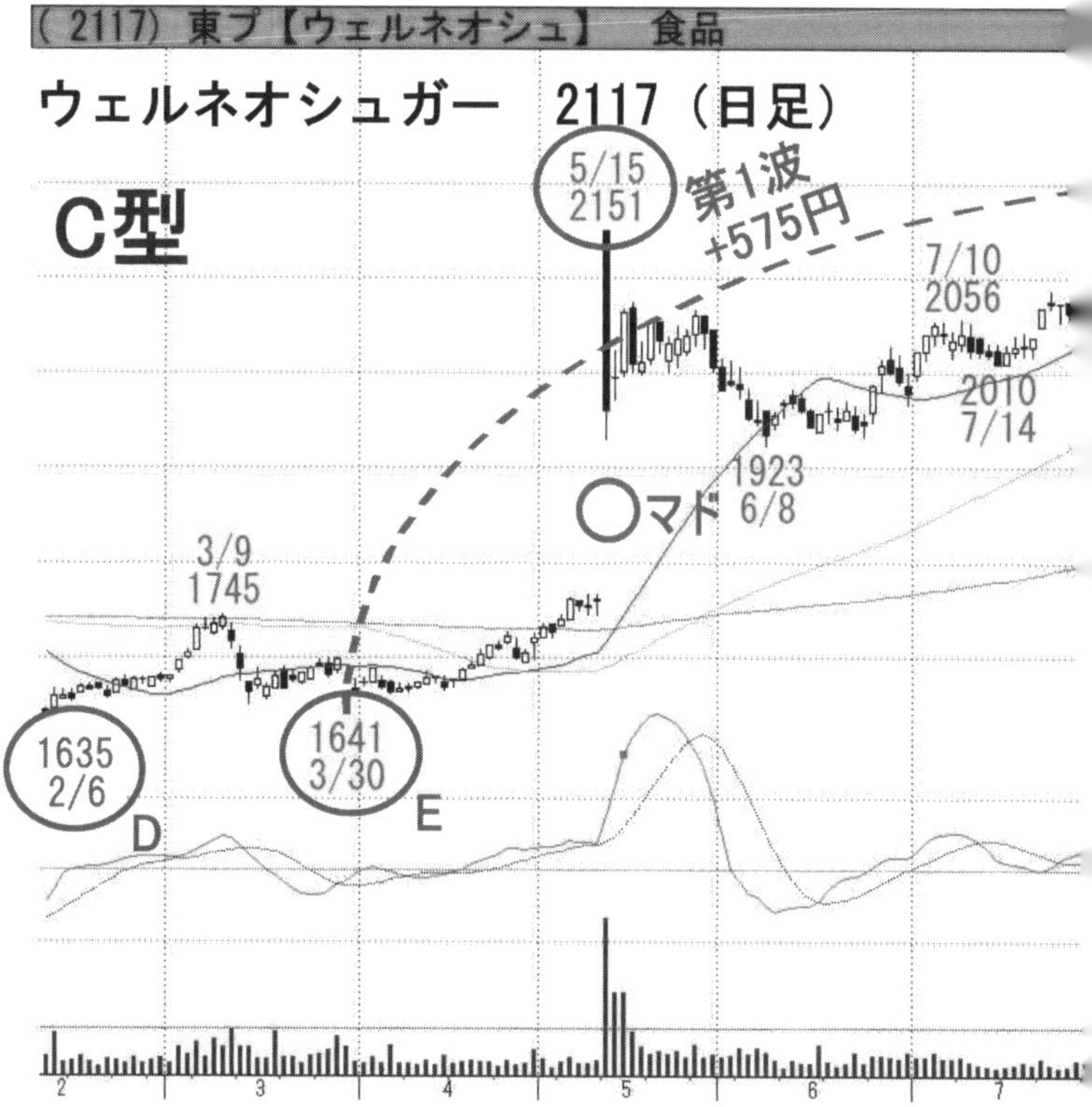
(2117) 東プ【ウェルネオシュ】 食品
ウェルネオシュガー 2117（日足）
C型
5/15
2151
第1波
+575円
7/10
2056
2010
7/14
1923
6/8
〇マド
3/9
1745
1635
2/6
D
1641
3/30
E
2
3
4
5
6
7

糖（甜菜《てんさい》糖・甘蔗《かんしょ》糖）の調達など、日本各地の農業の活性化、環境保全、地域経済の発展にも貢献。

今回の経営統合により経営基盤の強化と新たな事業領域の拡大に拍車をかけ、一層の企業価値向上を図ることにより、ウェルビーイングを実現する製糖業界のリーディングカンパニーを目指す。

上昇第2波あるなら、目標値は2600円近辺。

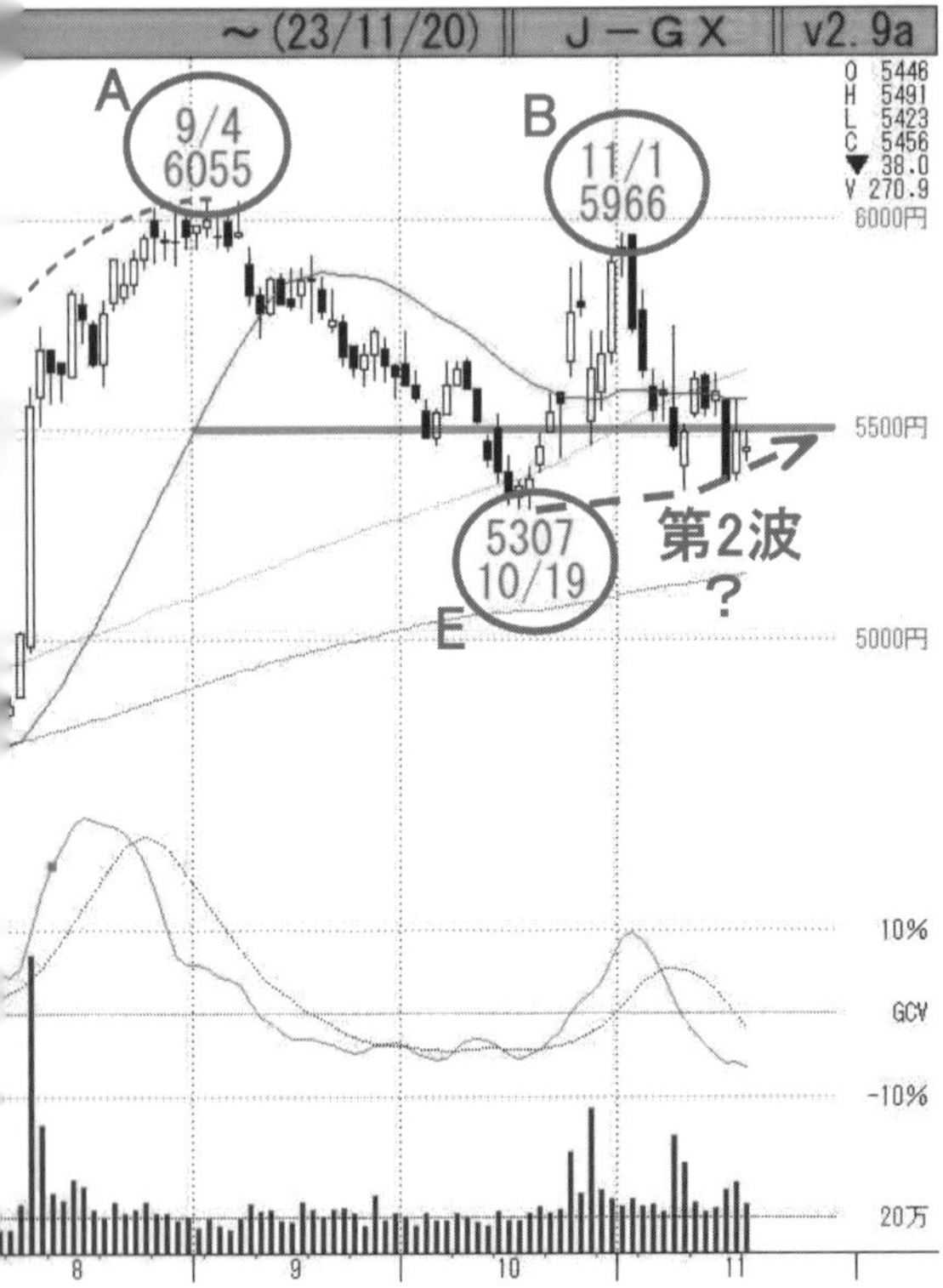
~(23/11/20) J－GX v2.9a
O 5446
H 5491
L 5423
C 5456
▼ 38.0
V 270.9
A
9/4
6055
B
11/1
5966
6000円
5500円
5307
10/19
E
第2波
？
5000円
10%
GCV
-10%
20万
8
9
10
11

2264

森永乳業

東 PRM

食料品

大手の乳製品メーカー。森永製菓とは兄弟会社の関係で、モリナガグループを形成している。

乳飲料やヨーグルトをはじめ、アイスクリームやデザート商品、栄養食品などを手がける。中でも、チルド飲料の「マウントレーニア」シリーズは、チルドカップコーヒー

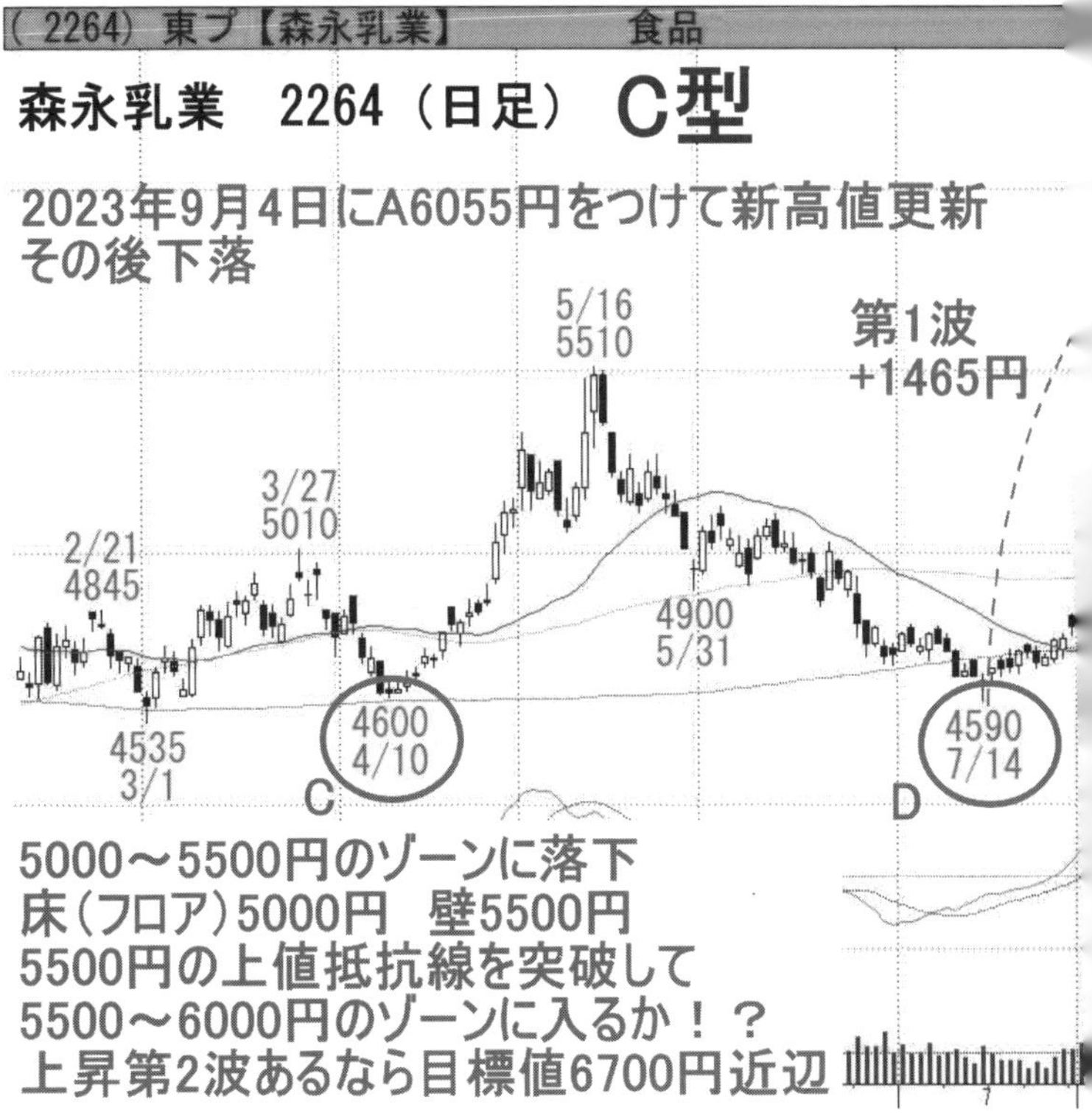
(2264) 東プ【森永乳業】 食品
森永乳業 2264（日足） C型
2023年9月4日にA6055円をつけて新高値更新
その後下落
5/16
5510
第1波
+1465円
3/27
5010
2/21
4845
4900
5/31
4535
3/1
4600
4/10
C
4590
7/14
D
5000～5500円のゾーンに落下
床（フロア）5000円 壁5500円
5500円の上値抵抗線を突破して
5500～6000円のゾーンに入るか！？
上昇第2波あるなら目標値6700円近辺

の元祖であり、チルドコーヒー市場のシェア1位。主力製品の「アロエヨーグルト」は2008年度のモンドセレクションで金賞を受賞。

デザート事業も好調。アイスクリーム部門では「エスキモー」ブランドが有名だったが、2010年に森永ブランドの価値向上を目的として「エスキモー」ブランドを廃止し、順次森永ブランドへ置き換えている。

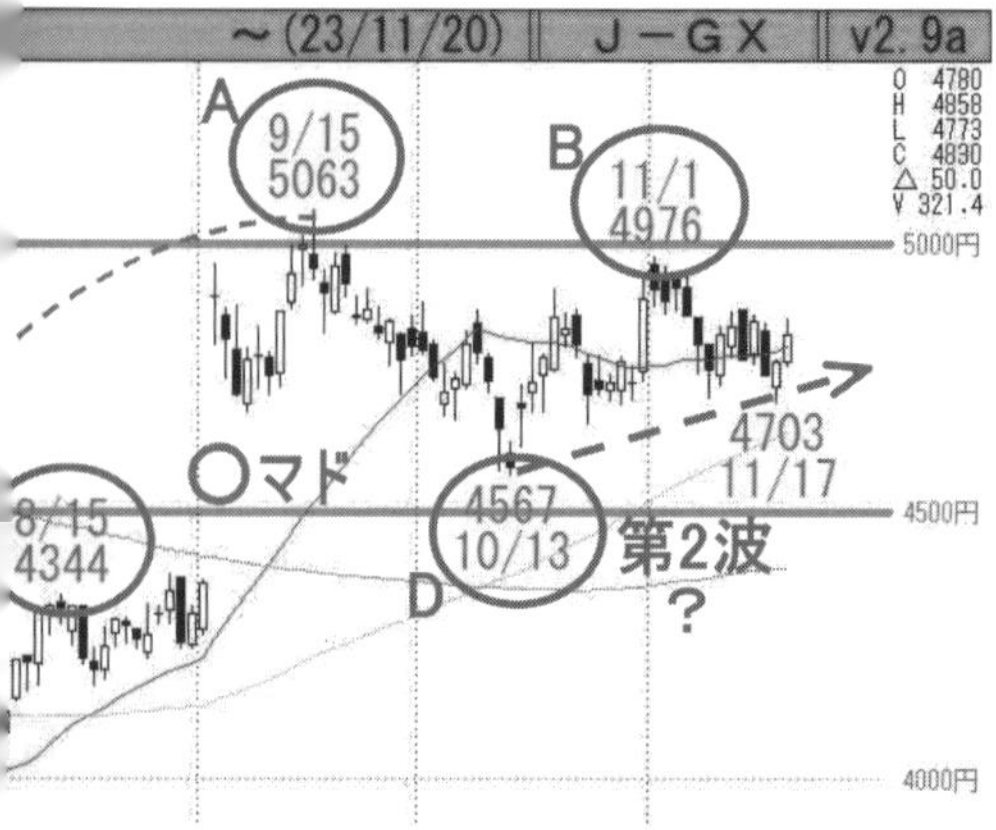
～(23/11/20)
J－GX
v2.9a
O 4780
H 4858
L 4773
C 4830
△ 50.0
V 321.4
A
9/15
5063
B
11/1
4976
5000円
4703
11/17
○マド
8/15
4344
4567
10/13
第2波
？
D
4500円
4000円

2023年7月7日の安値C3802円で
底入れから上昇開始
4500円の壁を上に大マドをあけて急伸
9月15日にA5063円をつけて新高値更新
ABダブルトップか
上昇第2波か
第2波あるなら目標値5800円近辺
床（フロア）4500円　壁5000円
4500円に下値支持線
5000円に上値抵抗線

2593
伊藤園

東 PRM
食料品

1966年の創業以来、緑茶、ほうじ茶、ウーロン茶、紅茶、麦茶などの「茶葉」や「ティーバッグ」「インスタント」製品の開発や、原料の仕入れ、加工、包装、販売までを手掛ける。

茶系飲料では有名な「お～いお茶」ブランドをはじめ、「1日分の野菜」ブランドな

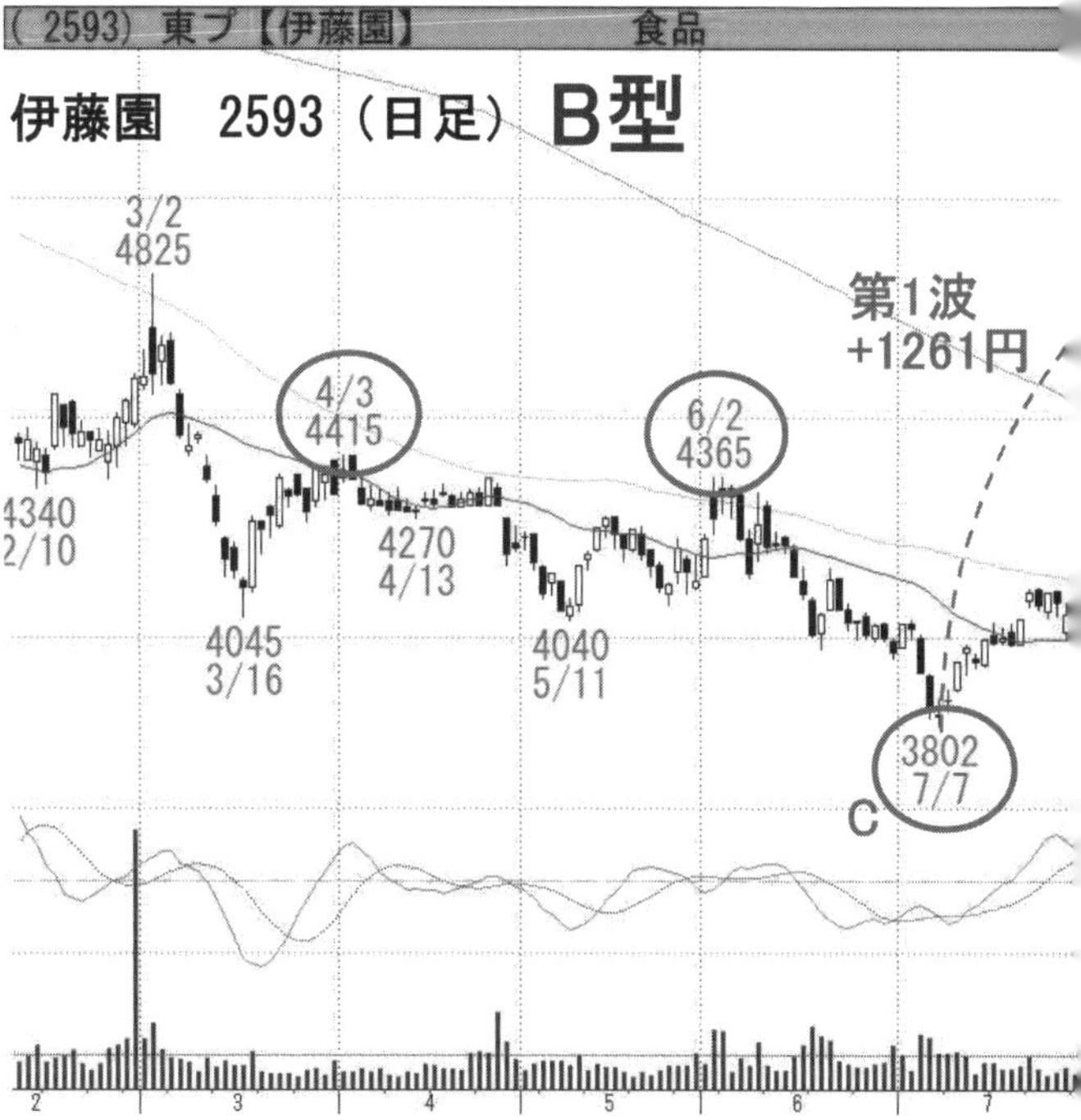

どの野菜飲料、「TULLY'S COFFEE」ブランドなどのコーヒー飲料、ミネラルウォーター、炭酸飲料、乳飲料の開発や、原料の仕入れ、加工、販売を手掛けている。なお、飲料化（ボトリング）に関しては、飲料製造企業に委託する「ファブレス方式」（沖縄を除く）を採用。

上昇第2波の目標は、5800円近辺。

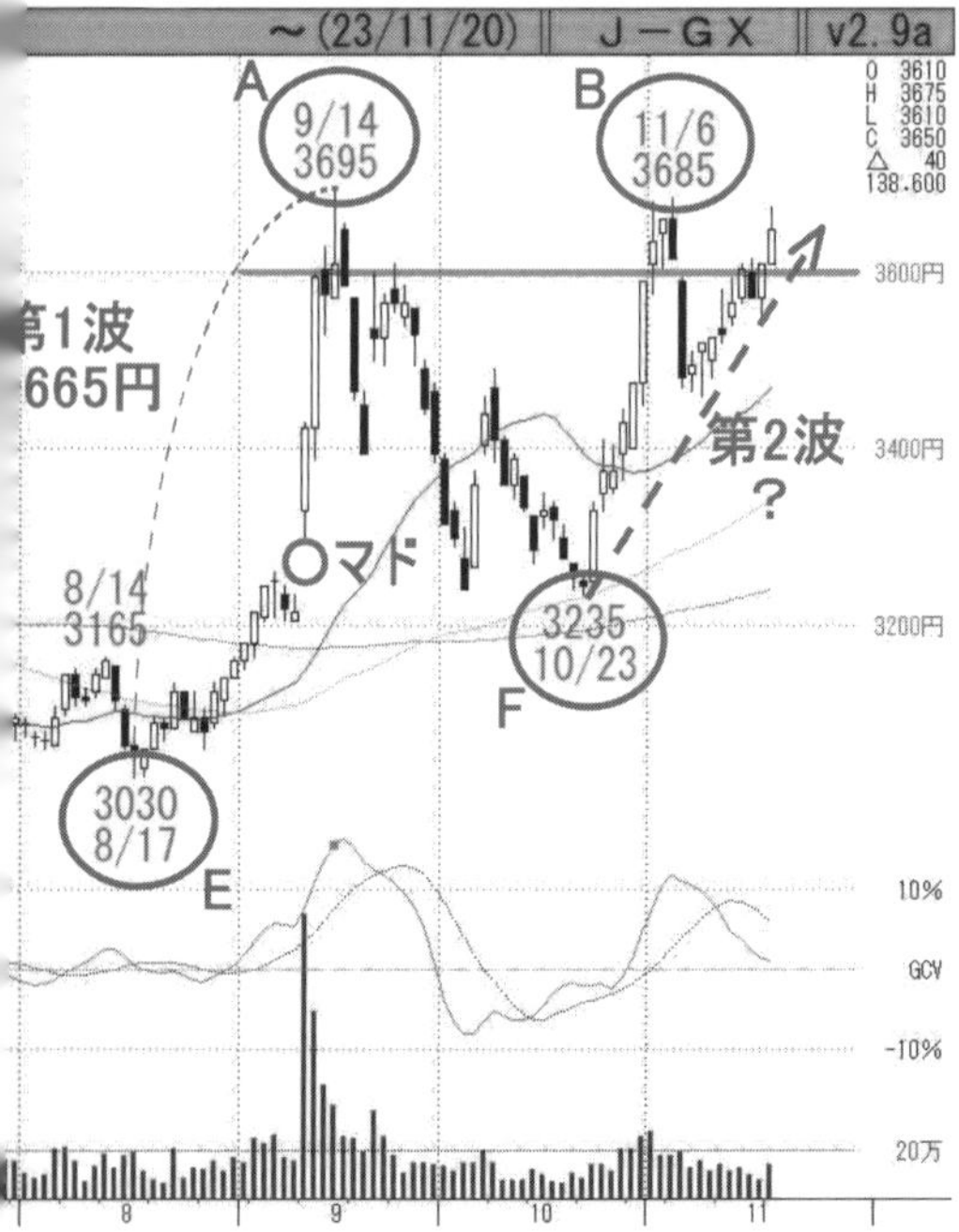
〜(23/11/20)
J－GX
v2.9a
O 3610
H 3675
L 3610
C 3650
△ 40
138.600
A
9/14
3695
B
11/6
3685
第1波
665円
第2波
?
○マド
8/14
3165
3235
10/23
F
3030
8/17
E
3600円
3400円
3200円
10%
GCV
-10%
20万
8
9
10
11

2695
くら寿司

東PRM

小売業

回転寿司チェーン大手。「さび抜き」「E型レーン」「ラーメン」などを業界で初めて導入するなど回転寿司界の革命児。

食後の皿はカウンターに設けたポケットに入れれば、洗い場まで水で運ばれる『皿カウンター水回収システム』を考案など顧客の利便性を徹底

(2695) 東プ【くら寿司】 サービス
くら寿司　2695（日足）B型
3/10
3475
4/14
3420
3070
2/24
6/16
3185
3005
6/12
7/12
3145
3020
7/7
C
CDEトリプルボトム底入れから
上にマドをあけて上昇開始
ABダブルトップか
上昇第2波か
3400～3600円のゾーン
床（フロア）3400円　壁3600円
3600円の上値抵抗線を突破して
3600～3800円のゾーンに入るか！？

的に追求。

　コロナ禍などの影響で、レーンを回さない店が増える中、回転すしはエンターテインメントととらえる経営方針のもとくら寿司はレーンを回し続けている。

　海外進出にも積極的で、すでに進出済みの米国と台湾のほか、新たにアジアの国にも進出して店舗網を広げる見込み。

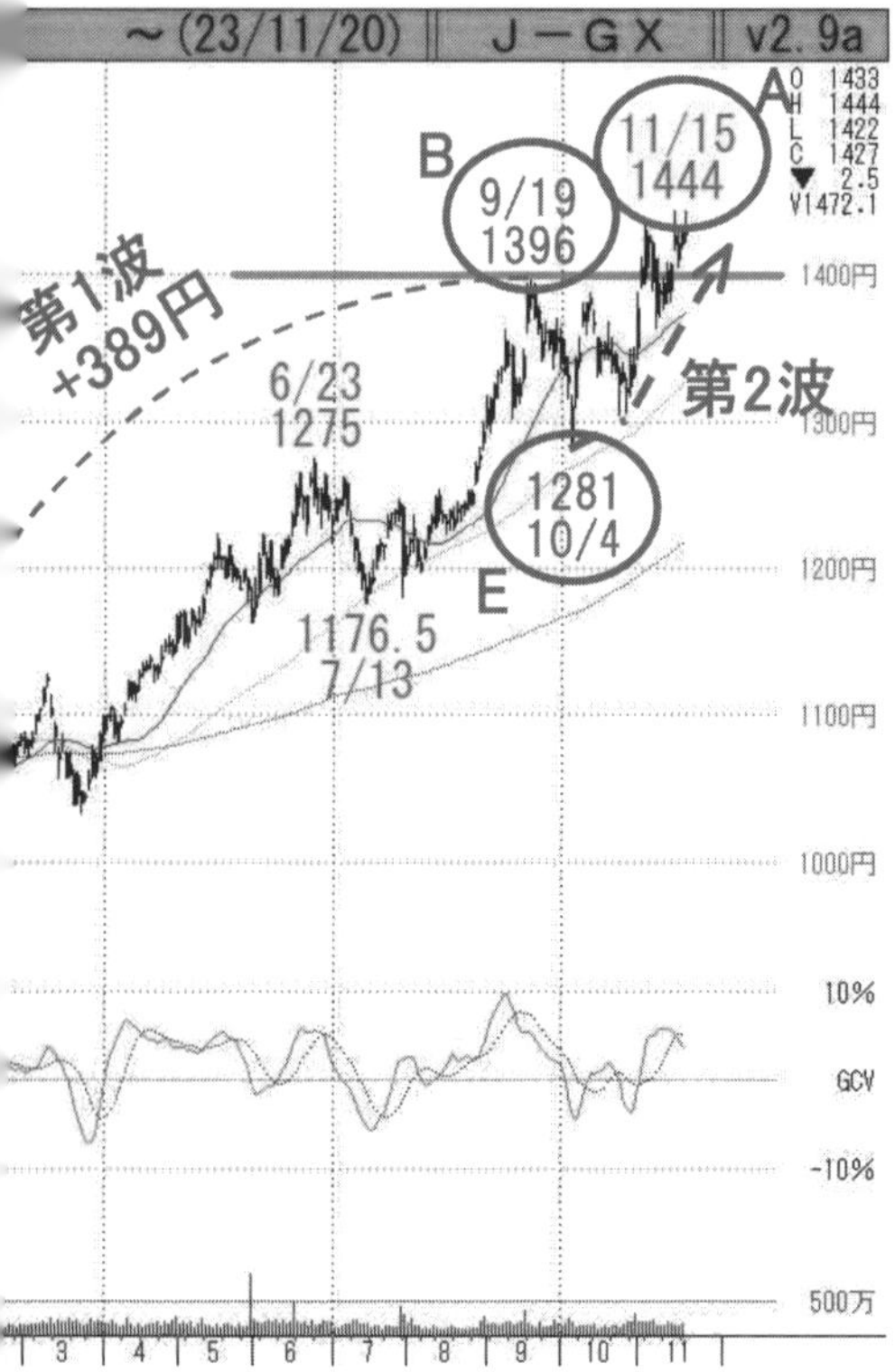
~(23/11/20)
J－GX
v2.9a
A
O 1433
H 1444
L 1422
C 1427
▼ 2.5
V1472.1
B
9/19
1396
11/15
1444
第1波
+389円
6/23
1275
第2波
1281
10/4
E
1176.5
7/13
1400円
1300円
1200円
1100円
1000円
10%
GCV
-10%
500万
3
4
5
6
7
8
9
10
11

3003

ヒューリック

東 PRM

不動産業

不動産賃貸・投資開発事業を主軸とする不動産会社。みずほフィナンシャルグループとの関係が強いことでも知られ、その高い資金力に強みがある。

莫大な買収資金を必要とする銀座エリアや渋谷エリアなどの高級物件を取得して、付加価値を高めて売却するビジ

(3003) 東プ【ヒューリック】 不動産
ヒューリック 3003（日足） A型
9/14
1412
CDダブルボトム底入れから上昇開始
2023年11月15日にA1444円をつけて
直近高値のB1396円を上抜いて新高値更
1300～1400円のゾーンから
1400～1500円のゾーンに突入
219
3/30
1132
11/25
1174
1063
10/28
982
3/8
1021
9/28
C
D
床（フロア）1400円 壁1500円
1400円に下値支持線
上昇第2波目標値1670円近辺

ネスを展開できるのは、高い資金力があってこそ。

保有不動産は都心で駅近の立地の良さから全物件の平均空室率は1％以下。また都心23区内に約75％以上の物件が集中しているため、安定して高い水準の家賃収入が期待できる。

開発・建替事業では、容積率を最大限に活用し立地に適した建替を計画的に実行し、賃料収入の増強を目指す。

～(23/11/20)
J－GX
v2.9a
O 1744
H 1767
L 1736
C 1738
6.5
V1507.2
A
C
8/14
1793
10/2
1783.5
11/14
1814
1800円
1700円
第2波
1600円
1597
8/28
1596.5
10/24
F
G
1500円
1400円
10%
GCV
-10%
100万
8
9
10
11

3099

三越伊勢丹ホールディングス

東PRM

小売業

傘《さん》下《か》に業界トップクラスの三越伊勢丹をはじめ各地方の百貨店運営会社などを所有している百貨店の純粋持株会社。

日本国内にある政令指定都市のほぼすべてに出店しているほか、世界進出でも長い歴史を持つ。１９９０年代に、独自のマーチャンダイジングで躍進した伊勢丹が、資本増

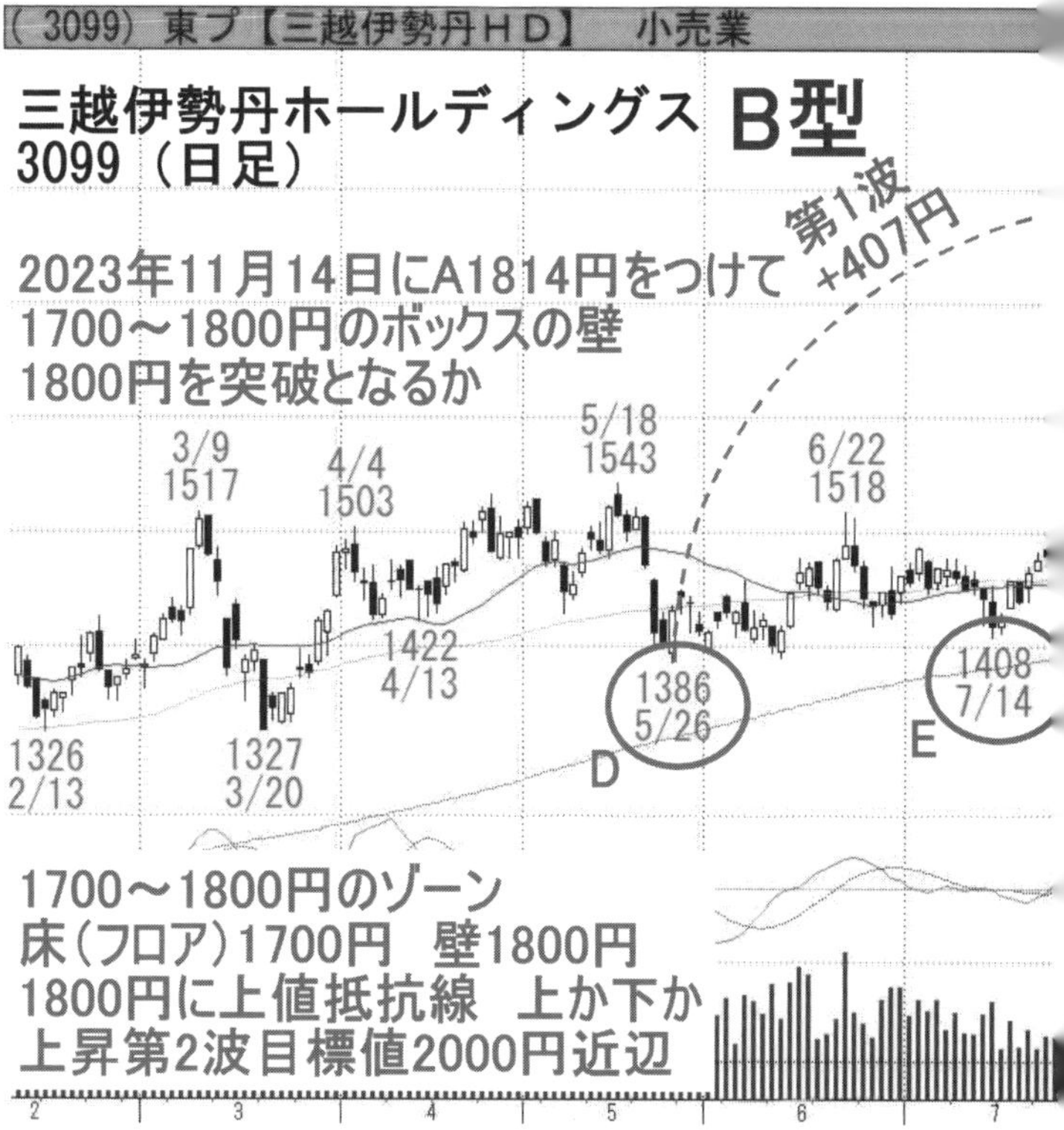
(3099) 東プ【三越伊勢丹ＨＤ】 小売業
三越伊勢丹ホールディングス 3099（日足）
B型
第1波 +407円
2023年11月14日にA1814円をつけて
1700〜1800円のボックスの壁
1800円を突破となるか
3/9 1517
4/4 1503
5/18 1543
6/22 1518
1422 4/13
1386 5/26
1408 7/14
1326 2/13
1327 3/20
D
E
1700〜1800円のゾーン
床（フロア）1700円　壁1800円
1800円に上値抵抗線　上か下か
上昇第2波目標値2000円近辺

強に苦しんでいた日本最古の百貨店の三越を取り込む形で２００８年に株式移転により純粋持株会社として発足した。

三越は今年で創業３５０年の老舗中の老舗。インバウンドの高まりもあり、海外からの旅行客でデパ地下に活気が戻ってきた。

１８００円に上値抵抗線、これを突破して上昇第２波となれば、目標値は２０００円か。

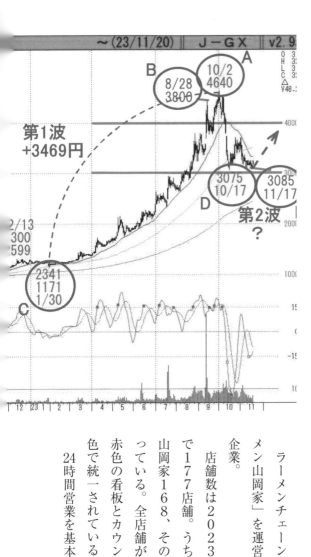

3399
丸千代山岡家

東 STD

小売業

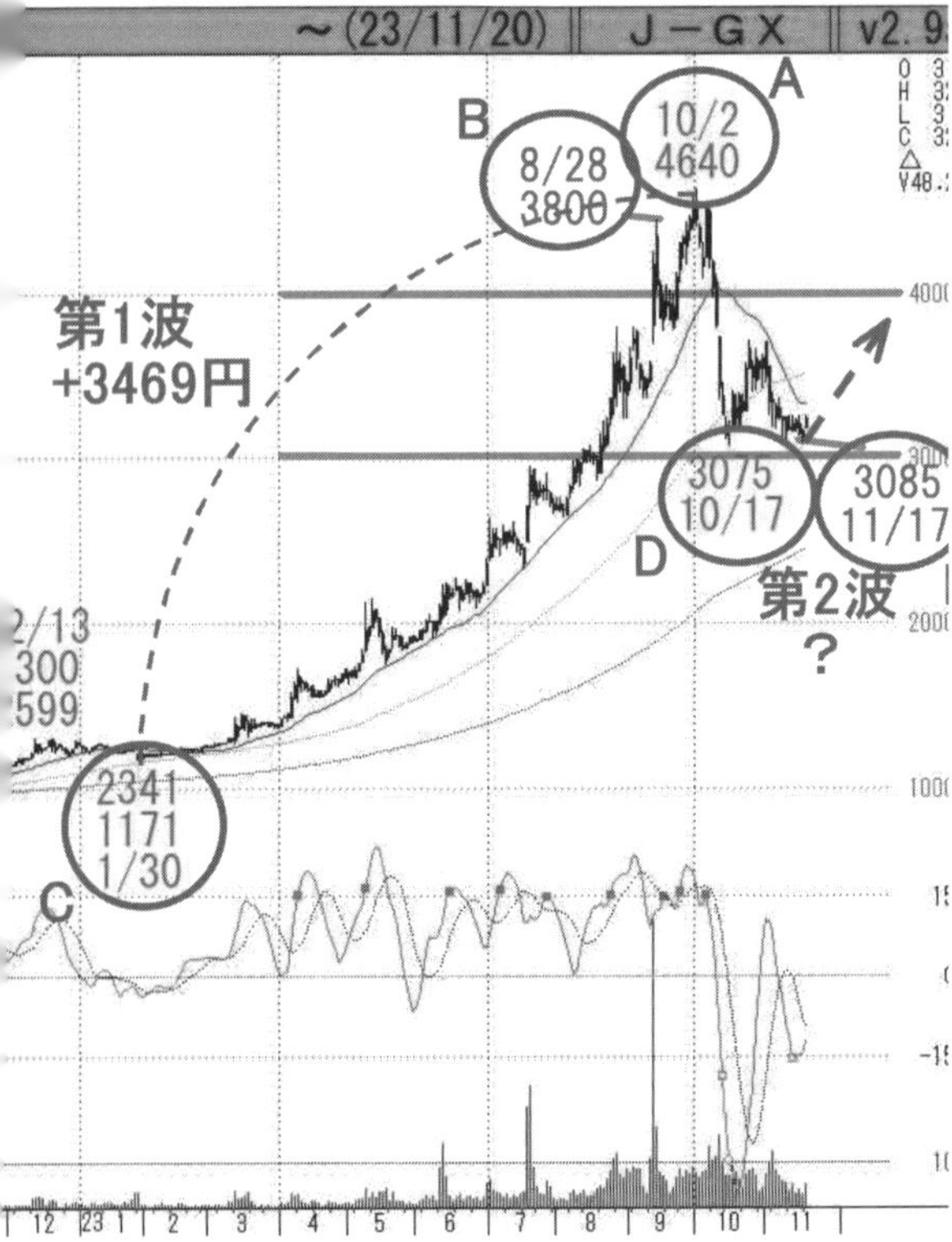
~(23/11/20) | J－GX | v2.9
A
B
10/2
4640
8/28
3800
第1波
+3469円
3075
10/17
3085
11/17
D
第2波
？
2/13
300
599
2341
1171
1/30
C
12 23 1 2 3 4 5 6 7 8 9 10 11

ラーメンチェーン店「ラーメン山岡家」を運営する外食企業。

店舗数は2023年3月末で177店舗。うちラーメン山岡家168、その他9となっている。全店舗が直営店で、赤色の看板とカウンターも赤色で統一されているのが特徴。24時間営業を基本とし、長

(3399) 東ス【丸千代山岡家】 サービス
丸千代山岡家 3399（日足） C型
2023年10月2日にA4640円をつけて新高値更
ABダブルトップで天井形成
その後急落
3000～4000円のゾーンに落下
床（フロア）3000円 壁4000円
11/25
971
1942
7/27
1018
2035
1811
906
7/29
1881
941
11/29
1810
905
3/15
3000円に下値支持線
4000円に上値抵抗線
上昇第2波あるなら目標値6600円近辺
7 8 9 10 11 12 22 1 2 3 4 5 6 7 8 9 10

距離ドライバーなどの利用も考慮して広めな駐車場が確保されたり、一部ではシャワーを併設している店舗も存在する。

新規出店には社長によるスープの味の認定が必要で、出店後も不定期でスープ講習会が開催される。

また、セントラルキッチン方式を用いず、チャーシューやネギ、麺を店内で調理して提供する。

～(23/11/20)
J－GX
v2.9a
O 5540
H 5555
L 5504
C 5519
▼ 73.0
V1307.8
6500円
6000円
5500円
5000円
1420円
5/2
5549
B
8/14
5828
C
11/9
5766
5240
11/8
F
4938
3/2
D
4877
5/31
E
10%
GCV
-10%
100万

4452
花王

東PRM
化学

日本を代表する日用品・消費財化学メーカー。洗剤、トイレタリーで国内では1位、化粧品は2位。世界では化粧品・トイレタリー企業のシェアランキング7位。

2000年代以降、体脂肪をエネルギーとして燃やしやすくする飲料「ヘルシア」に代表される機能性食品やペッ

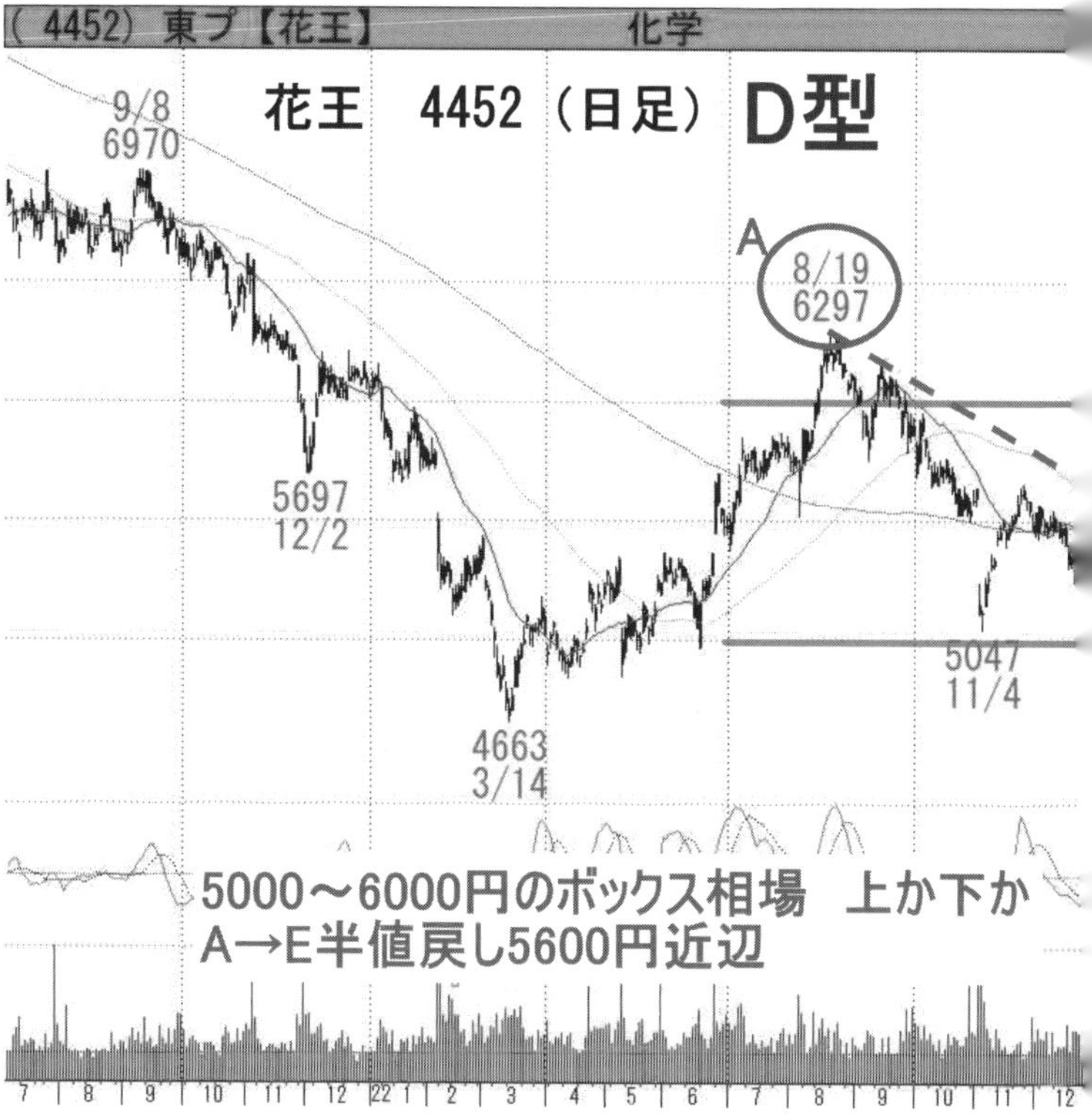
(4452) 東プ【花王】 化学
花王 4452（日足） D型
9/8
6970
5697
12/2
4663
3/14
A
8/19
6297
5047
11/4
5000～6000円のボックス相場 上か下か
A→E半値戻し5600円近辺
7
8
9
10
11
12
22
1
2
3
4
5
6
7
8
9
10
11
12

ト用品なども販売し、高い収益力を誇る。

その製品は用途によって細分化された多品種を展開。原料からの一貫生産と物流・販売システムに強みがあり、国内外に多数の工場や営業拠点をもっている。

化粧品はドラッグストアなどで陳列販売するバラエティ化粧品が中心のソフィーナ、カウンセリング化粧品のエスト、通信販売の「オリエナ」といったブランドがある。

6058

ベクトル

東PRM

サービス業

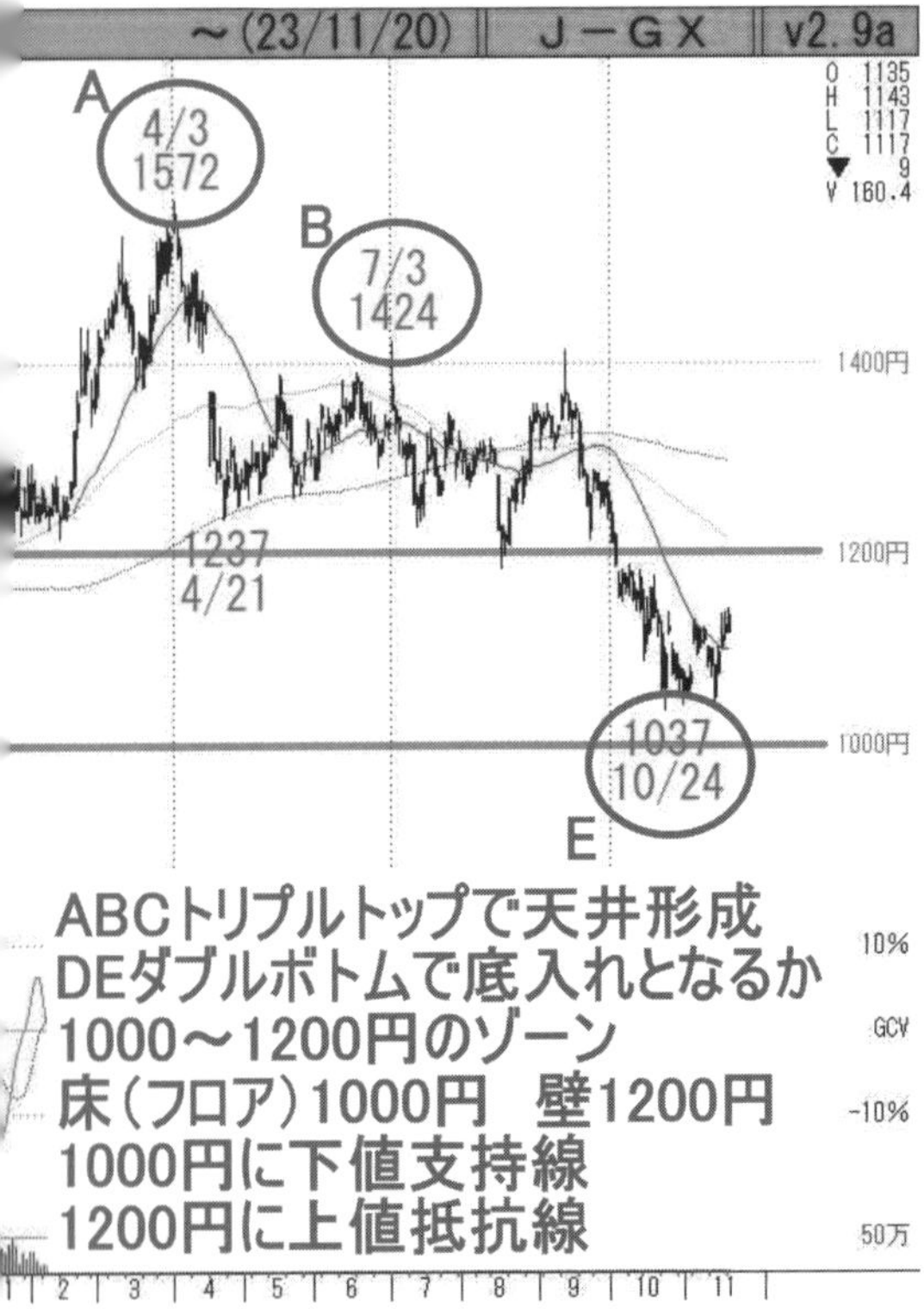
~(23/11/20)
J－GX
v2.9a
O 1135
H 1143
L 1117
C 1117
▼ 9
V 160.4
A
4/3
1572
B
7/3
1424
1400円
1237
4/21
1200円
1037
10/24
1000円
E
ABCトリプルトップで天井形成
DEダブルボトムで底入れとなるか
1000～1200円のゾーン
床(フロア)1000円　壁1200円
1000円に下値支持線
1200円に上値抵抗線
10%
GCV
-10%
50万
1
2
3
4
5
6
7
8
9
10
11

PR会社では国内最大手。これまでは企業の広告を扱うのが広告代理店、企業ニュースやコンテンツを扱うのがPR会社だったが、SNSが急速に発達し、動画の活用も進む中で、インフルエンサーなどを通じて、直接的に消費者へモノを広められる時代になっている。

(6058) 東プ【ベクトル】　サービス

ベクトル　6058（日足）　D型

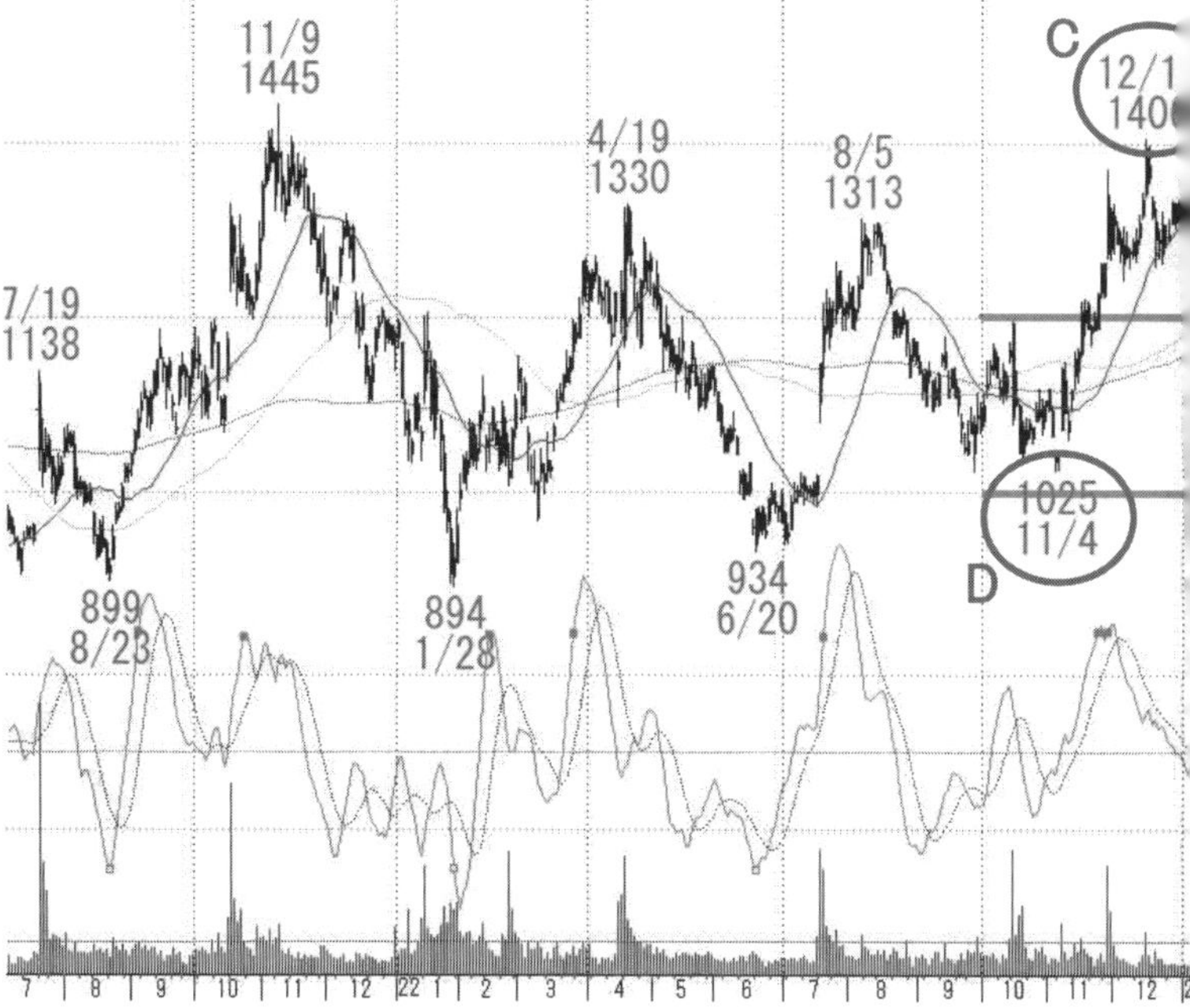

この情報革命の時代に対応するべく、「モノを広める」（クライアント企業の商品・サービスを従来のPR手法にとらわれずに消費者に届ける）をコンセプトに、PR事業、デジタルマーケティング事業、インベストメントベンチャー事業など幅広い事業ドメインをベースに、総合的なコミュニケーション立案からアウトプットまでワンストップで提供する。

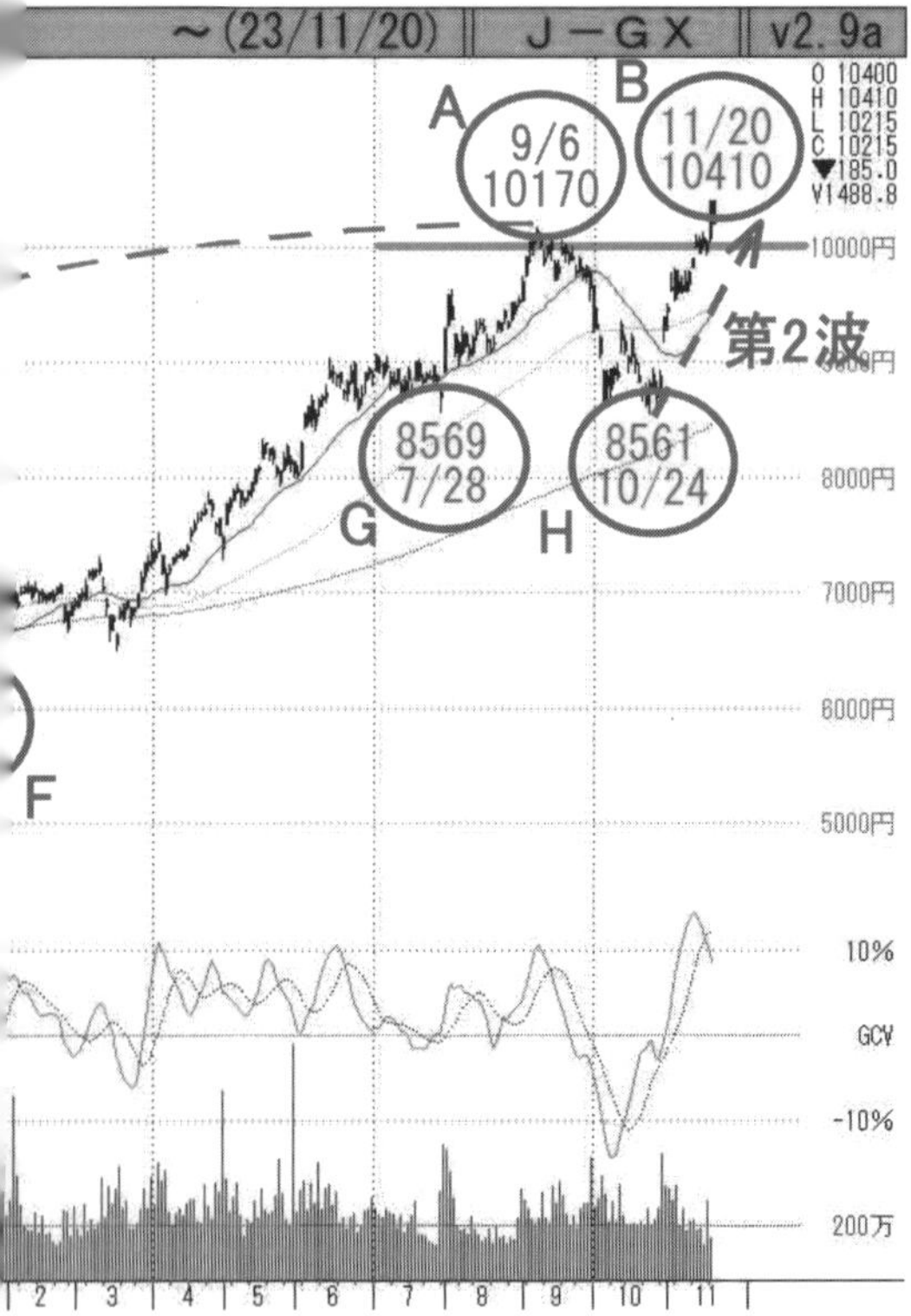
～(23/11/20)
J－GX
v2.9a
O 10400
H 10410
L 10215
C 10215
▼185.0
V1488.8
A
9/6
10170
B
11/20
10410
第2波
8569
7/28
G
H
8561
10/24
F
10000円
8000円
7000円
6000円
5000円
10%
GCV
-10%
200万
2
3
4
5
6
7
8
9
10
11

6501
日立製作所

東 PRM
電気機器

日立グループの中核企業であり、日本のみならず世界有数の総合電機メーカー。

IT、エネルギー、インダストリー、モビリティ、ライフ、オートモティブシステム、その他の8の部門から構成される。

連結子会社770社を傘下に置き、売上高10兆2646

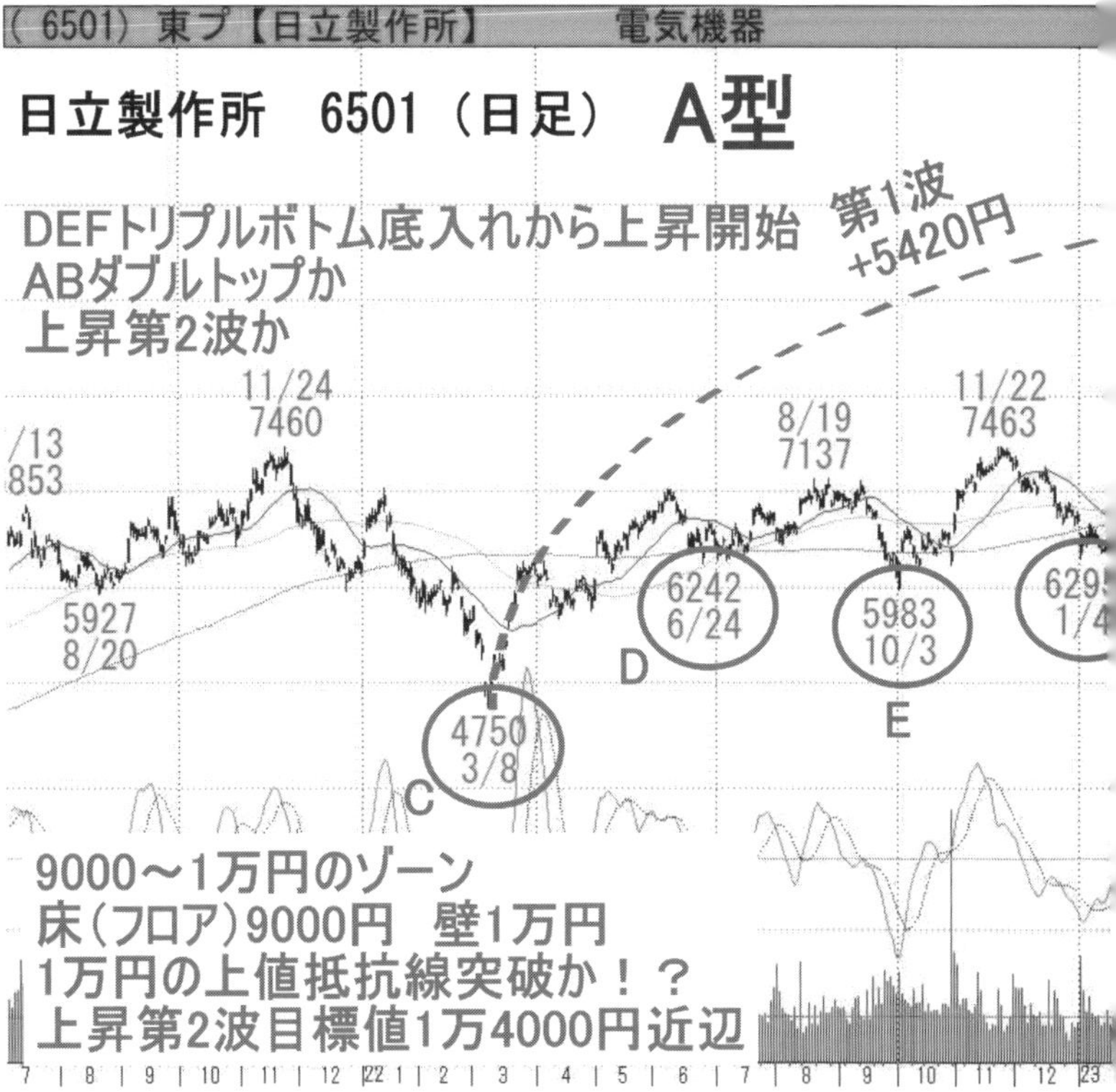

(6501) 東プ【日立製作所】 電気機器
日立製作所 6501（日足） A型
DEFトリプルボトム底入れから上昇開始
ABダブルトップか
上昇第2波か
第1波
+5420円
11/24
7460
8/19
7137
11/22
7463
5927
8/20
4750
3/8
6242
6/24
5983
10/3
C
D
E
9000～1万円のゾーン
床（フロア）9000円 壁1万円
1万円の上値抵抗線突破か！？
上昇第2波目標値1万4000円近辺

億円、営業利益7382億円、総従業員数35万864人は、総合電機の中で最大であり、日本の全業種中でもトヨタ自動車に次ぐ規模の従業員数を誇る巨大企業。

全世界に製造・販売拠点を広げる多国籍企業でもあり、売上の59％は日本国外からもたらされる（2021年）。

1万円の上値抵抗線を超えて上昇第2波となれば1万4000円が目標値。

～(23/11/20) J－GX v2.9a
O 2893
H 2900
L 2769
C 2780
▼112.5
V 46342
A
9/20
2911.5
B
11/20
2900
第2波
？
2471
10/4
D
2526
10/31
E
32.5
/17
2800円
2600円
2400円
2200円
2000円
1800円
ABダブルトップか
上昇第2波か
2600～2800円のゾーンから
2800～3000円のゾーンに突入
床（フロア）2800円　壁3000円
2800円に下値支持線
上昇第2波あるなら
目標値3700円近辺
10%
GCV
-10%
1000万
8
9
10
11

7203

トヨタ自動車

東PRM

輸送用機器

全世界での自動車生産台数が1000万台を超え、2023年度の営業利益は37兆円を見込む世界最大の自動車メーカー。

EUや中国を中心に世界各国が電気自動車（EV）にシフトするなか、トヨタは、EVの開発では出遅れているが、圧倒的な技術優位にあるPH

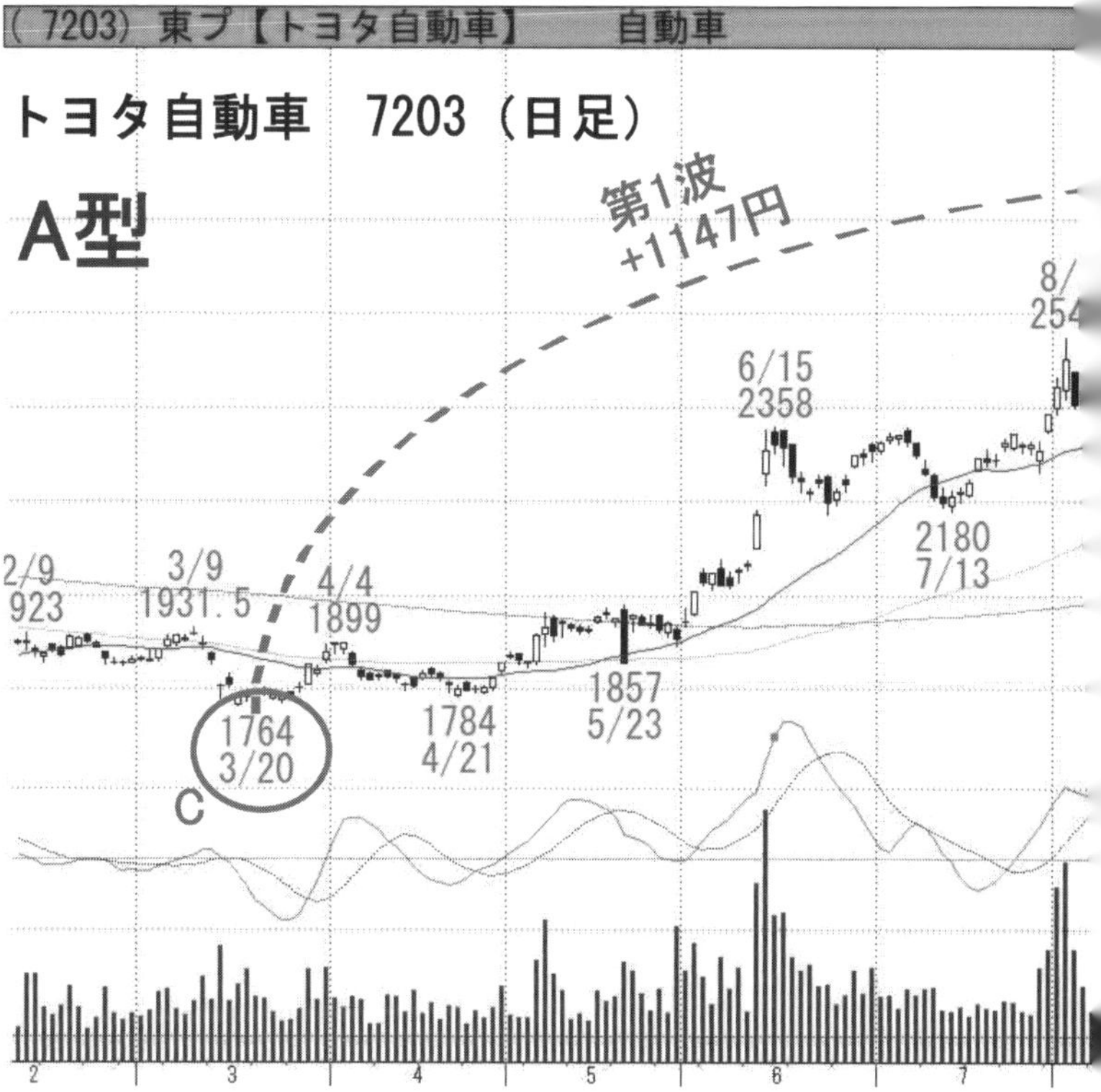
(7203) 東プ【トヨタ自動車】 自動車
トヨタ自動車 7203（日足）
A型
第1波
+1147円
6/15
2358
2180
7/13
2/9
923
3/9
1931.5
4/4
1899
1764
3/20
C
1784
4/21
1857
5/23
2
3
4
5
6
7

EVなどのハイブリッド車、水素自動車、燃料電池車など多角的なアプローチで二酸化炭素削減に取り組む。

EVの分野ではテスラや中国製EVに先行されていたが、これまでのリチウム電池をはるかに凌駕する性能の全固体電池の開発でブレークスルーを目指す。最近、出光興産との協業を発表し、2026～2028年には全固体電池の量産化を計画。EV分野でも世界トップを狙う。

7211

三菱自動車

東PRM

輸送用機器

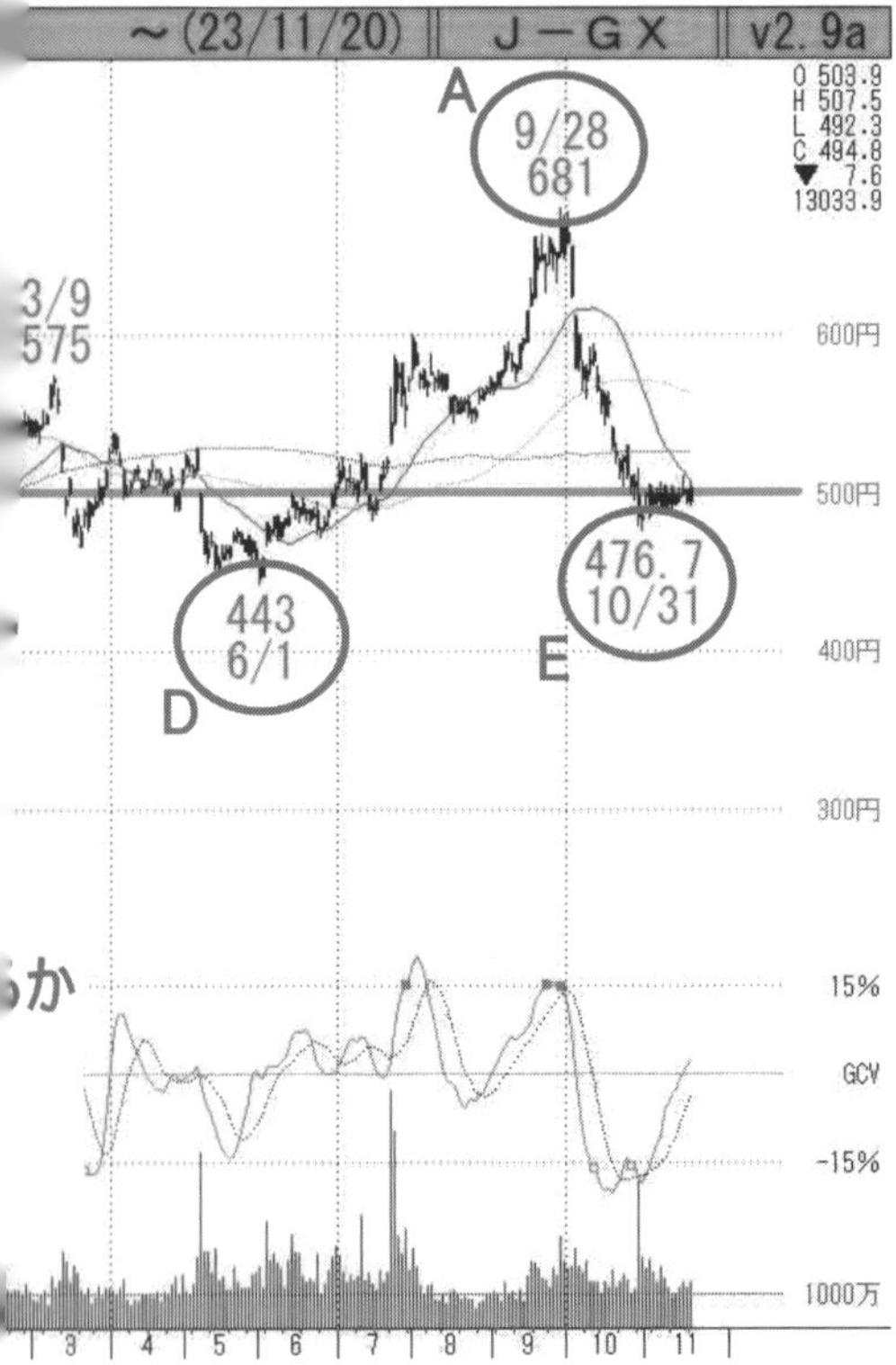
～(23/11/20) J－GX v2.9a
O 503.9
H 507.5
L 492.3
C 494.8
▼ 7.6
13033.9
A
9/28
681
3/9
575
600円
500円
400円
300円
443
6/1
D
476.7
10/31
E
15%
GCV
-15%
1000万
3
4
5
6
7
8
9
10
11

１９７０年に三菱重工業から独立した日本の自動車メーカー。

２０００年以降にリコール隠しが相次いで発覚し、経営危機に直面。その後２０１６年４月にも軽自動車４車種の燃費試験に使うデータの恣意的改ざんが問題となり、同年10月に日産自動車が筆頭株主

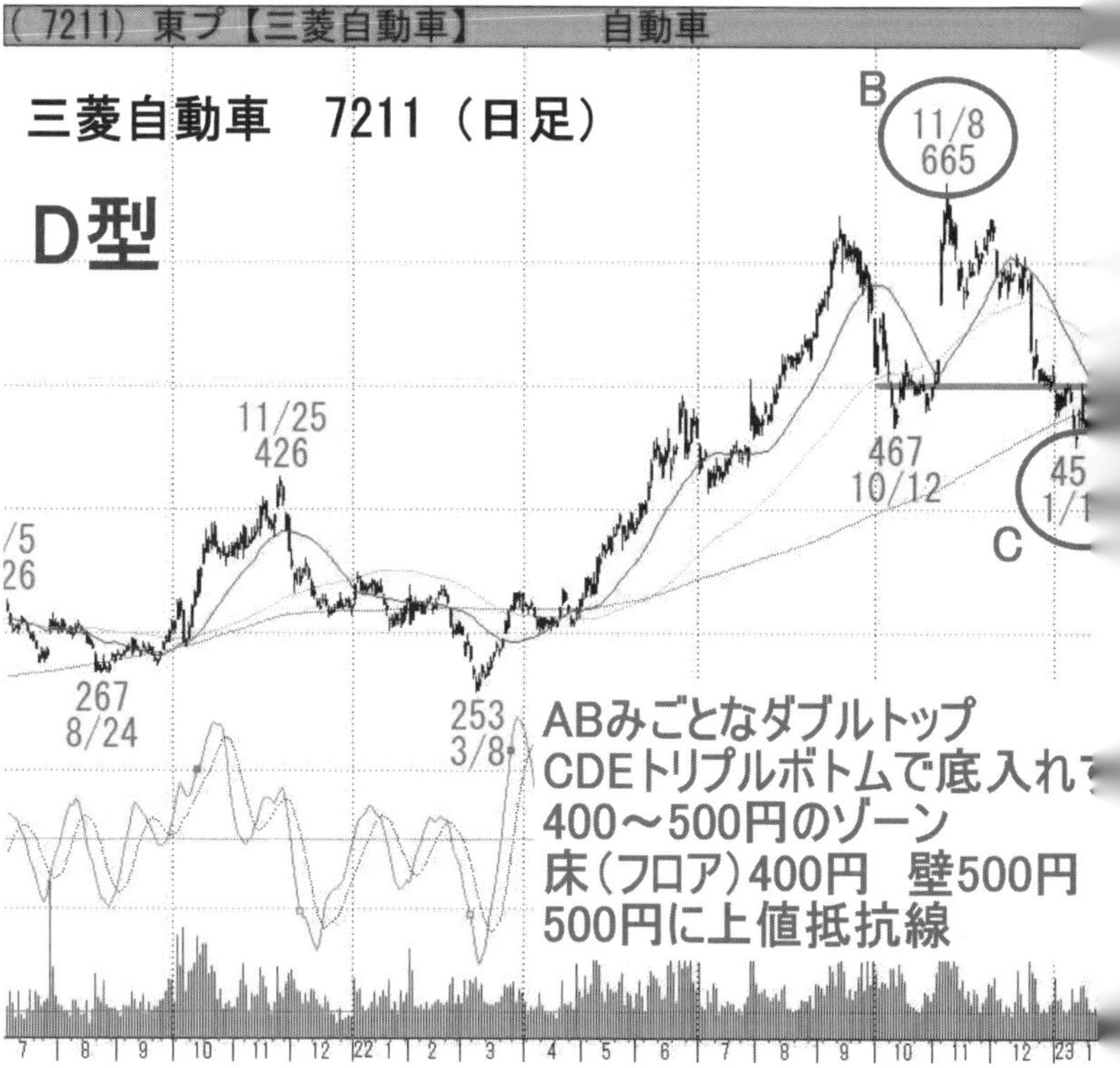
(7211) 東プ【三菱自動車】 自動車
三菱自動車 7211（日足）
D型
B
11/8
665
11/25
426
467
10/12
45
1/1
C
/5
26
267
8/24
253
3/8
ABみごとなダブルトップ
CDEトリプルボトムで底入れす
400～500円のゾーン
床（フロア）400円 壁500円
500円に上値抵抗線

となり、日産自動車とフランスのルノーと共にルノー・日産・三菱アライアンスを構成している。

三菱自動車は、２００９年に世界初の量産型ＥＶとなる「ｉ-ＭｉＥＶ」を発売。２０２２年、日産と共同開発したＥＶの軽自動車「サクラ」が人気となって販売好調。

中国市場からの撤退を発表したが、東南アジア市場での小型ＥＶ車の販売が期待できる。

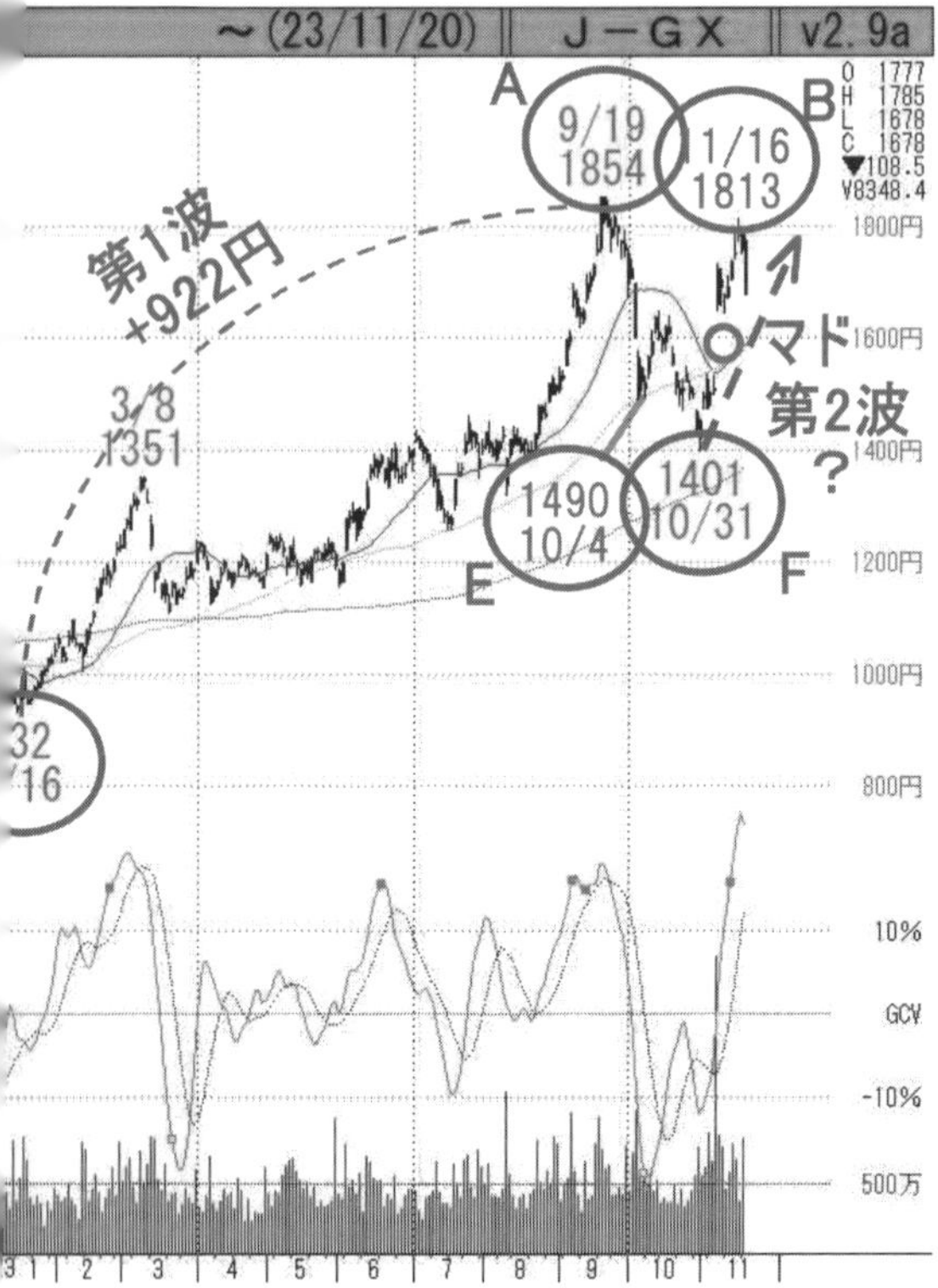
～(23/11/20) J－GX v2.9a
A
9/19
1854
B
1/16
1813
第1波
+922円
3/8
1351
マド
第2波
?
1490
10/4
E
1401
10/31
F
1800円
1600円
1400円
1200円
1000円
800円
10%
GCV
-10%
500万

7261

マツダ

東PRM

輸送用機器

世界で始めてロータリーエンジンを搭載した自動車を実用化したことで知られる自動車メーカー。

「2人乗り小型オープンスポーツカー」ロードスターは生産累計世界一としてギネス世界記録の認定を受ける。1991年には日本メーカーとしては初のル・マン24時間レー

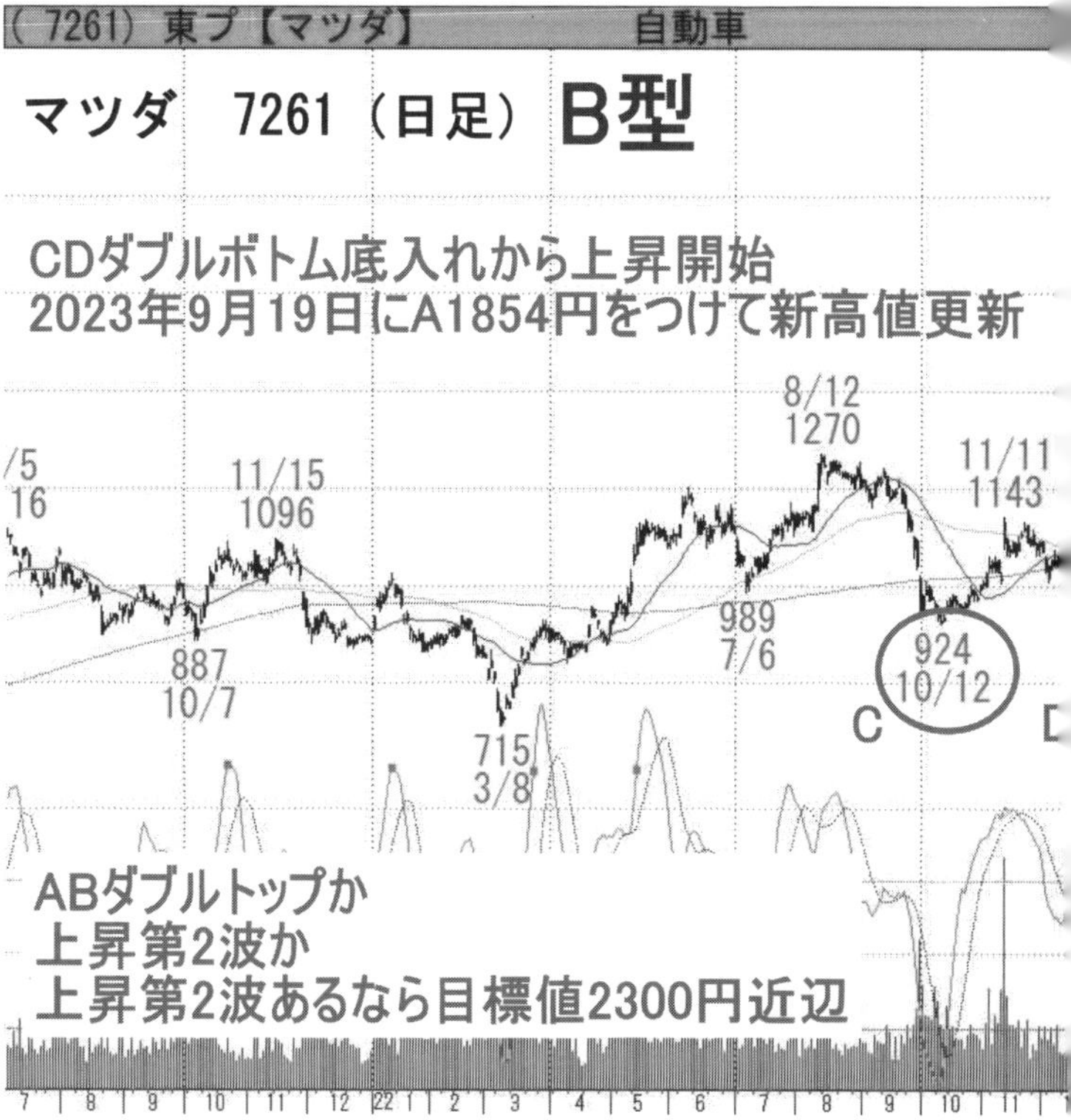
(7261) 東プ【マツダ】 自動車
マツダ 7261（日足）B型
CDダブルボトム底入れから上昇開始
2023年9月19日にA1854円をつけて新高値更新
8/12
1270
11/11
1143
11/15
1096
887
10/7
715
3/8
989
7/6
924
10/12
C
ABダブルトップか
上昇第2波か
上昇第2波あるなら目標値2300円近辺

スで総合優勝するなど、技術力に定評がある。

１９７９年以来米フォードと提携し、１９９６年には同社の傘下に入ったが、フォードの経営悪化によりグループから独立。現在は、トヨタ自動車と提携し、業務資本提携でも合意している。

得意のロータリーエンジンを復活させて発電機として使用するプラグインハイブリッド車を開発し、話題に。

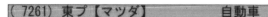

8591

オリックス

東 PRM

その他金融業

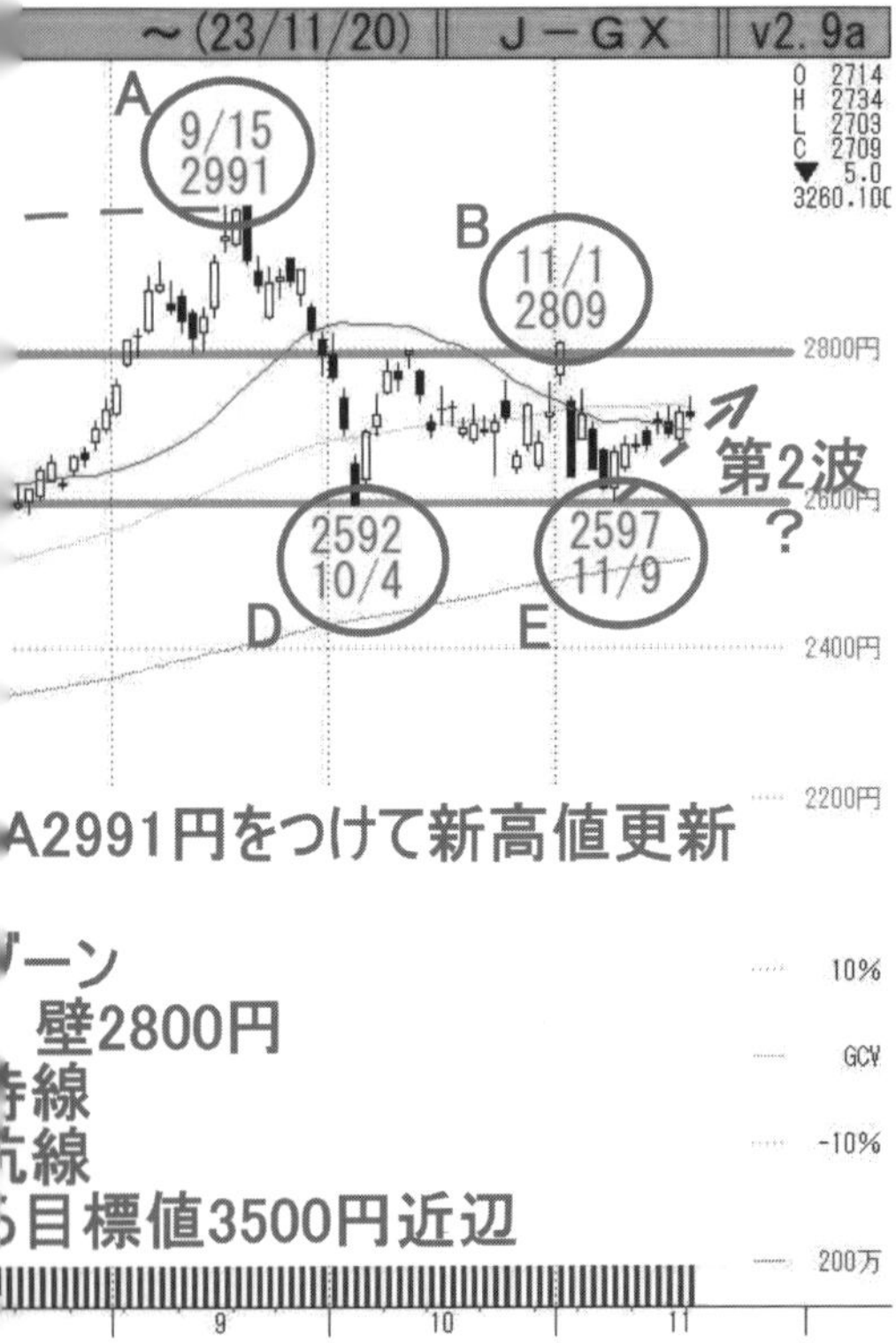

日本の大手総合金融サービス企業。1964年にリース事業からスタート。

その後、リースに必要とされる「金融」と「モノ（物件）」の2つの専門性を起点として、「金融」分野では、融資、事業投資、生命保険、銀行、資産運用事業へと事業を拡大。

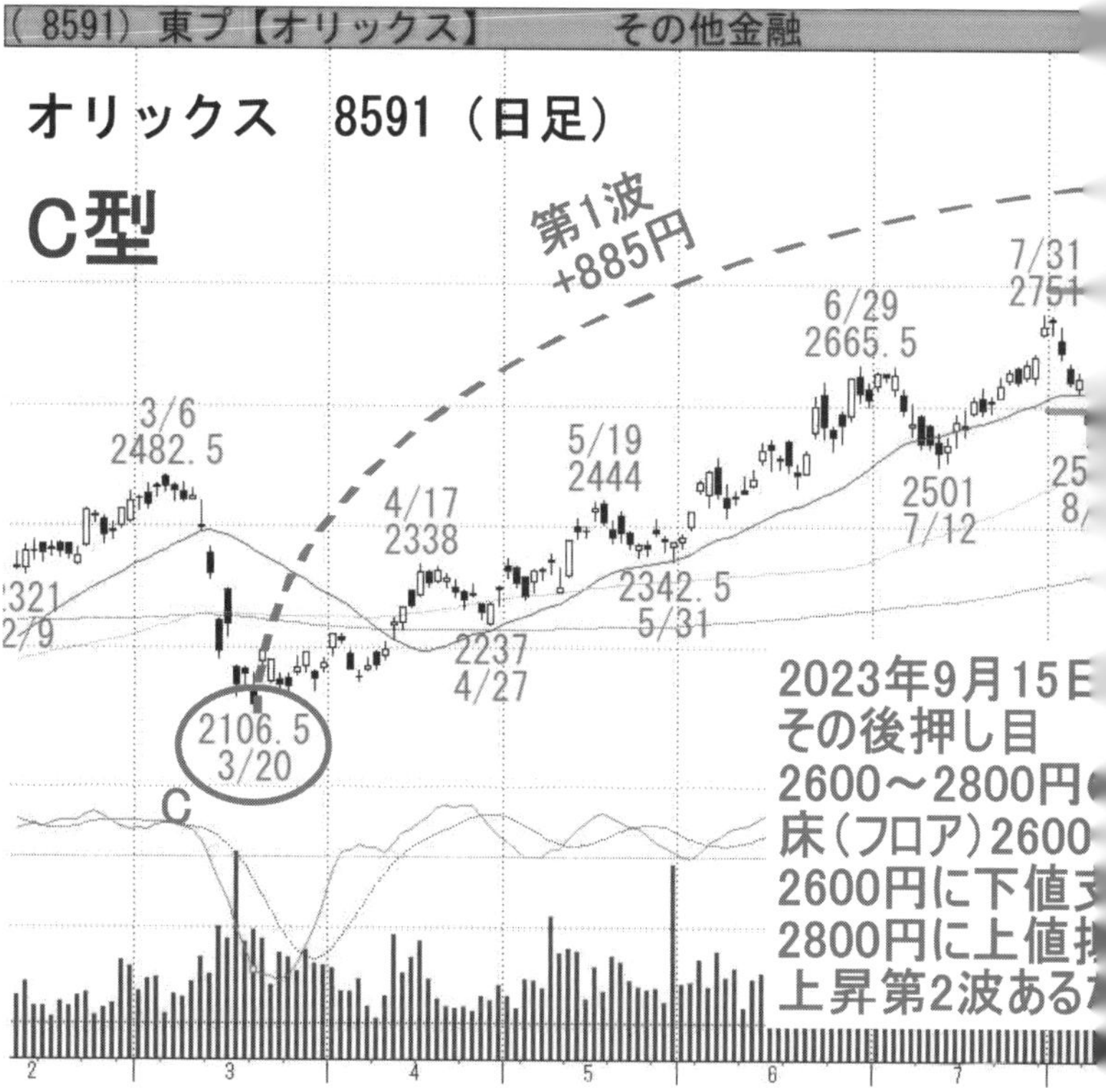
(8591) 東プ【オリックス】 その他金融
オリックス 8591（日足）
C型
第1波
+885円
3/6
2482.5
2321
2/9
2106.5
3/20
4/17
2338
2237
4/27
5/19
2444
2342.5
5/31
6/29
2665.5
7/31
2751
2501
7/12
2023年9月15日
その後押し目
2600～2800円
床（フロア）2600
2600円に下値支
2800円に上値
上昇第2波ある
C

「モノ」の分野では、産業／ICT機器、環境エネルギー、自動車関連、不動産関連へと広がり、さらにプロ野球球団（オリックス・バファローズ）など数多くの分野で事業を展開している。

東証プライム市場およびニューヨーク証券取引所に上場し、日経平均株価・TOPIX Large70の構成銘柄の1つ。

上昇第2波の目標値は3500円近辺か。

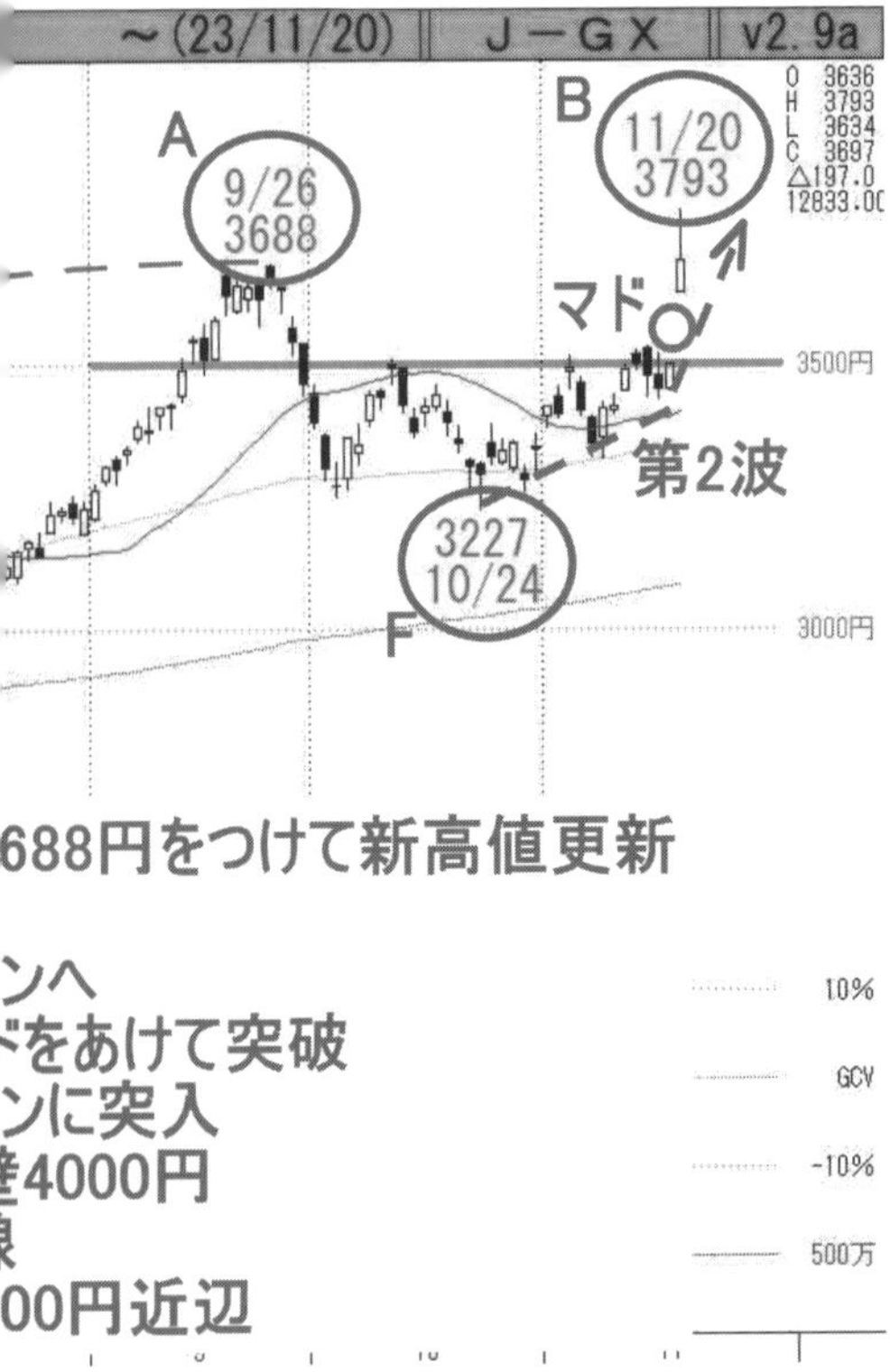
～(23/11/20)
J－GX
v2.9a
O 3636
H 3793
L 3634
C 3697
△197.0
12833.00
A
9/26
3688
B
11/20
3793
マド
3500円
第2波
3227
10/24
F
3000円
688円をつけて新高値更新
ンへ
ドをあけて突破
ンに突入
達4000円
線
400円近辺
10%
GCV
-10%
500万

8766

東京海上ホールディングス

東 PRM

保険業

東京海上日動火災保険などを傘下に置く保険持株会社。

2023年現在、総資産、正味収入保険料、純利益において国内最大の損害保険グループ。

MS&ADインシュアランスグループホールディングス、SOMPOホールディングスと並ぶ、「3メガ損保」の一

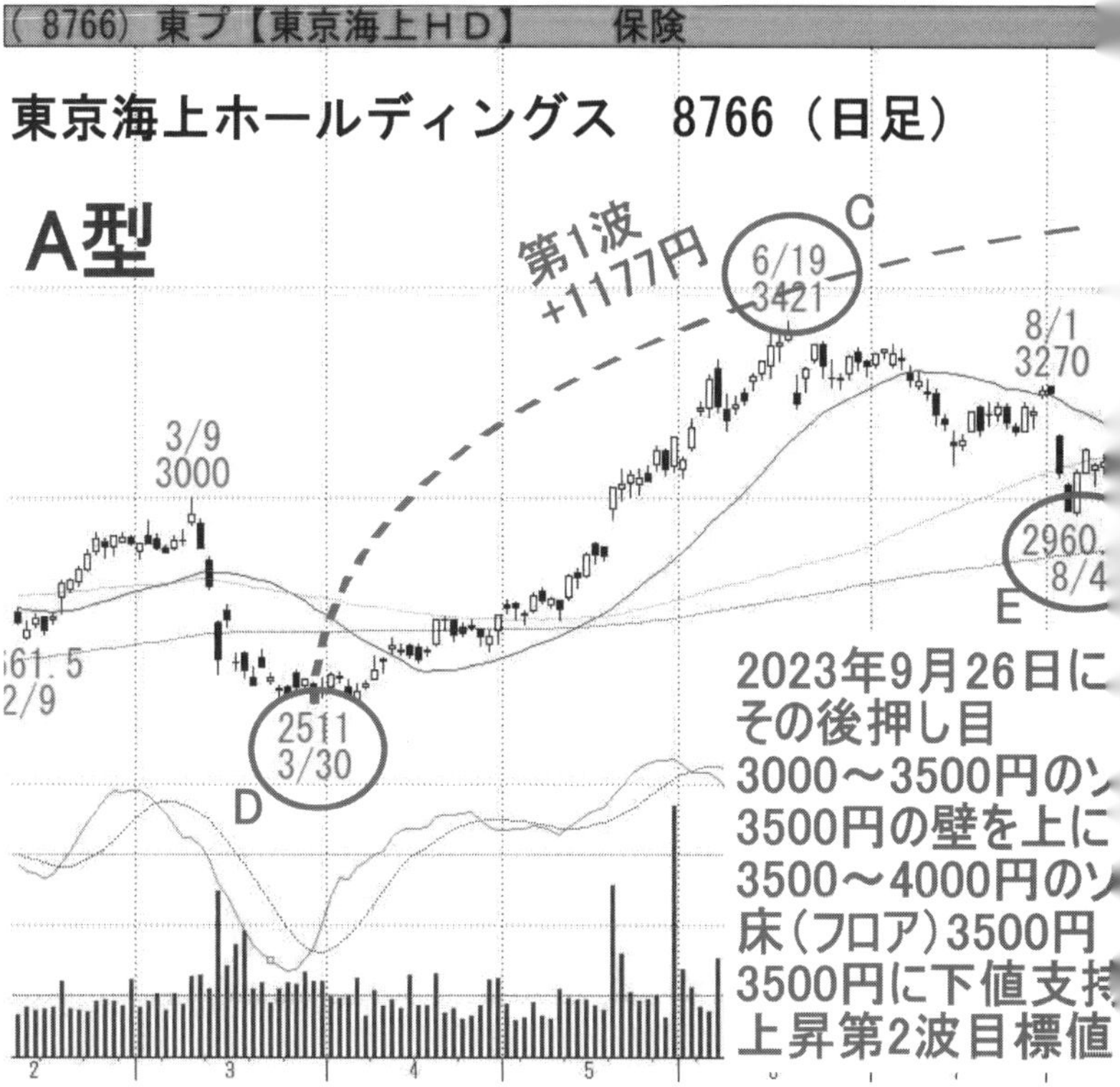

(8766) 東プ【東京海上ＨＤ】 保険
東京海上ホールディングス 8766（日足）
A型
第1波
+1177円
C
6/19
3421
8/1
3270
3/9
3000
2960
8/4
E
561.5
2/9
2511
3/30
D
2023年9月26日に
その後押し目
3000～3500円のゾ
3500円の壁を上に
3500～4000円のゾ
床（フロア）3500円
3500円に下値支持
上昇第2波目標値

角を占める。

国内損害保険事業（事業別利益1620億円）、国内生命保険事業（同390億円）、海外保険事業（同3760億円）、金融・その他事業（同50億円）の4つの事業ドメインで広くグローバルに事業を展開している。

直近、3688円で新高値を更新。3500円～4000円のゾーン入り。上昇第2波あれば4400円が目標値に。

～(23/11/20)
J－GX
v2.9a
O 175.4
H 175.5
L 173.5
C 173.5
▼ 1.9
A
9/27
183.4
B
11/2
179.5
180円
170円
170.8
10/4
E
167.8
11/9
F
160円
CDダブルボトム底入れから上昇開始
ABダブルトップで押し目
170～180円のゾーン
床（フロア）170円　壁180円
170円に下値支持線
180円に上値抵抗線

9432

日本電信電話（NTT）

東PRM

情報・通信

日本電信電話公社（電電公社）が民営化して１９８５年に設立された電気通信事業者。通称はＮＴＴ。同社を持株会社としてＮＴＴグループを構成している。

主力事業は総合ＩＣＴ事業（ＮＴＴドコモ・ＮＴＴコミュニケーションズ・ＮＴＴコムウエア）、地域通信事業（ＮＴＴ

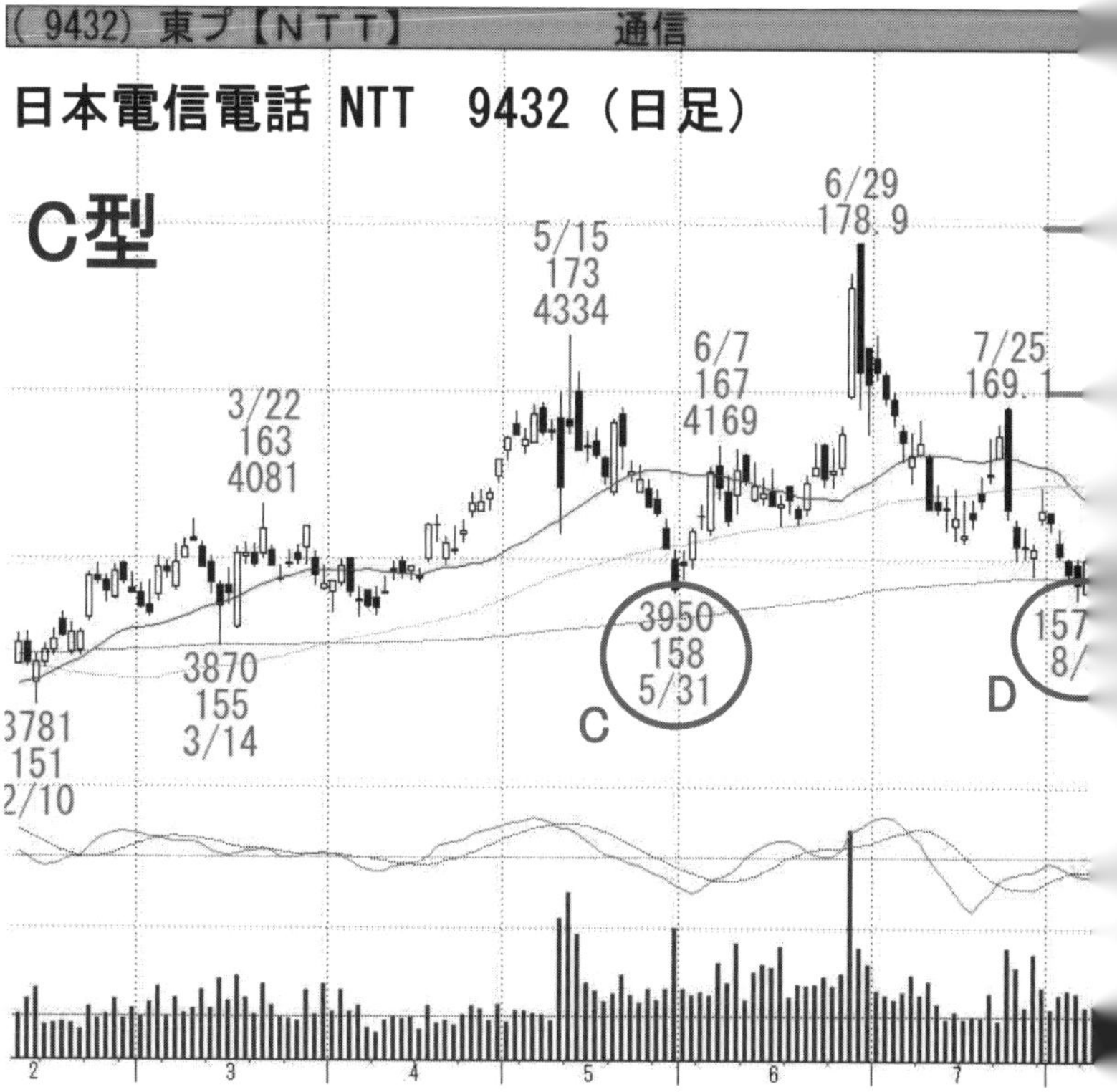

東日本・ＮＴＴ西日本）、グローバル・ソリューション事業（ＮＴＴデータ）である。

　さらに不動産都市開発事業（ＮＴＴアーバンソリューションズ・ＮＴＴ都市開発・ＮＴＴファシリティーズなど）、電力エネルギー事業（ＮＴＴアノードエナジー）なども展開している。

　画期的な高速通信技術ＩＯＷＮ（アイオン）を開発中で、専用回線で一体運用する実証実験を日米英で開始している。

〜(23/11/20)
J－GX
v2.9a
A
B
E
9/20
4767
11/14
4718
5/15
4560
O 4640
H 4696
L 4596
C 4616
▼35.0
2870.100
4500円
1/25
4128
4381
10/4
4394
10/30
4059
8/4
4000円
G
H
I
825
/17
3500円
4000〜4500円の長いボックス相場の壁
4500円を突破して
4500〜5000円のゾーンに突入
床（フロア）4500円　壁5000円
ABダブルトップか新高値更新か
200万
23 1 2 3 4 5 6 7 8 9 10 11

9433

KDDI

東PRM

情報・通信

「ａｕ」ブランドを中心とした携帯電話事業などを手掛ける大手電気通信事業者。

２０００年に第二電電（ＤＤＩ）、ケイディディ（ＫＤＤ）、日本移動通信（ＩＤＯ）が合併して発足し、２００２年11月に現社名に変更。

国内・国際通信全般を手掛けており、携帯電話（ａｕ、

UQ mobile、povoなどのブランドで展開）、専用線、プロバイダ、固定電話サービス、衛星電話などの電気通信サービスを提供している。

主力の携帯電話事業では、番号ポータビリティの実施もあってソフトバンクの猛追を受けている。

4000～4500円の長いボックス相場を突破して4500～5000円のゾーンに突入。

第5章

2024年大注目！
スガシタ流推奨銘柄20
～中級編～

＋キャピタルゲインを狙う

	企業名	コード	市場	配当利回り	PBR
11	三菱電機	6503	東プ	1.94%	1.3 倍
12	三菱重工業	7011	東プ	1.89%	1.6 倍
13	タカラトミー	7867	東プ	1.71%	2.1 倍
14	三井物産	8031	東プ	3.06%	1.3 倍
15	住友商事	8053	東プ	3.91%	1.0 倍
16	三菱商事	8058	東プ	2.83%	1.2 倍
17	サンリオ	8136	東プ	0.68%	9.5 倍
18	三菱 UFJ フィナンシャル・グループ	8306	東プ	3.21%	0.9 倍
19	三井住友 フィナンシャルグループ	8316	東プ	3.62%	0.8 倍
20	みずほフィナンシャル グループ	8411	東プ	3.90%	0.7 倍

※配当利回り・PBRは2023年11月20日引け値

中級者は、好業績・高配当

	企業名	コード	市場	配当利回り	PBR
1	双日	2768	東プ	4.26%	0.8倍
2	日清食品 ホールディングス	2897	東プ	1.38%	3.4倍
3	王子ホールディングス	3861	東プ	2.79%	0.6倍
4	ロート製薬	4527	東プ	0.86%	3.4倍
5	出光興産	5019	東プ	2.91%	0.7倍
6	ENEOS ホールディングス	5020	東プ	3.69%	0.6倍
7	ブリヂストン	5108	東プ	3.38%	1.4倍
8	日本製鉄	5401	東プ	4.41%	0.7倍
9	神戸製鋼所	5406	東プ	5.17%	0.8倍
10	大阪チタニウム テクノロジーズ	5726	東プ	1.33%	3.6倍

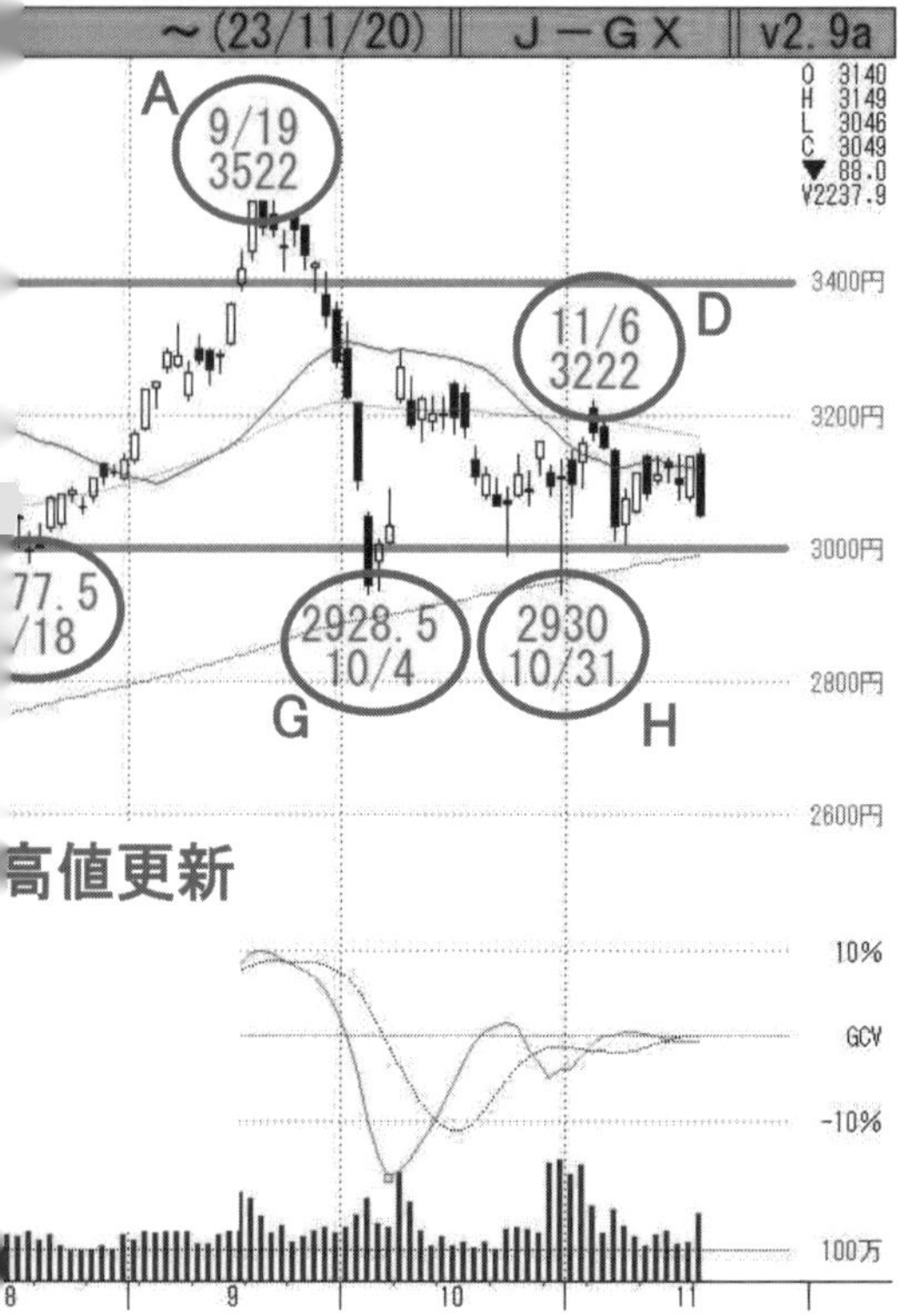
~(23/11/20)
J－GX
v2.9a
O 3140
H 3149
L 3046
C 3049
▼88.0
¥2237.9
A
9/19
3522
D
11/6
3222
77.5
/18
2928.5
10/4
G
2930
10/31
H
3400円
3200円
3000円
2800円
2600円
高値更新
10%
GCV
-10%
100万
8
9
10
11

2768

双日

東PRM

卸売業

双日は7大総合商社の1つに数えられる日本を代表する総合商社。

双日グループは、ニチメン株式会社と日商岩井株式会社の両社が、2004年4月に合併して誕生した。両社は、開国、明治・大正期の産業革命、戦後復興、高度成長といった近代日本の発展の過程で

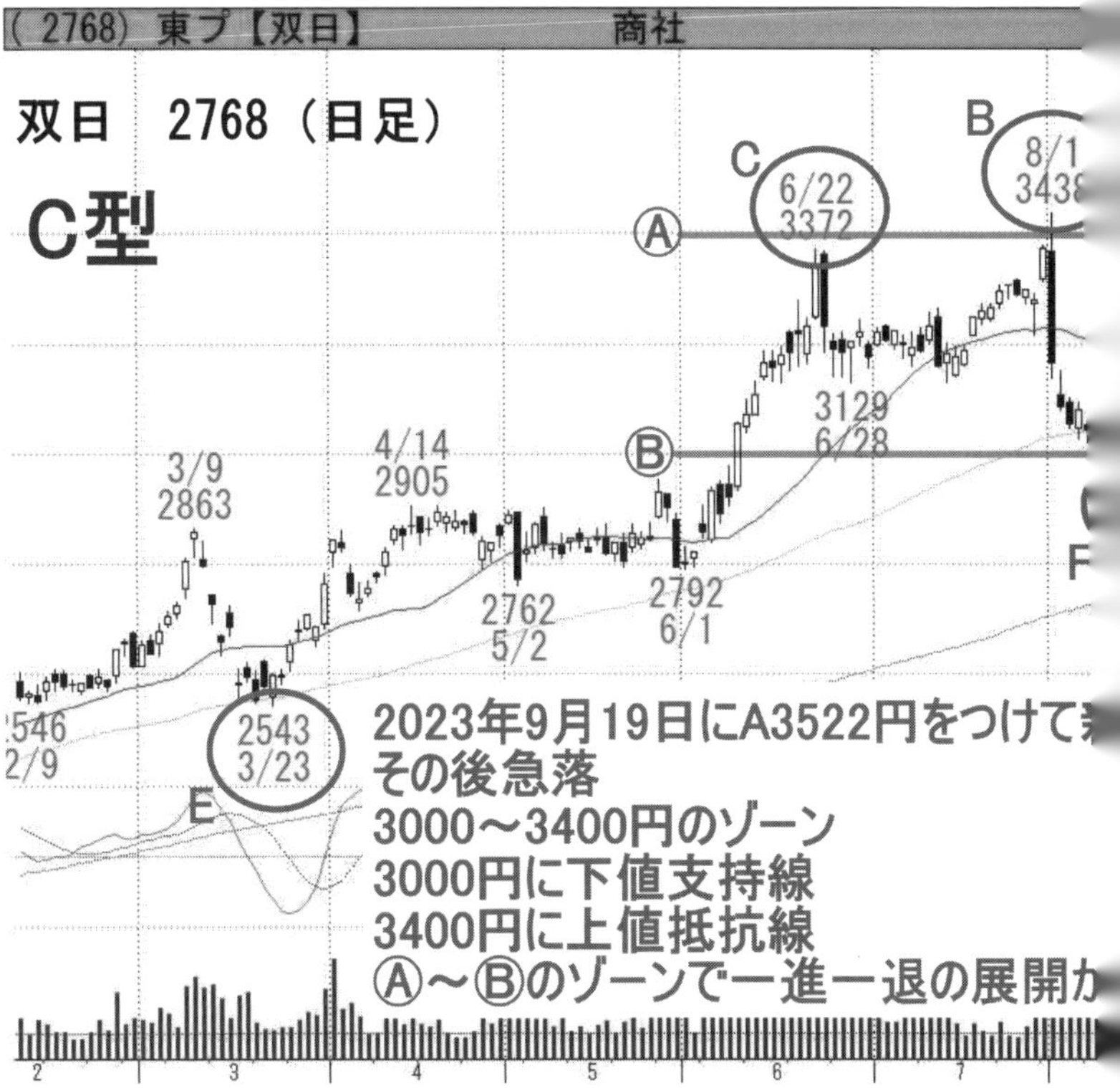
(2768) 東プ【双日】 商社
双日 2768（日足）
C型
Ⓐ
Ⓑ
C
6/22
3372
B
8/1
3438
3129
6/28
3/9
2863
4/14
2905
2762
5/2
2792
6/1
2546
2/9
2543
3/23
E
2023年9月19日にA3522円をつけて新
その後急落
3000～3400円のゾーン
3000円に下値支持線
3400円に上値抵抗線
Ⓐ～Ⓑのゾーンで一進一退の展開か

大きな役割を果たしてきた日本綿花、岩井商店、鈴木商店を源流とする。

自動車から飛行機、産業用機械、金属・エネルギーなど、事業の幅が広いだけに、双日エアロスペースや双日プラネットなど多くの子会社が存在する。

9月19日に3522円をつけて新高値を更新したが、その後急落。3400円に上値抵抗線。

2897

日清食品ホールディングス

東PRM

食料品

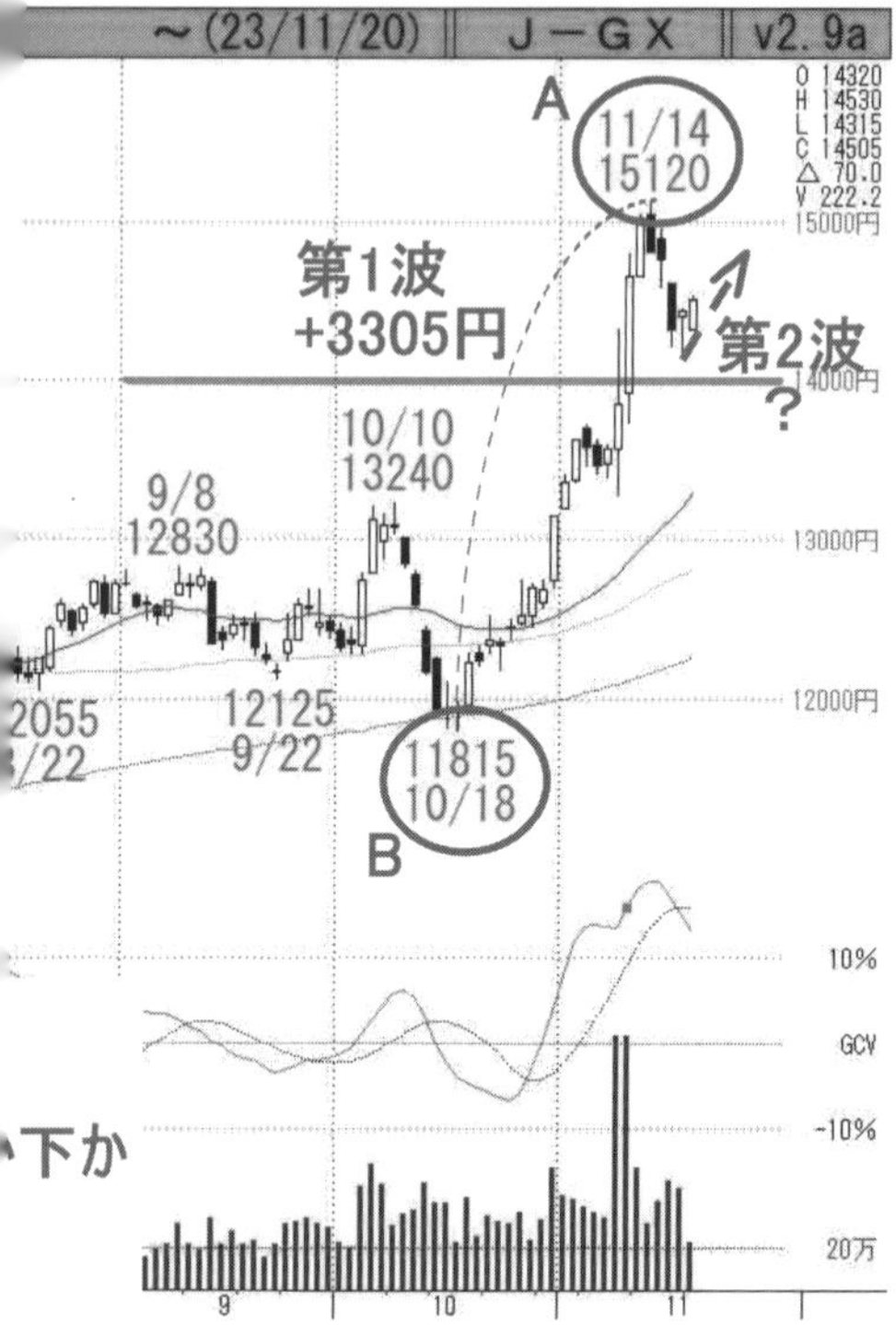
～(23/11/20)
J－GX
v2.9a
O 14320
H 14530
L 14315
C 14505
△ 70.0
V 222.2
A
11/14
15120
第1波
+3305円
第2波
?
10/10
13240
9/8
12830
12125
9/22
11815
10/18
B
15000円
14000円
13000円
12000円
10%
GCV
-10%
20万
9
10
11

「チキンラーメン」を開発した安藤百福が1958年に創業し、日本のインスタントラーメンの草分けであり、カップラーメンで有名な日清食品を中核とする持株会社。

「チキンラーメン」は2023年で65周年を迎え、カップラーメン発売からも32年と息の長いブランドを有するとと

(2897) 東プ【日清食品ＨＤ】 食品
日清食品ホールディングス 2897（日足）B
1万3000～1万4000円のボックスの壁
1万4000円を大陽線で突破
5/9
13300
4/4
12250
6/7
12375
2/15
11600
11680
5/31
11635
7/14
D
C
11000
2/13
1万4000～1万5000円のゾーンに突入
床（フロア）1万4000円 壁1万5000円
B→A3分の1押し近辺の1万4000円に下値支持線
上なら上昇第2波へ
目標値1万7000円近辺
下なら2番底形成へ

もに、常に新しい食の文化を創造し続ける食文化創造集団を目指す。

なお、同じ日清を名乗る日清製粉グループ、日清オイリオグループ、日清医療食品、日清紡ホールディングスとは無関係。

10月18日から11月14日にかけて３３０５円の上昇第１波のあといったん下げたが、上昇第２波があれば、目標値は１万７０００円近辺か。

3861

王子ホールディングス

東 PRM

パルプ・紙

~(23/11/20) J-GX v2.9a
O 580.0
H 584.8
L 571.3
C 573.3
▼ 7.0
V4001.1
A
9/19
678.2
B
11/2
656
マド
592.3
10/4
D
561.4
11/9
E
650円
600円
550円
10%
GCV
-10%
200万
8
9
10
11

1873年創業という歴史ある王子グループの持株会社である。

売上高ベースでは日本国内における製紙業界では最大手。2013年時点で世界でも第6位の規模を持つ。

現在では「製紙」業のみならず、パッケージング事業やパルプ事業など素材加工一体

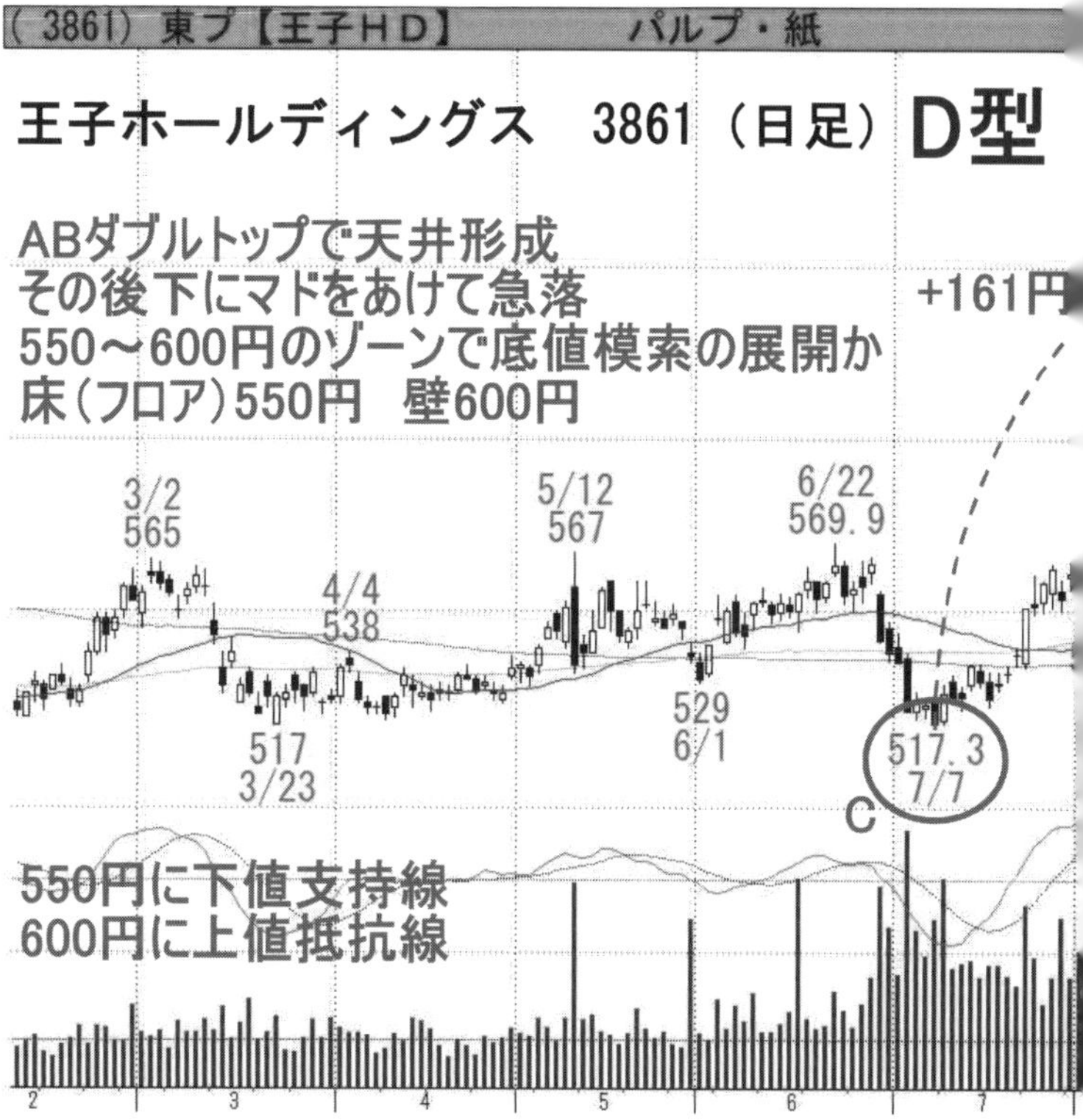

(3861) 東プ【王子ＨＤ】　パルプ・紙
王子ホールディングス　3861（日足）
D型
ABダブルトップで天井形成
その後下にマドをあけて急落
550～600円のゾーンで底値模索の展開か
床（フロア）550円　壁600円
+161円
3/2
565
5/12
567
6/22
569.9
4/4
538
517
3/23
529
6/1
517.3
7/7
C
550円に下値支持線
600円に上値抵抗線
2
3
4
5
6
7

型事業などに進出。さらに再生可能エネルギーである水力発電やバイオマス発電などの電力事業、さらにはバイオマスプラスチックやセルロースナノファイバーの開発などの未来を担うグリーンイノベーションにも注力している。海外売上高比率が30％を超えるグローバル企業。

9月19日の678円と11月2日の656円でダブルトップとなったあと急落。600円に上値抵抗線。

～(23/11/20)
J－GX
v2.9a
O 3189
H 3207
L 3113
C 3123
▼ 68.0
V1138.7
A
9/15
4117
B
11/7
3679
4000円
3500円
3336
10/20
第2波
?
3113
11/20
E
F
2500円
10%
GCV
-10%
50万
9
10
11

4527

ロート製薬

東PRM

医薬品

1899年に「信天堂山田安民薬房」として創業。現在のコア領域の事業は、胃腸薬や一般向け目薬をはじめとする一般用医薬品（OTC医薬品）、およびスキンケア事業であり、医療用医薬品は扱っていない。主力の一般用目薬ではトップシェアを誇る。グループ企業としてアメリ

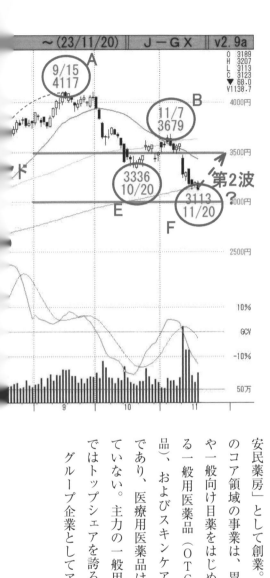

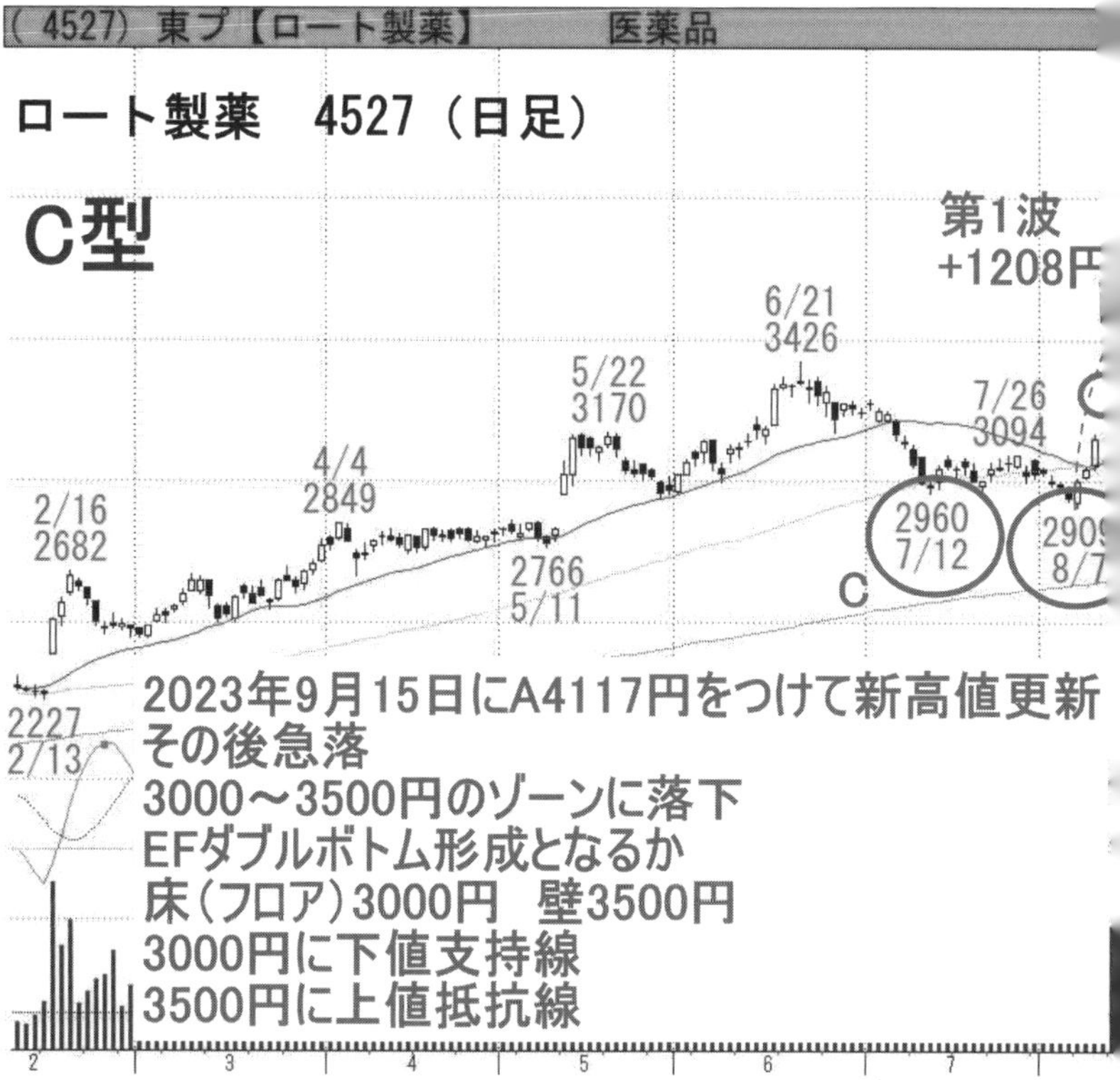
(4527) 東プ【ロート製薬】 医薬品
ロート製薬 4527（日足）
C型
第1波
+1208円
6/21
3426
5/22
3170
7/26
3094
4/4
2849
2/16
2682
2960
7/12
2909
8/7
2766
5/11
C
2227
2/13
2023年9月15日にA4117円をつけて新高値更新
その後急落
3000～3500円のゾーンに落下
EFダブルボトム形成となるか
床（フロア）3000円 壁3500円
3000円に下値支持線
3500円に上値抵抗線
2
3
4
5
6
7

カ合衆国のメンソレータム社を傘下に置く。

事業領域ビジョン２０３０において、コア領域の第３の柱として機能性食品事業の成長を狙う。その他医療用眼科、再生医療、開発製造受託も事業拡大領域として注力対象としている。

２０２３年１月にミドリムシで有名な株式会社ユーグレナと協業の推進を目的として資本業務提携を締結したことを発表。

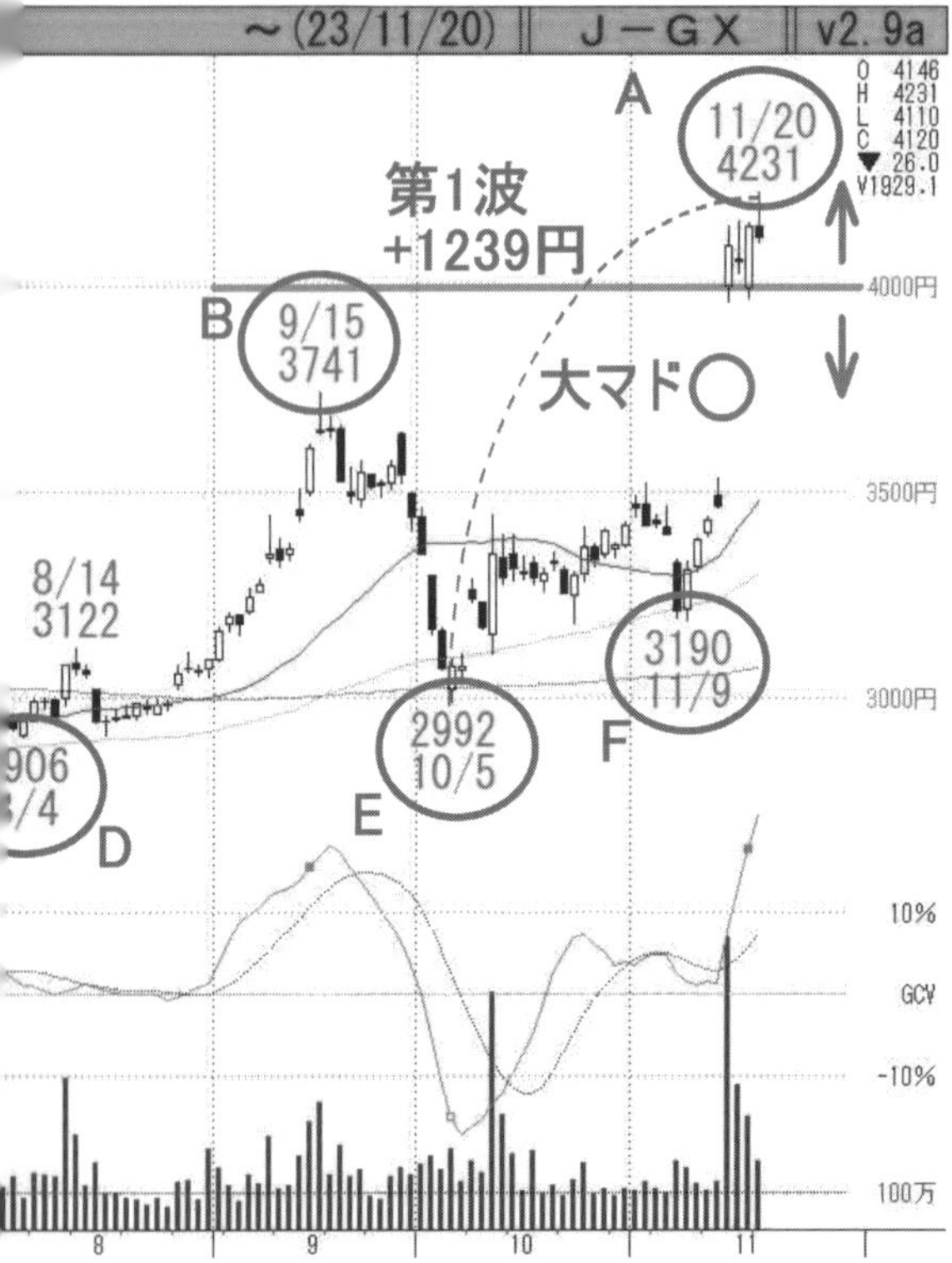
～(23/11/20) ‖ J－GX ‖ v2. 9a
O 4146
H 4231
L 4110
C 4120
▼ 26.0
V1929.1
A
11/20
4231
第1波
+1239円
B
9/15
3741
大マド○
8/14
3122
2992
10/5
3190
11/9
906
D
E
F
4000円
3500円
3000円
10%
GCV
-10%
100万
8
9
10
11

5019

出光興産

東PRM

石油・石炭製品

1911年に出光佐三が創業。石油・石炭製品の製造・販売がメインだが、電子材料の製造・販売、またEV用次世代電池の全固体電池の主要材料となる固体電解質の研究開発では数多くの特許を保有している。

長らく非上場会社であったが、2006年に東京証券取

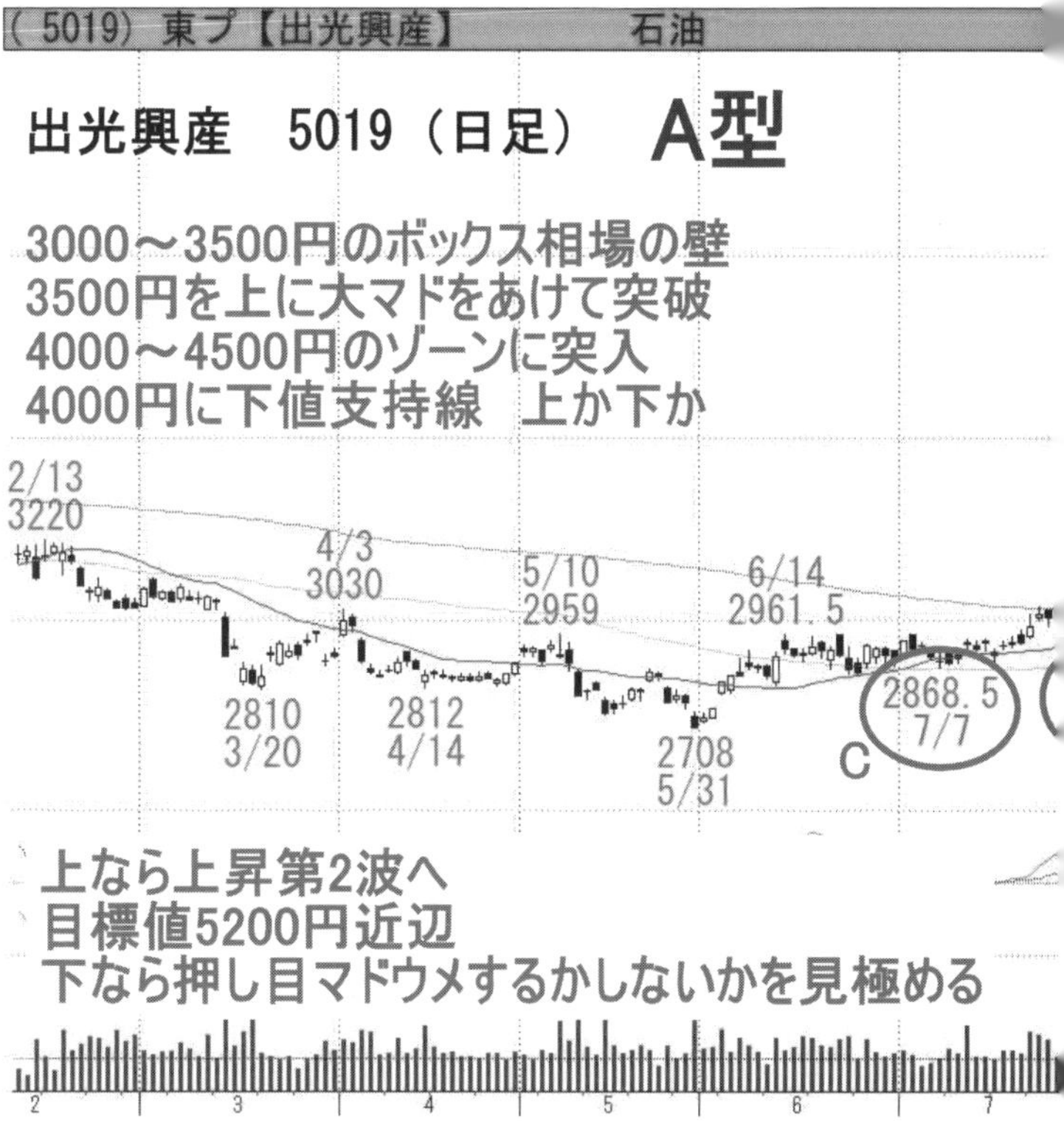
(5019) 東プ【出光興産】 石油
出光興産 5019（日足） A型
3000～3500円のボックス相場の壁
3500円を上に大マドをあけて突破
4000～4500円のゾーンに突入
4000円に下値支持線 上か下か
2/13
3220
4/3
3030
5/10
2959
6/14
2961.5
2810
3/20
2812
4/14
2708
5/31
2868.5
7/7
C
上なら上昇第2波へ
目標値5200円近辺
下なら押し目マドウメするかしないかを見極める
2
3
4
5
6
7

引所一部に上場した。２０１９年４月には昭和シェル石油を経営統合により完全子会社化。

２０２３年10月12日、出光興産はトヨタ自動車とともに「バッテリーＥＶ用全固体電池の量産実現に向けた協業を開始」した旨のリリースを発表。テスラや中国勢に先行を許していたＥＶ分野での巻き返しを告げるニュースに市場が好感し、出光興産の株価は急騰した。

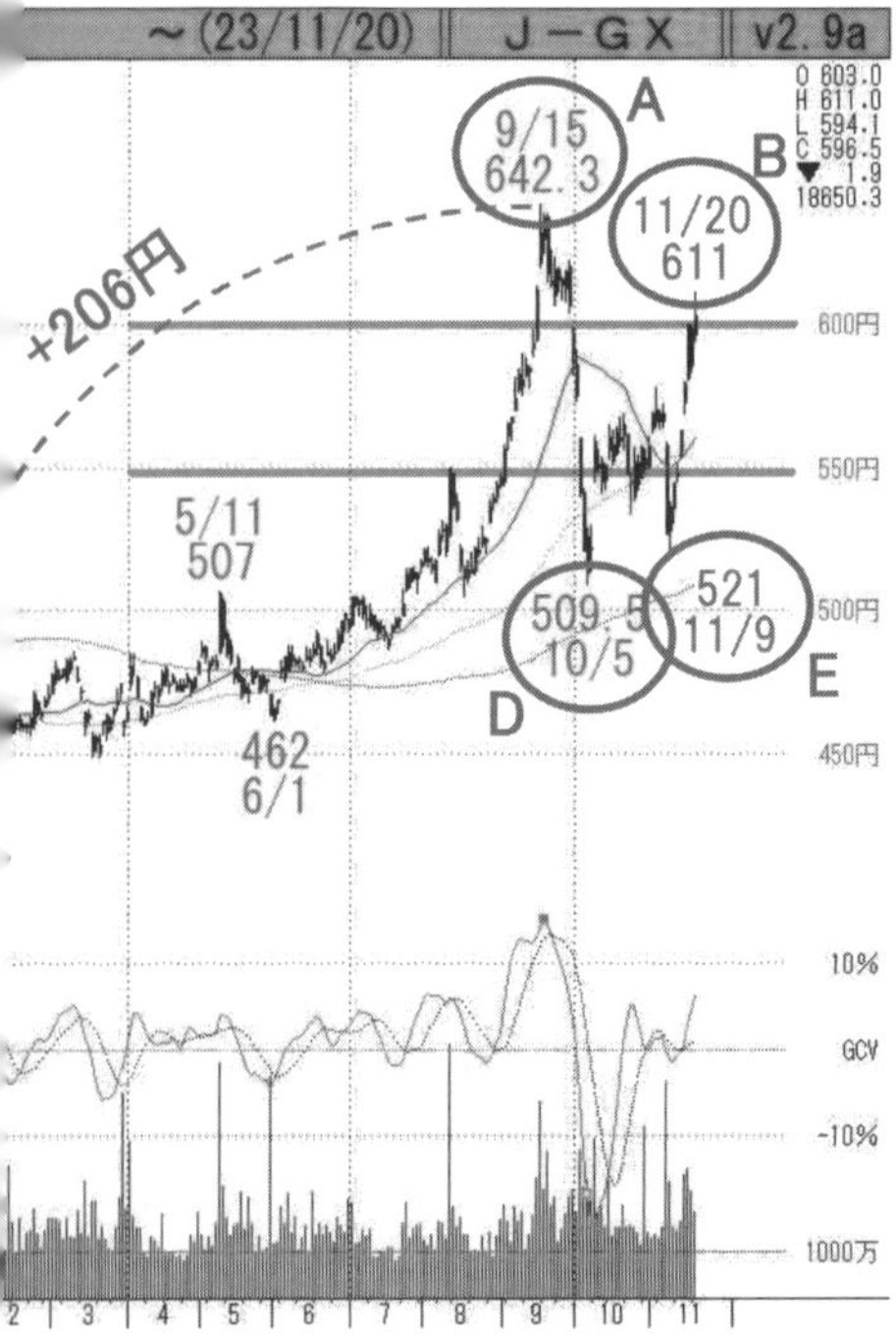
~(23/11/20)
J－GX
v2.9a
O 603.0
H 611.0
L 594.1
C 596.5
▼ 1.9
18650.3
A
9/15
642.3
B
11/20
611
+206円
600円
550円
5/11
507
509.5
10/5
521
11/9
500円
D
E
462
6/1
450円
10%
GCV
-10%
1000万
2
3
4
5
6
7
8
9
10
11

5020

ENEOSホールディングス

東PRM

石油

ENEOSは2017年4月に、JXエネルギーと東燃ゼネラル石油が経営統合して発足。国内燃料油の販売シェアは2019年度実績47％で国内1位。

世界的な低炭素社会への加速、ESGやSDGsに代表される企業の社会的責任に対する気運の高まり、さらに国

(5020) 東プ【ＥＮＥＯＳＨＤ】 石油
ENEOSホールディングス 5020（日足）
B型
6/9
580.8
8/30
542.9
/6
3.7
9/28
475.9
461.1
9/30
436.
1/5
C
411.7
8/20
420.2
12/1
429.7
3/10
12
23

2023年9月15日にA642円をつけて新高値更新
その後急落
DEダブルボトム底入れから上昇開始
550～600円のゾーン
床（フロア）550円　壁600円
550円に下値支持線
600円の上値抵抗線を突破して
600～650円のゾーンに入るか！？

内の燃料油需要の減少など、石油販売事業は現状の延長線上では生き残れなくなっている。そこで２０１４年、水素ステーションの営業を開始。水素供給インフラ構築への取り組みを進めている。２０２０年10月末時点で、４大都市圏を中心に44カ所の水素ステーションを整備。また最近、ＮＥＣから承継したＥＶ用充電サービス事業の運営を開始し、脱石油事業を積極的に推進している。

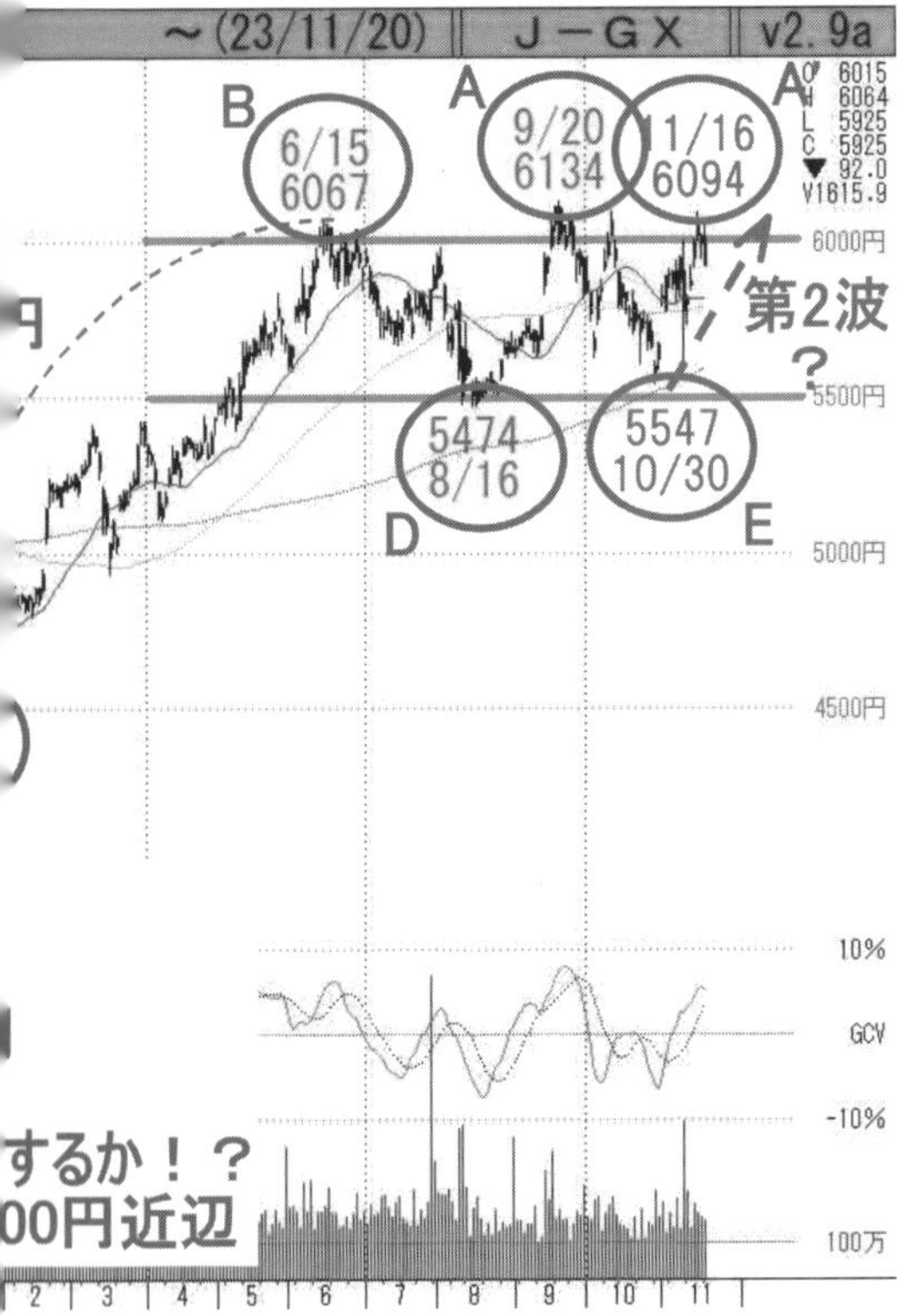
～(23/11/20)
J－GX
v2.9a
O 6015
H 6064
L 5925
C 5925
▼ 92.0
V1615.9
B
6/15
6067
A
9/20
6134
A
11/16
6094
第2波
？
5474
8/16
5547
10/30
D
E
6000円
5500円
5000円
4500円
10%
GCV
-10%
100万
するか！？
00円近辺
2
3
4
5
6
7
8
9
10
11

5108

ブリヂストン

東PRM

ゴム製品

世界最大のタイヤメーカー。売上げの約8割はタイヤ。乗用車用、小型トラック用、トラック・バス用タイヤをはじめ、航空機用、建設・鉱山車両用、モーターサイクル用、農業機械用、産業車両用など、幅広い種類のタイヤを世界中で製造販売している。

国内での売上げは2割にも

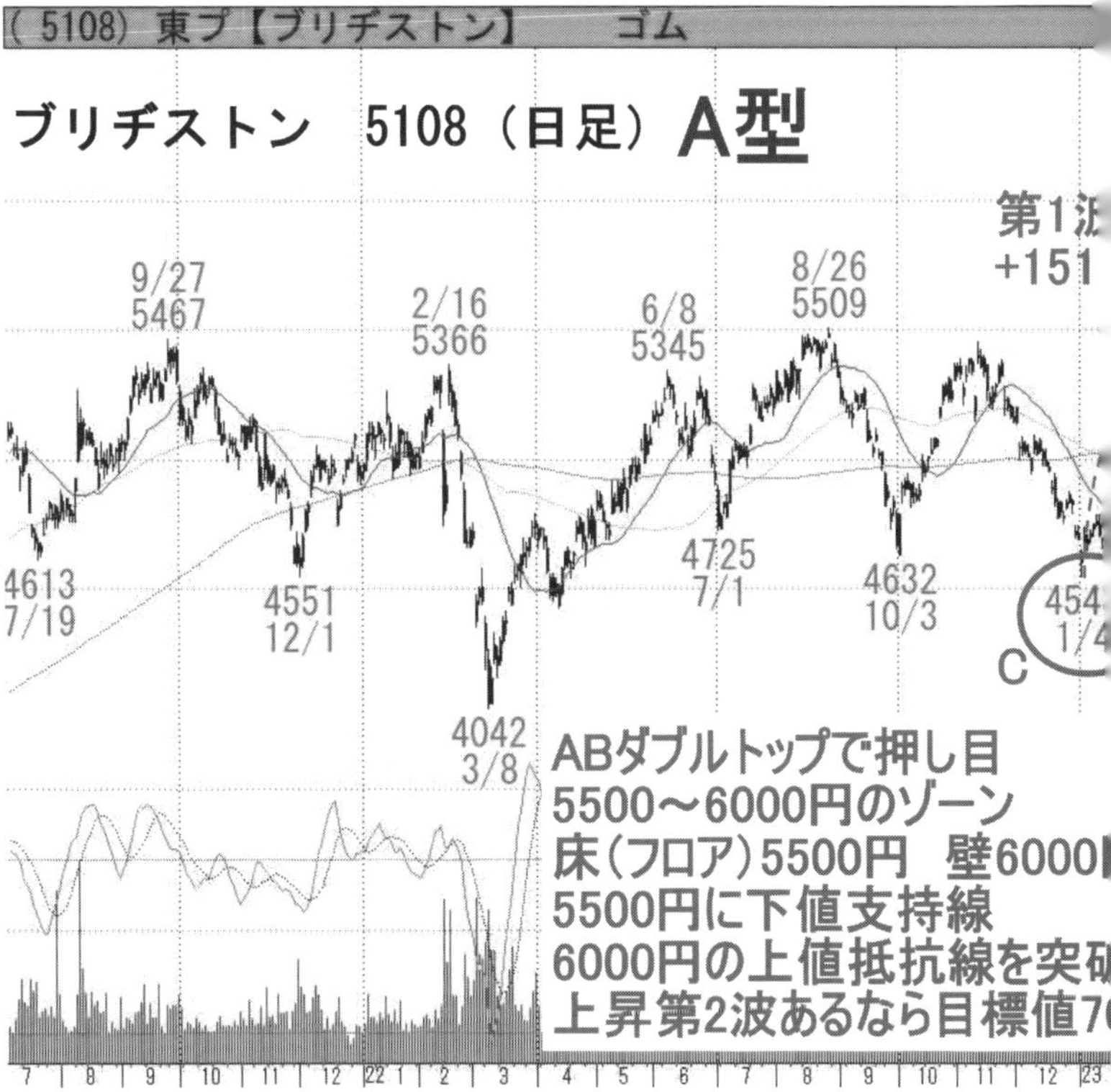
(5108) 東プ【ブリヂストン】 ゴム
ブリヂストン 5108（日足）A型
第1波
+151
9/27
5467
2/16
5366
6/8
5345
8/26
5509
4613
7/19
4551
12/1
4042
3/8
4725
7/1
4632
10/3
C
ABダブルトップで押し目
5500〜6000円のゾーン
床（フロア）5500円 壁6000
5500円に下値支持線
6000円の上値抵抗線を突
上昇第2波あるなら目標値7
7 8 9 10 11 12 22 1 2 3 4 5 6 7 8 9 10 11 12 23

満たず、もはやブリヂストンは、海外での売上げが主力。なかでもアメリカでの販売は約5割を占め、ブリヂストンの売上げを支えている。

　タイヤ以外では、自動車用シートパッド、コンベヤベルト、免震ゴムといった自動車用部品や産業資材、建設資材などの商品も提供している。

　株価は5500円〜6000円のゾーン。6000円の上値抵抗線を超えて上昇第2波となるか？

~(23/11/20) J－GX v2.9a
O 3441
H 3470
L 3392
C 3401
▼ 39.0
V5613.3
A
9/20
3816
B
11/20
3470
3500円
第2波
？
3112
10/24
3000円
E

CDダブルボトム底入れから上昇開始
2023年9月20日にA3816円をつけて
新高値更新（天井）
その後急落
3000～3500円のゾーンに落下
床（フロア）3000円　壁3500円
3000円に下値支持線
3500円に上値抵抗線
上昇第2波あるなら目標値4200円近辺

5401

日本製鉄

東 PRM

鉄鋼

日本最大の鉄鋼メーカー。

２０１２年10月に住友金属工業と合併して粗鋼生産は世界３位に浮上。２０２１年10月、日本製鉄はトヨタと三井物産および中国鉄鋼大手・宝武鋼鉄集団の子会社・宝山鋼鉄を東京地裁に提訴して話題になった。

この訴訟でも問題になった

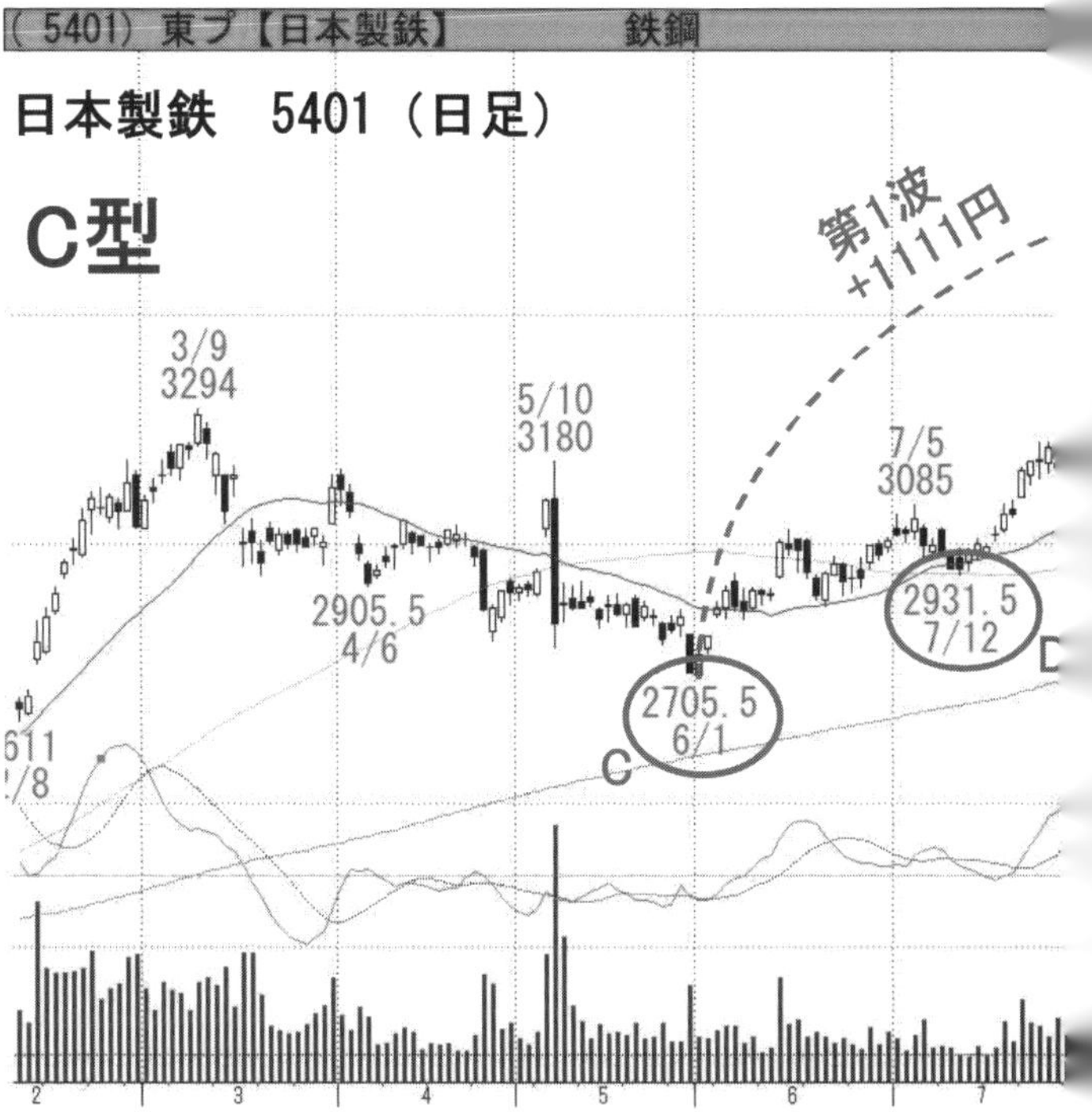
(5401) 東プ【日本製鉄】 鉄鋼
日本製鉄　5401（日足）
C型
第1波
+1111円
3/9
3294
5/10
3180
7/5
3085
2905.5
4/6
2931.5
7/12
2705.5
6/1
611
2/8
C
D
2
3
4
5
6
7

電気自動車やハイブリッド車などの駆動モーターに使う無方向性電磁鋼板で高い技術力を誇る。この鋼板の特許侵害で訴えていたが、２０２３年11月にトヨタと三井物産については、係争を続けることは日本の産業の強化に好ましくないとして訴えを取り下げた。

グロース投資からバリュー投資への変化を代表する銘柄。

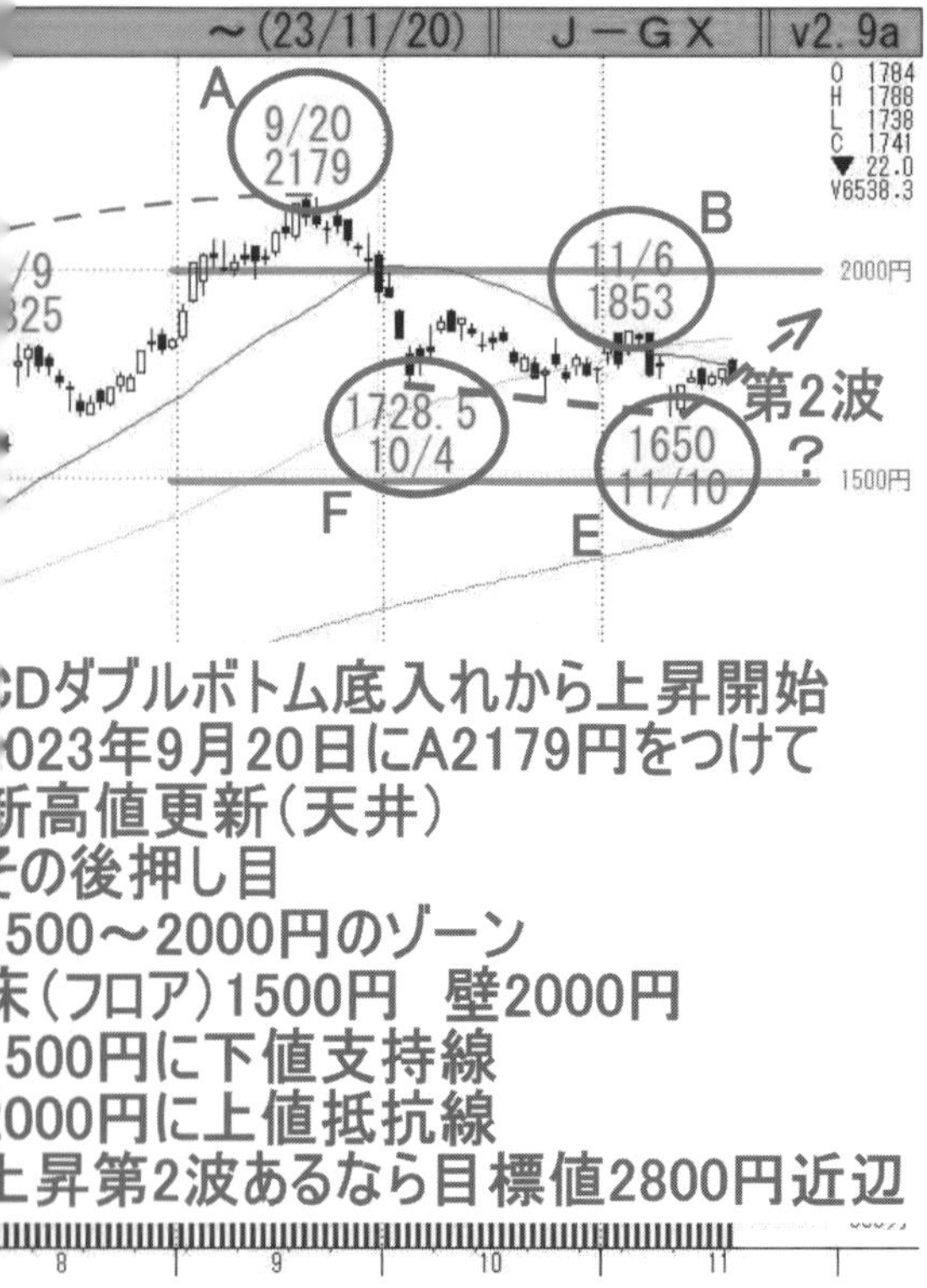
～(23/11/20)
J－GX
v2.9a
O 1784
H 1788
L 1738
C 1741
▼ 22.0
V6538.3
A
9/20
2179
B
11/6
1853
2000円
第2波
?
1728.5
10/4
1650
11/10
1500円
F
E
CDダブルボトム底入れから上昇開始
023年9月20日にA2179円をつけて
高値更新（天井）
の後押し目
500～2000円のゾーン
（フロア）1500円　壁2000円
500円に下値支持線
000円に上値抵抗線
上昇第2波あるなら目標値2800円近辺
8
9
10
11

5406

神戸製鋼所

東PRM

鉄鋼

大手高炉メーカー。統一商標で国際ブランドとしては「KOBELCO」として知られる。大手鉄鋼メーカーの中では最も鉄鋼事業の比率が低く、素材部門・機械部門・電力部門を3本柱とする複合経営が特徴。

素材部門では線材や輸送機用アルミ材、機械部門ではス

（5406）東プ【神戸製鋼所】　鉄鋼

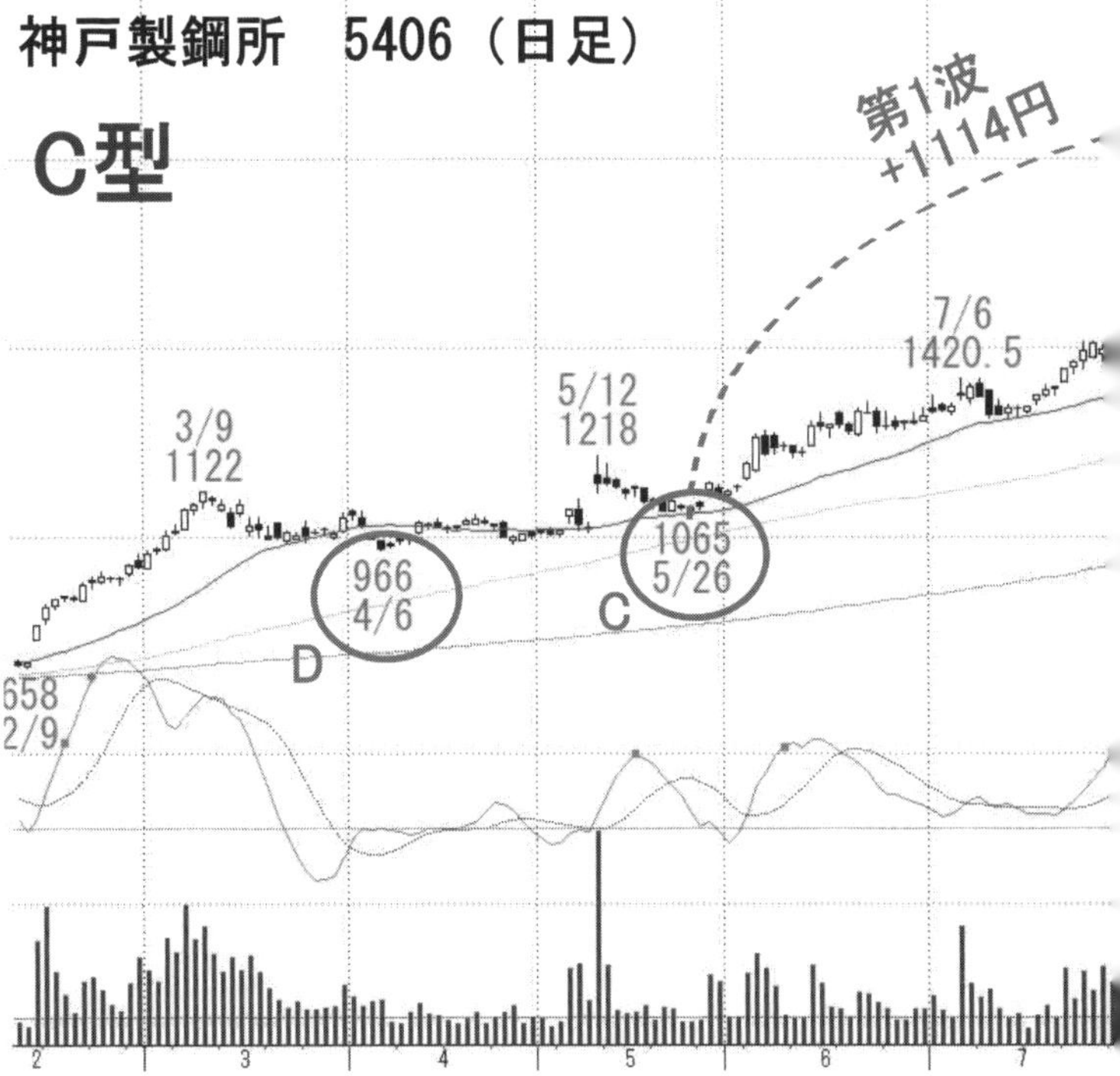

神戸製鋼所　5406（日足）
C型
第1波
+1114円
3/9
1122
5/12
1218
7/6
1420.5
966
4/6
D
1065
5/26
C
658
2/9
2
3
4
5
6
7

クリュ式非汎用圧縮機などで高いシェア。電力部門も電力卸供給事業としては国内最大規模を誇る。

　また、鉄以外にもアルミ、チタン、銅など複数の金属素材を手掛けており、世界に類を見ない複合素材メーカーである。

　９月20日に２１７９円の新高値をつけてその後押し目。上昇第２波あれば目標値は２８００円近辺か。

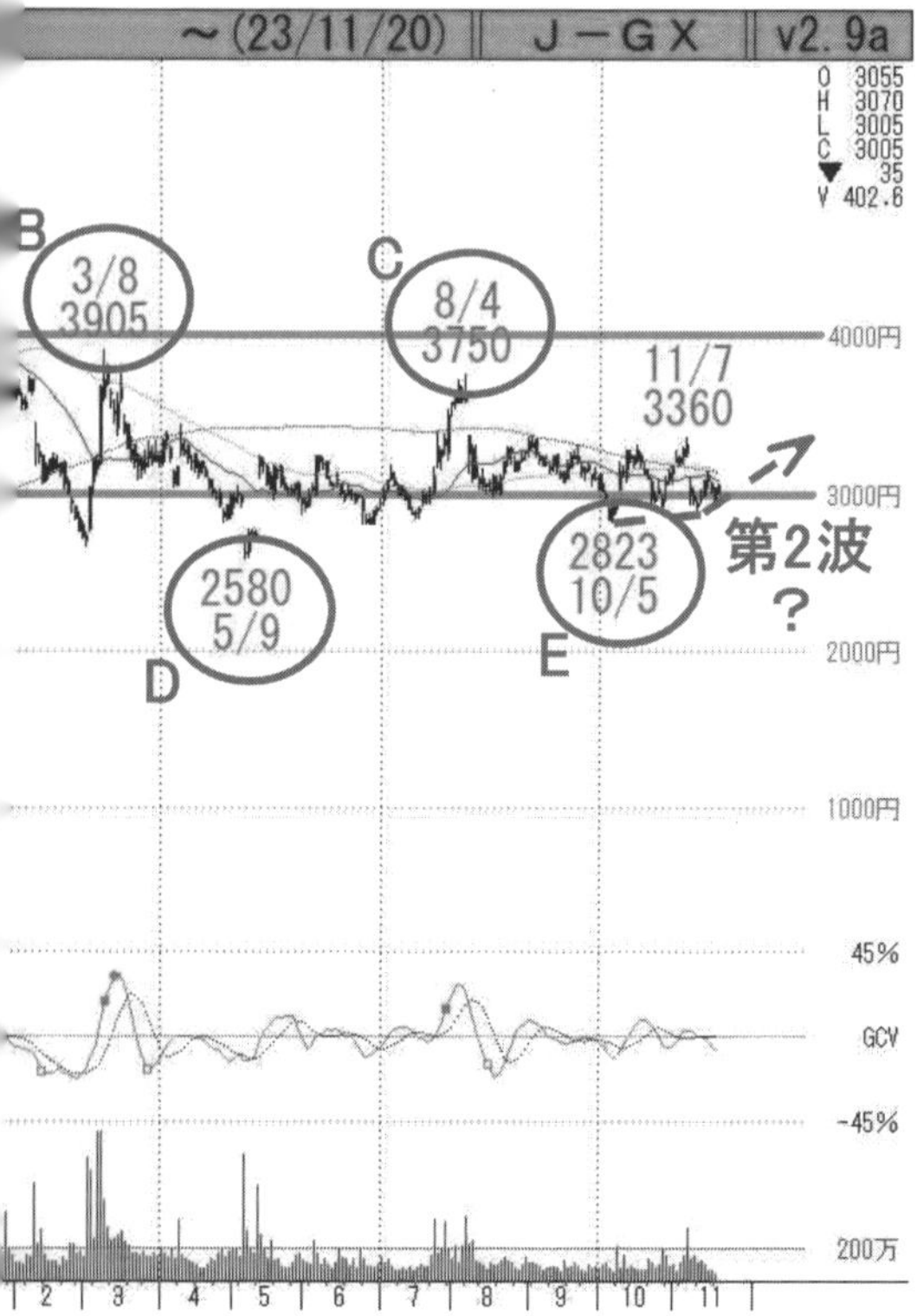
~(23/11/20)
J－GX
v2.9a
O 3055
H 3070
L 3005
C 3005
35
V 402.6
B
3/8
3905
C
8/4
3750
4000円
11/7
3360
3000円
第2波
？
2823
10/5
E
2580
5/9
D
2000円
1000円
45%
GCV
-45%
200万
2
3
4
5
6
7
8
9
10
11

5726

大阪チタニウムテクノロジーズ

東PRM

非鉄金属製品

１９５２年に日本で初めてスポンジチタン製造の工業化に成功。スポンジチタン界のパイオニア。航空宇宙産業やエレクトロニクス産業を中心に、高純度・高品質の素材を供給している。

近年、チタンの用途はますます拡大していて、航空機や自動車、液化天然ガスを生産

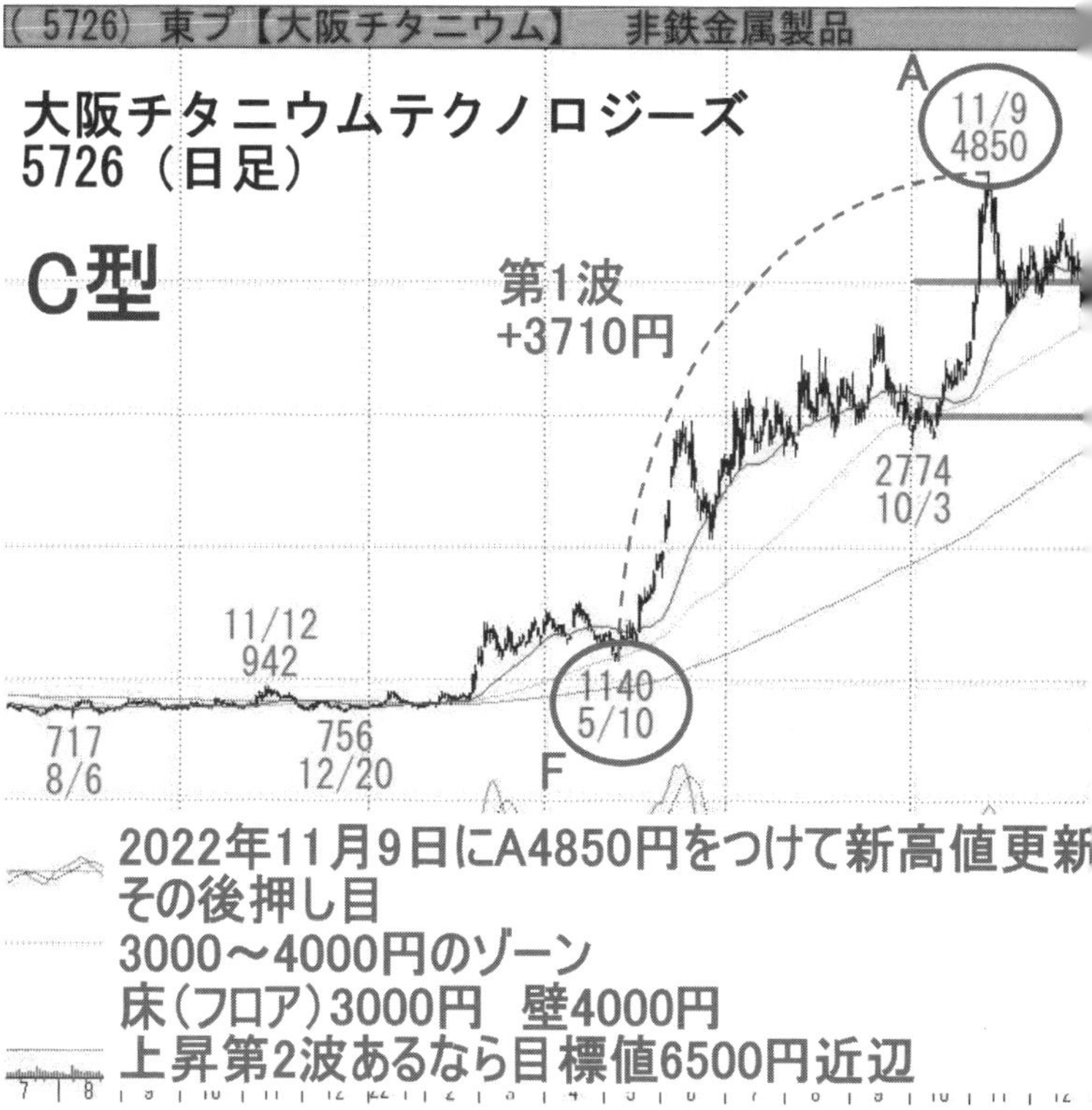
(5726) 東プ【大阪チタニウム】 非鉄金属製品
大阪チタニウムテクノロジーズ
5726（日足）
C型
第1波
+3710円
A
11/9
4850
2774
10/3
11/12
942
1140
5/10
717
8/6
756
12/20
F
2022年11月9日にA4850円をつけて新高値更新
その後押し目
3000～4000円のゾーン
床(フロア)3000円　壁4000円
上昇第2波あるなら目標値6500円近辺

するLNGプラント、海水淡水化プラント、半導体など、大規模なインフラから身近な生活用品まで、チタンのポテンシャルはいま最大限に開花しつつある。

株価は1000円前後の横這いから上に放れて急騰。11月9日に4850円をつけて新高値を更新。3000円～4000円のゾーン入り。上昇第2波あるなら目標値は6500円近辺か。

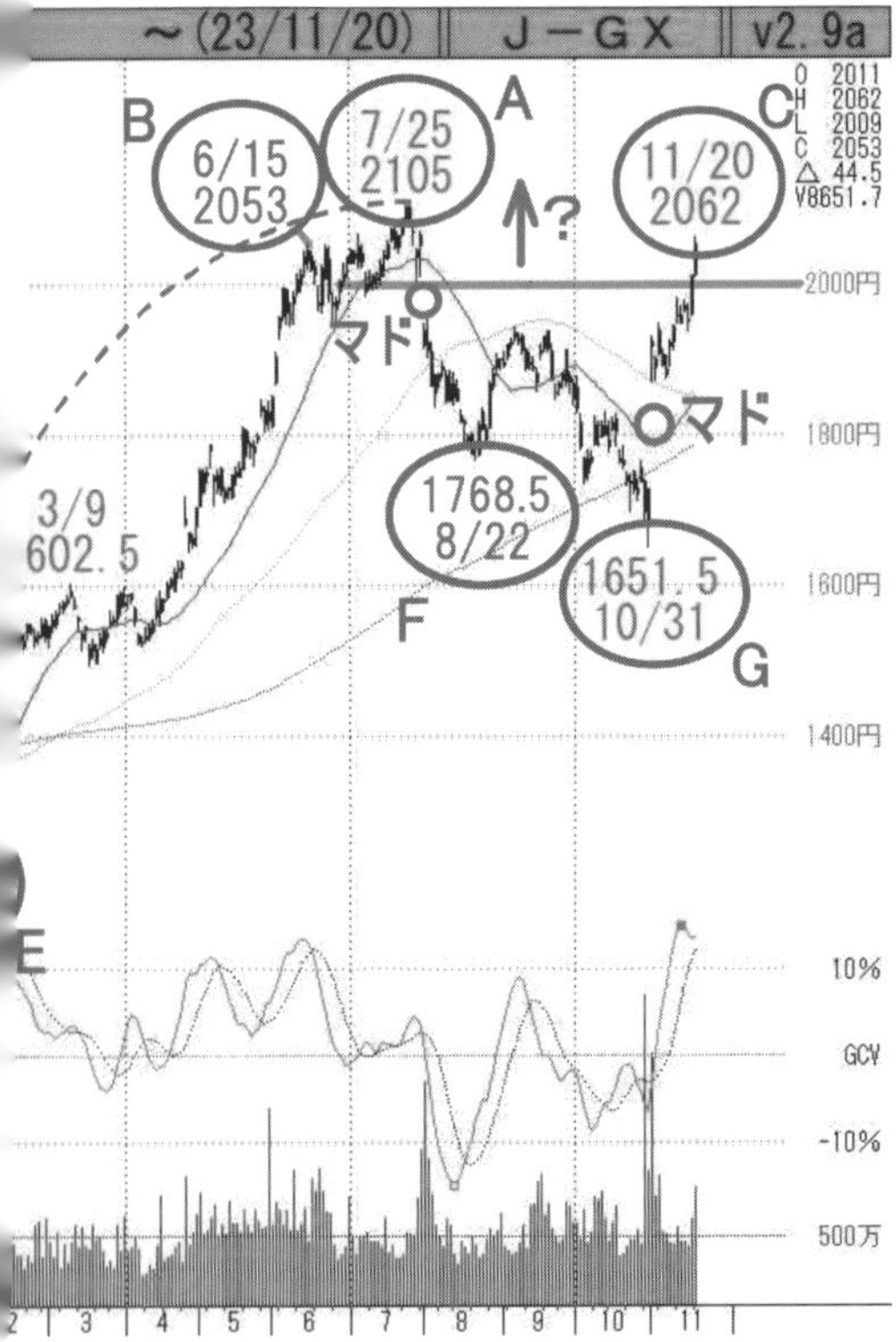

~(23/11/20)
J－GX
v2.9a
O 2011
H 2062
L 2009
C 2053
△ 44.5
V8651.7
B
6/15
2053
7/25
2105
A
↑?
C
11/20
2062
2000円
マド
マド
1800円
3/9
602.5
1768.5
8/22
1651.5
10/31
1600円
F
G
1400円
E
10%
GCV
-10%
500万
2
3
4
5
6
7
8
9
10
11

6503

三菱電機

東 PRM

電気機器

三菱グループの中核となる大手総合電機メーカー。売上高は日立製作所に次いで業界2位。

一般消費者向けの家電から重電、人工衛星まで幅広い製品を販売。

FA機器、昇降機（エレベーターなど）、タービン発電機、鉄道車両用電機品、パワー半

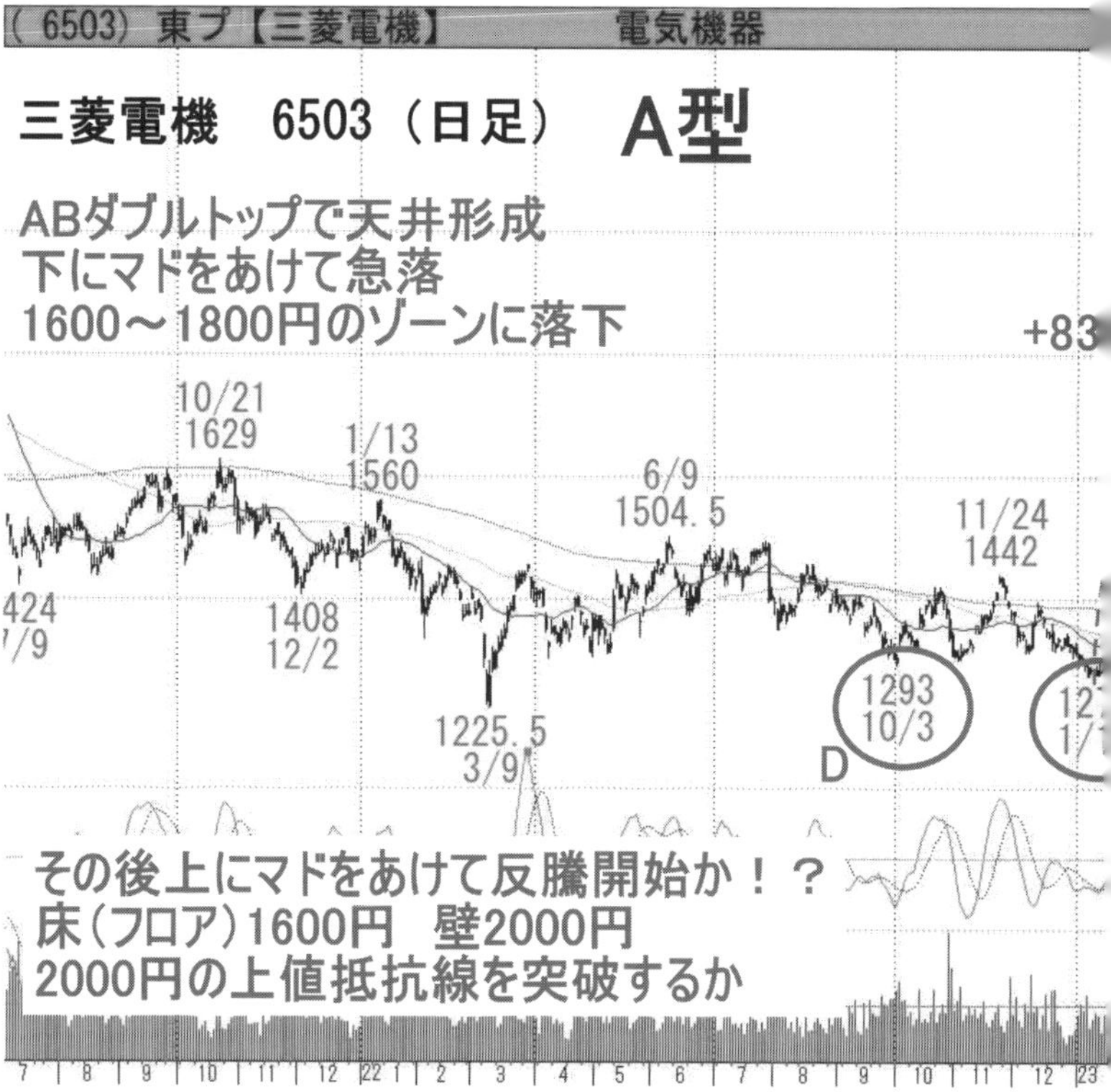

(6503) 東プ【三菱電機】 電気機器
三菱電機 6503（日足） A型
ABダブルトップで天井形成
下にマドをあけて急落
1600～1800円のゾーンに落下
+83
10/21
1629
1/13
1560
6/9
1504.5
11/24
1442
1408
12/2
1293
10/3
1225.5
3/9
D
その後上にマドをあけて反騰開始か！？
床（フロア）1600円 壁2000円
2000円の上値抵抗線を突破するか
7 8 9 10 11 12 22 1 2 3 4 5 6 7 8 9 10 11 12 23

導体、人工衛星など多くの産業用電気機器で日本国内トップシェアである。

また、三菱重工と同様に宇宙・防衛エレクトロニクス分野に強みがある。

岸田政権による防衛費の増額を受けて、レーダーなどの防衛装備品の開発と生産の体制を強化するため、国内３カ所の工場などに約２２０億円を投じて生産棟を８棟新設し、２０２５年以降に順次完成させる予定。

7011

三菱重工業

東PRM

機械

～(23/11/20)
J－GX
v2.9a
O 8495
H 8549
L 8446
C 8488
△ 18.0
V 2677
A
9/7
9262
B
10/13
8525
11/7
8671
C
第2波
？
7330
10/5
E
9000円
8000円
7000円
6000円
5000円
62円をつけて新高値更新（天井）
ンに落下
のゾーンへ
9000円
10%
GCV
-10%
標値1万2000円近辺
200万
8
9
10
11

日本を代表する重機メーカー。通常動力型で世界最大級の、そうりゅう型潜水艦をはじめ、優れた推進性能や環境性能を備えた船舶、有数の打上げ成功率を誇るH－Ⅱロケットなど、造船、原動機、航空宇宙、防衛などその事業は多岐にわたる。

ウクライナ戦争の勃発を受

（7011）東プ【三菱重工業】　機械

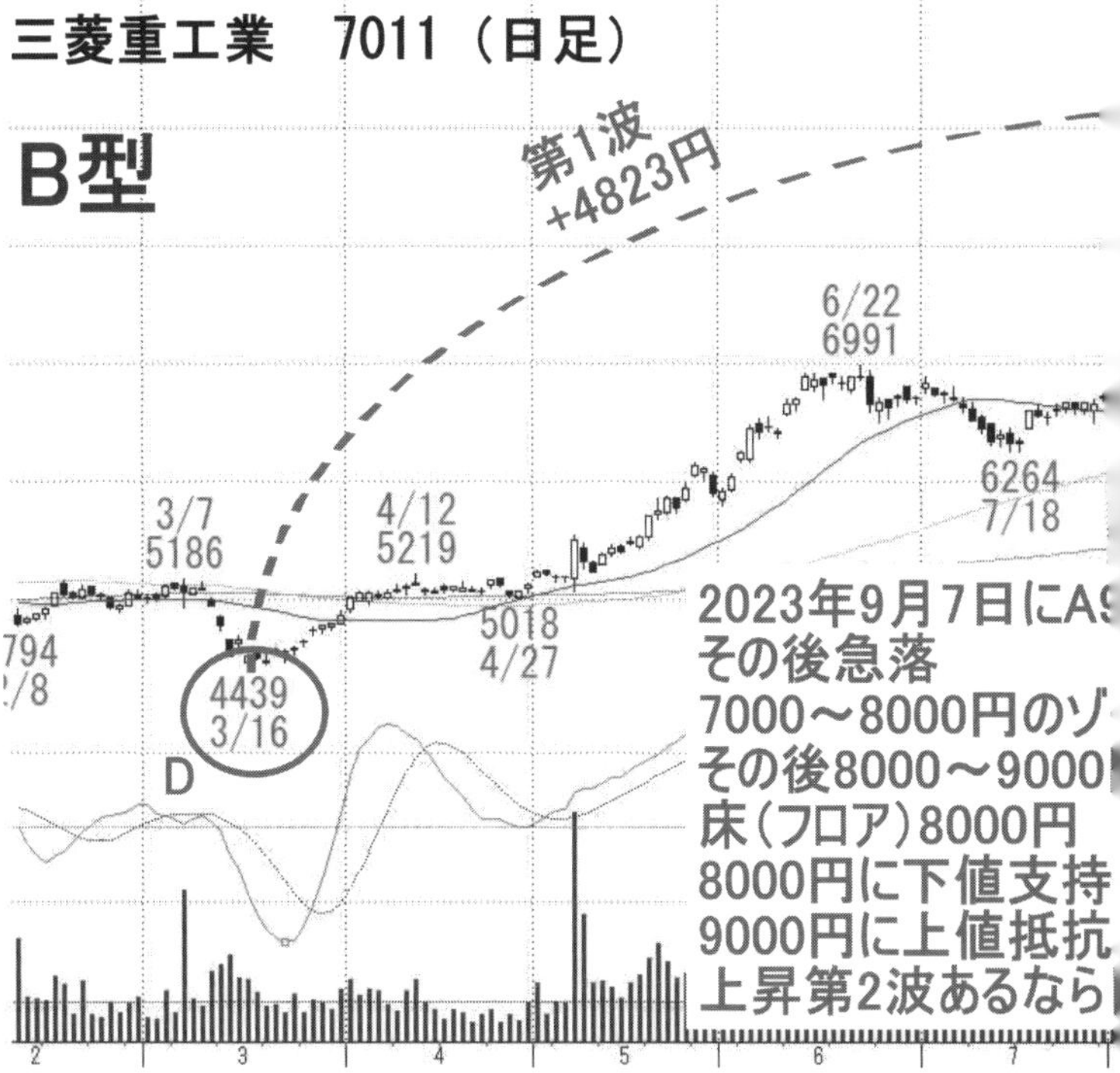
三菱重工業　7011（日足）
B型
第1波
+4823円
6/22
6991
6264
7/18
3/7
5186
4/12
5219
5018
4/27
794
2/8
4439
3/16
D
2023年9月7日にA9
その後急落
7000～8000円のゾ
その後8000～9000
床（フロア）8000円
8000円に下値支持
9000円に上値抵抗
上昇第2波あるなら
2
3
4
5
6
7

けて、台湾海峡有事が強く意識されるなか、岸田政権は防衛費をＧＤＰ２％を目標として、今後５年間に防衛費を43兆円増額することを決定している。

日本の防衛産業の中心的存在である三菱重工の役割はさらに重要度を増している。

さらに環境技術の分野でも２０３０年度までの９年間で脱酸素技術の開発に２兆円を投入する予定。

~(23/11/20)
J－GX
v2.9a
O 2060
H 2076
L 2034
C 2042
▼ 29.0
V 333.7
A
9/7
2432
C
11/8
2179.5
2000円
1955
10/4
F
1500円
DEダブルボトム底入れから
上にマドをあけて上昇開始
ABダブルトップで押し目
2000～2500円のゾーン
床（フロア）2000円　壁2500円
2000円に下値支持線　上か下か
20万
8
9
10
11

7867

タカラトミー

東PRM

その他製品

玩具メーカーであるタカラとトミーが２００６年に合併して発足。

日本国外ではトミーの知名度が高いことから、英文社名に「タカラ」の名称を含めず、旧トミーの英文社名「TOMY COMPANY, LTD.」を継続使用している。

２０１０年から海外展開に

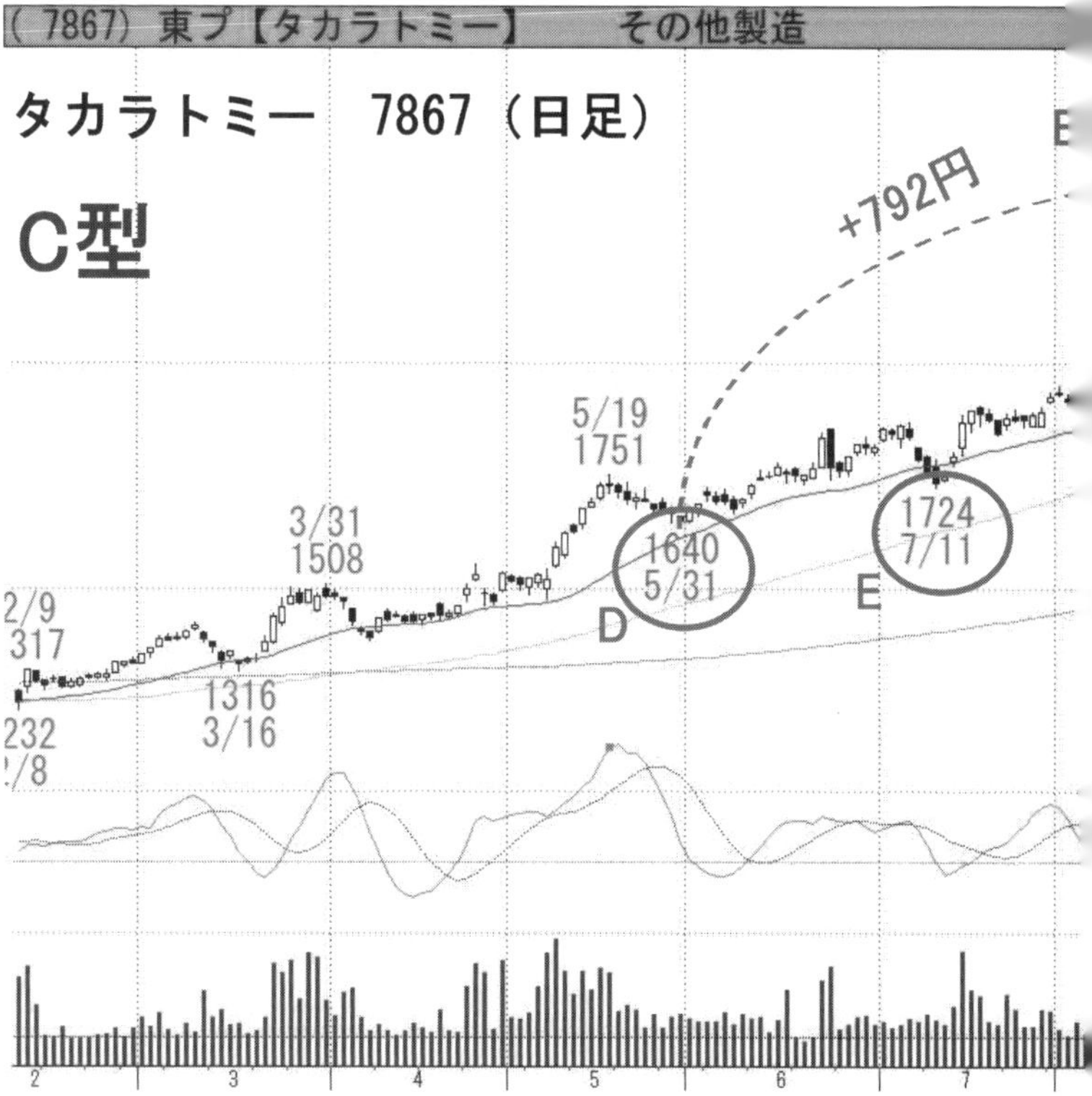
(7867) 東プ【タカラトミー】 その他製造
タカラトミー 7867（日足）
C型
+792円
5/19
1751
3/31
1508
2/9
317
232
2/8
1316
3/16
1640
5/31
D
1724
7/11
E
2
3
4
5
6
7

注力し、欧州、北米に向けて手のひらサイズのダイキャスト製ミニカーの海外版TOMICAを投入。

「メタルファイト ベイブレード」は、TVアニメの放送とともに全世界で話題になった。

2011年にはグローバルトイカンパニーを目指して、海外進出のプラットフォームとして米国玩具メーカーRC2を買収した。

8031

三井物産

東PRM

卸売業

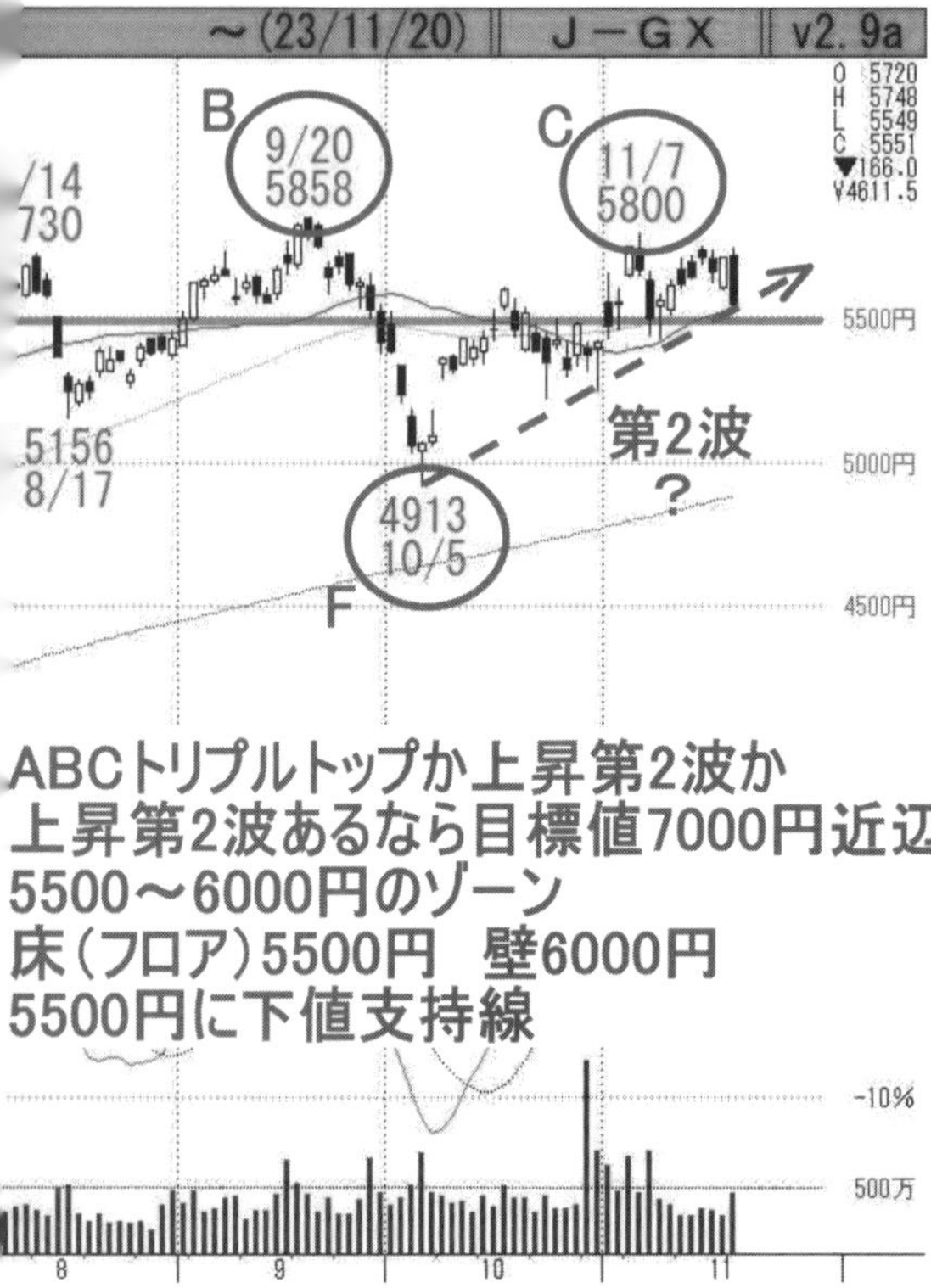

～(23/11/20)
J－GX
v2.9a
O 5720
H 5748
L 5549
C 5551
▼166.0
V4611.5
B
9/20
5858
C
11/7
5800
/14
730
5500円
5156
8/17
第2波
?
5000円
4913
10/5
F
4500円
-10%
500万
8
9
10
11

ABCトリプルトップか上昇第2波か
上昇第2波あるなら目標値7000円近辺
5500～6000円のゾーン
床（フロア）5500円　壁6000円
5500円に下値支持線

日本特有の「総合商社」と称される企業形態の原型を造った三井グループの大手商社。三井不動産・三井銀行（現：三井住友銀行）と並ぶ『三井新御三家』の1つ。鉄鉱石、原油の生産権益量は商社の中でも群を抜いている。

三井グループの中核企業には、旧三井物産出身者が設立

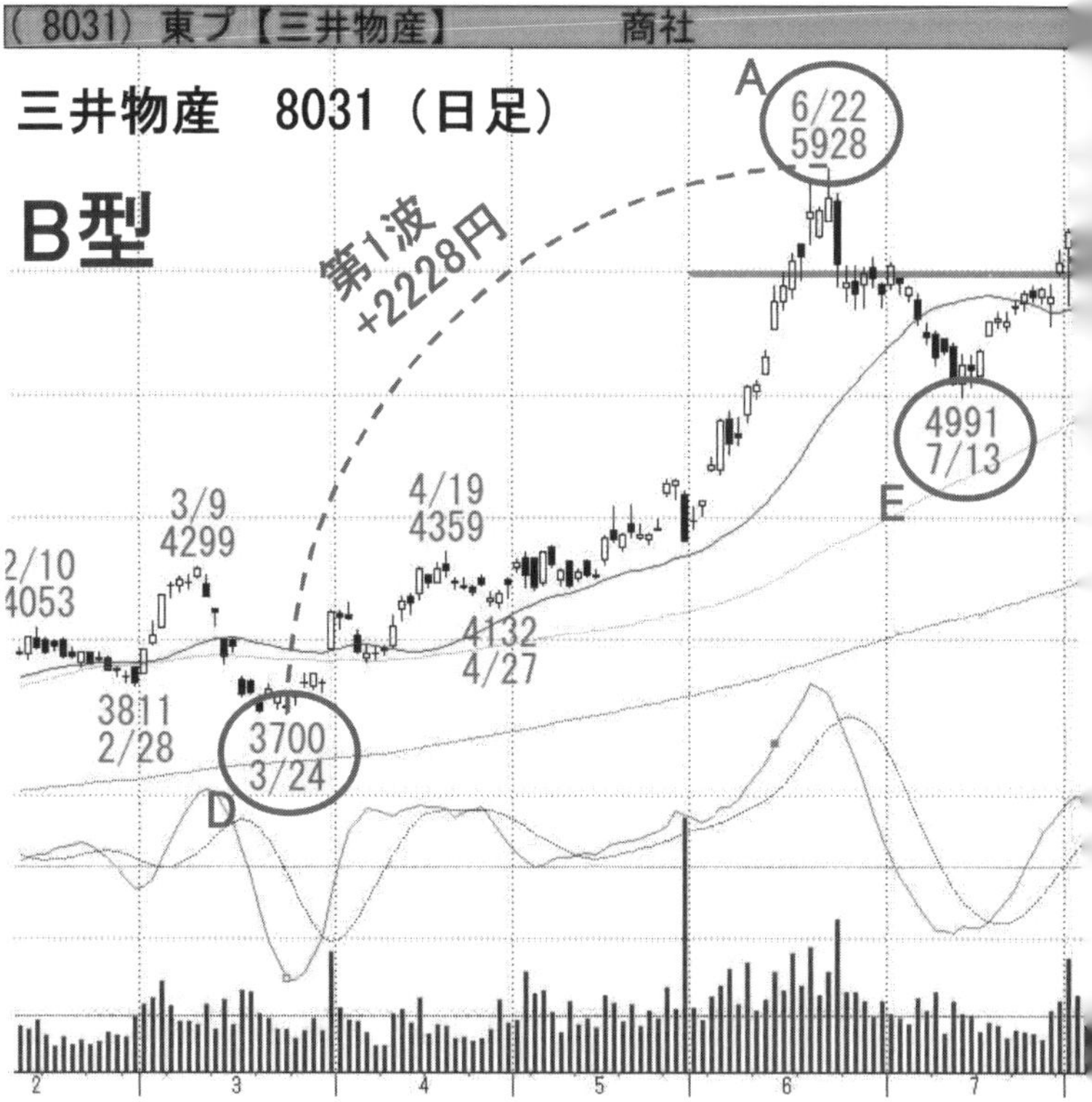
(8031) 東プ【三井物産】 商社
三井物産　8031（日足）
B型
第1波
+2228円
A
6/22
5928
4991
7/13
E
2/10
4053
3/9
4299
4/19
4359
3811
2/28
4132
4/27
3700
3/24
D
2
3
4
5
6
7

した企業が少なくないことから、「組織の三菱」「技の住友」に対し「人の三井」と言われる。

社会の発展に不可欠なエネルギー資源の確保と供給のため、開発・生産から幅広く関与しており、脱炭素社会の実現に向け、次世代燃料の普及にも取り組む。

この10月には、三菱商事や伊藤忠商事などと一緒に参画するオマーンの液化天然ガス（LNG）事業の権益を延長することで同国政府と合意。

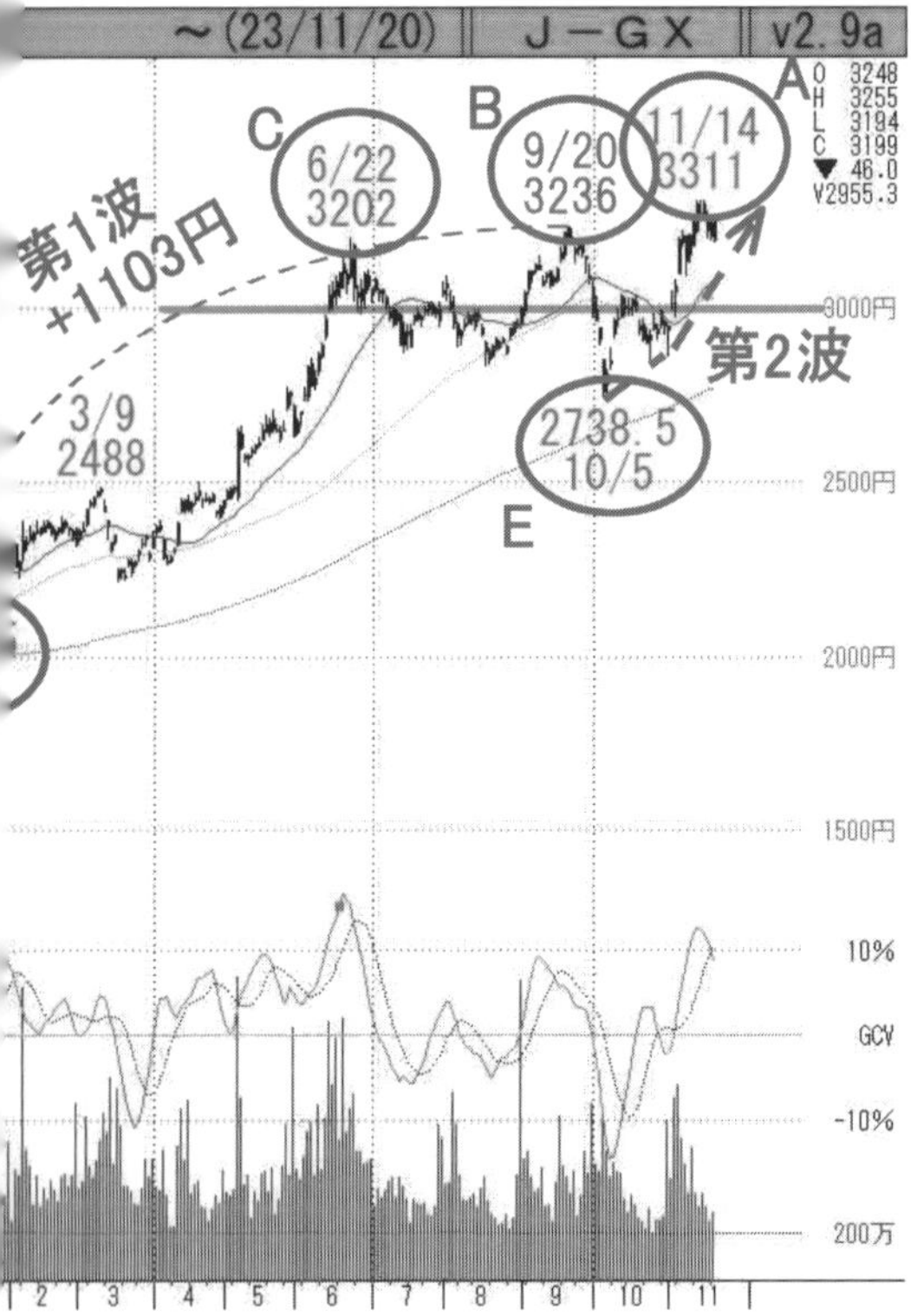
～(23/11/20)
J－GX
v2.9a
第1波
+1103円
C
6/22
3202
B
9/20
3236
A
11/14
3311
第2波
3/9
2488
2738.5
10/5
E
O 3248
H 3255
L 3194
C 3199
▼46.0
V2955.3
3000円
2500円
2000円
1500円
10%
GCV
-10%
200万
2
3
4
5
6
7
8
9
10
11

8053

住友商事

東PRM

卸売業

日本国内で20カ所、海外111カ所に事業所を構え、日本の商社の中でも5大商社の1つに数えられる大手総合商社。

住友商事グループは金属事業、輸送機・建機事業、インフラ事業、メディア・デジタル事業、生活・不動産事業、資源・化学品事業の6つの事

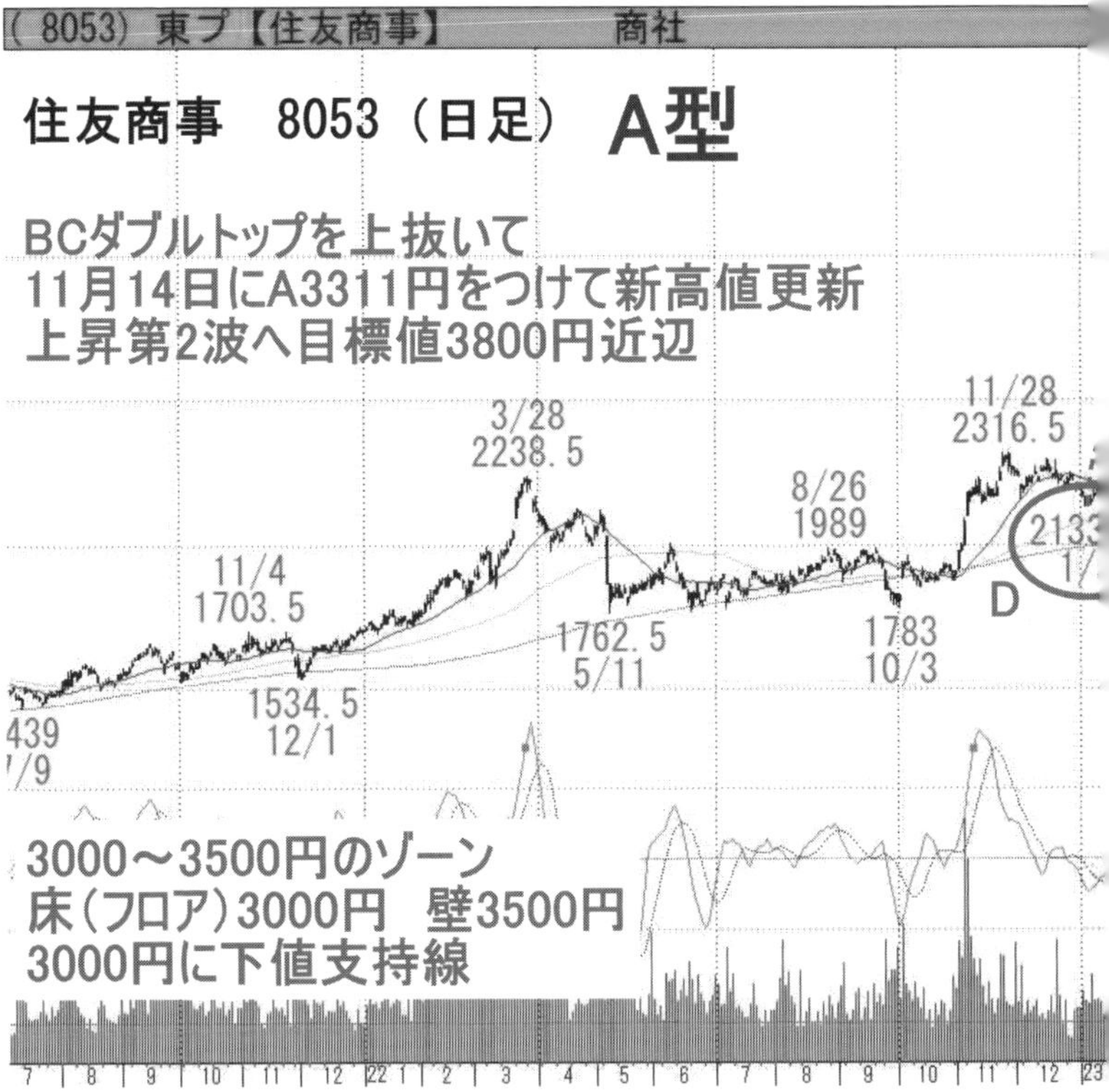
(8053) 東プ【住友商事】 商社
住友商事　8053（日足） A型
BCダブルトップを上抜いて
11月14日にA3311円をつけて新高値更新
上昇第2波へ目標値3800円近辺
3/28
2238.5
11/28
2316.5
8/26
1989
11/4
1703.5
2133
D
1762.5
5/11
1783
10/3
1534.5
12/1
439
3000～3500円のゾーン
床（フロア）3000円　壁3500円
3000円に下値支持線
7 8 9 10 11 12 22 1 2 3 4 5 6 7 8 9 10 11 12 23

業部門と1つのイニシアチブと国内・海外の地域組織を連携し、グローバルネットワークを活用して総合力を活かした幅広いビジネスを展開している。

　その強固なビジネス基盤を有機的に統合することで、社会課題を解決し、新たな価値を創造する事業に積極的に取り組んでいる。

　2期連続増配。11月14日に3311円をつけて新高値を更新。

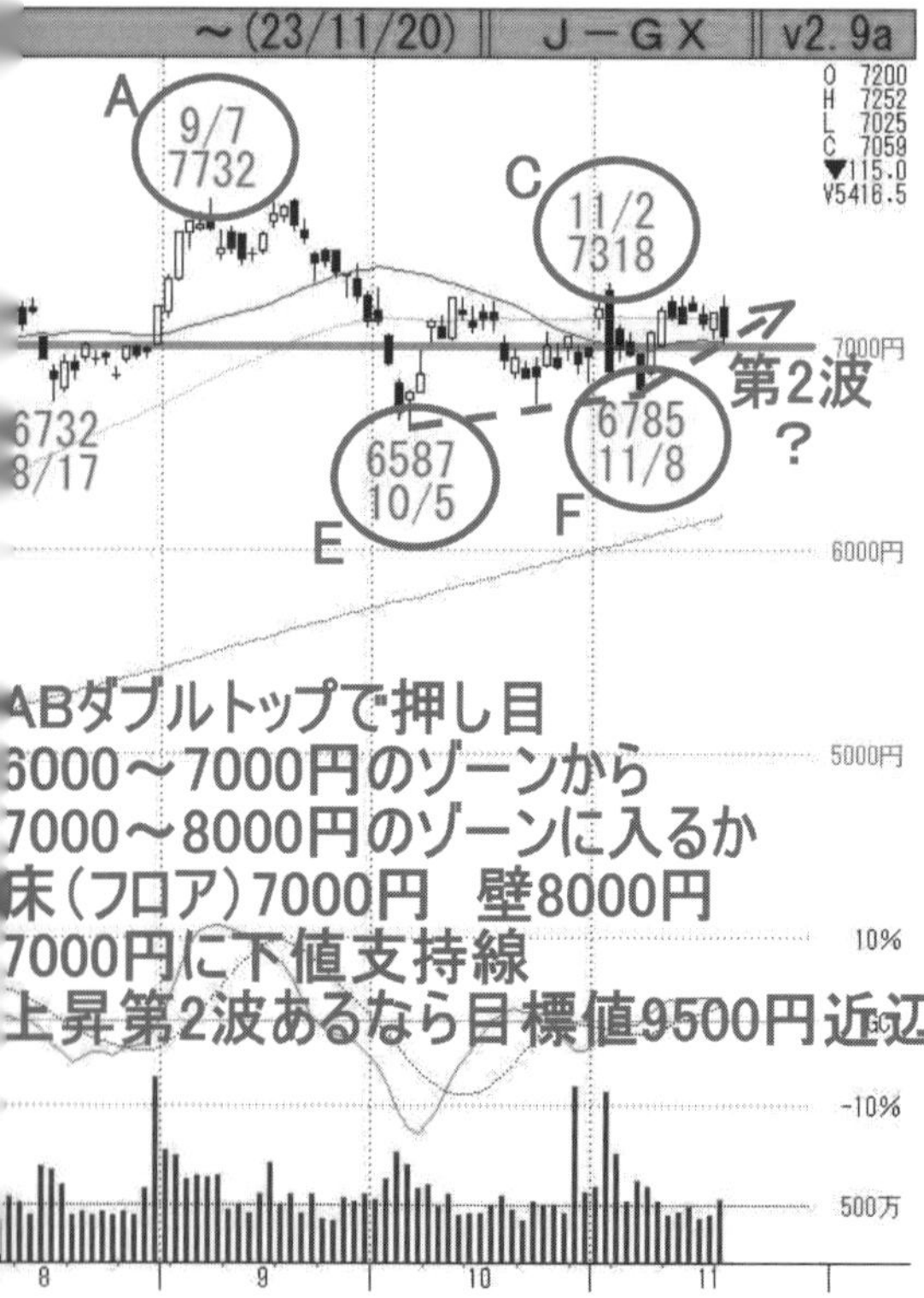
～(23/11/20)
J－GX
v2.9a
O 7200
H 7252
L 7025
C 7059
▼115.0
V5416.5
A
9/7
7732
C
11/2
7318
6732
8/17
6587
10/5
E
6785
11/8
F
第2波
？
7000円
6000円
5000円
ABダブルトップで押し目
6000～7000円のゾーンから
7000～8000円のゾーンに入るか
床（フロア）7000円　壁8000円
7000円に下値支持線
上昇第2波あるなら目標値9500円近辺
10%
GC
-10%
500万
8
9
10
11

8058

三菱商事

東PRM

卸売業

三菱グループ（旧三菱財閥）において三菱ＵＦＪ銀行、三菱重工業とともに「御三家」と呼ばれる大手総合商社。三井物産、住友商事、伊藤忠商事、丸紅と共に5大商社の1つ。

資源開発への直接投資（天然ガスや原料炭）などはもちろん、1980年代からは菱

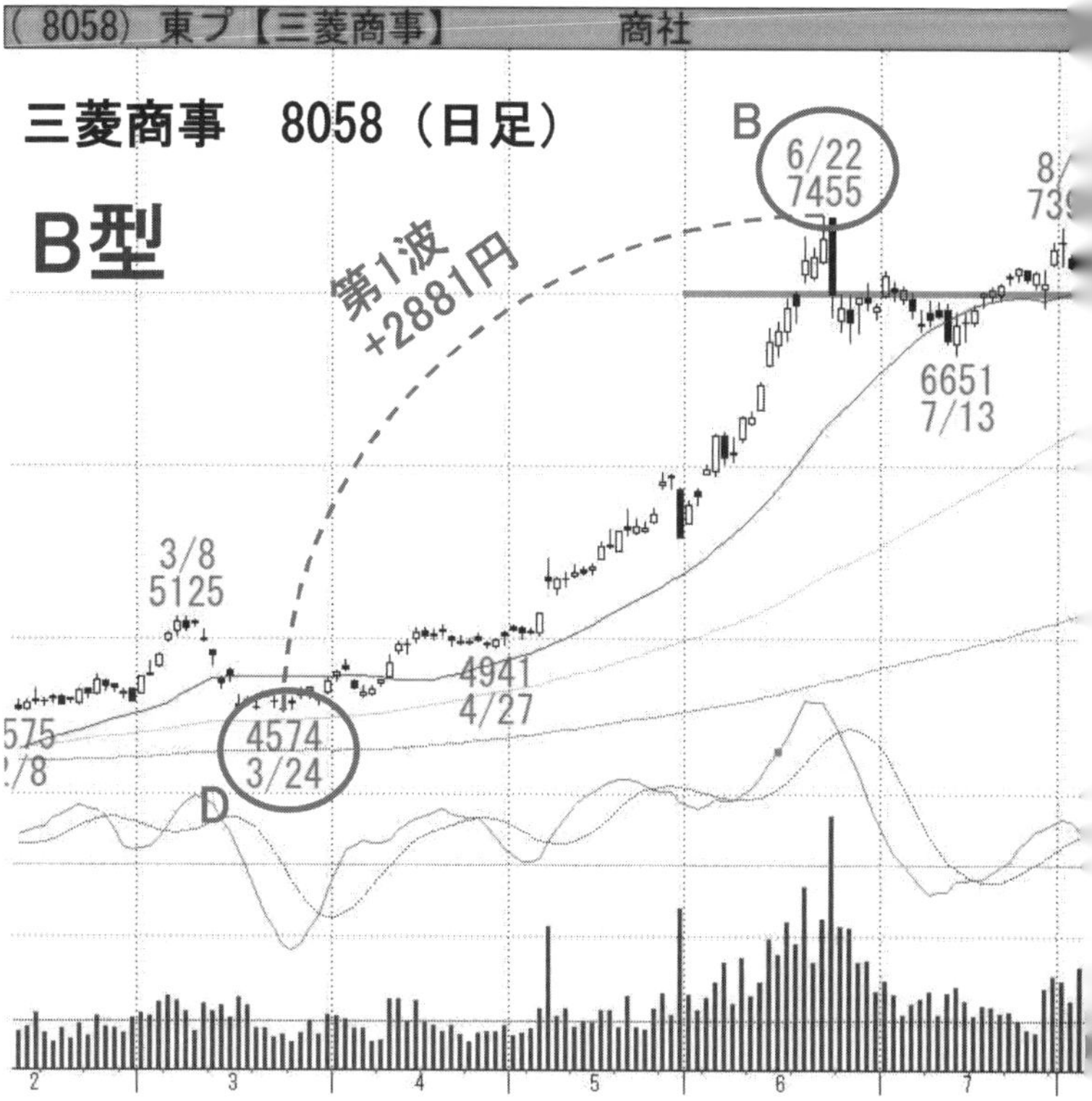
(8058) 東プ【三菱商事】 商社
三菱商事 8058（日足）
B型
第1波
+2881円
B
6/22
7455
8/
73
6651
7/13
3/8
5125
4941
4/27
575
2/8
4574
3/24
D
2
3
4
5
6
7

食（現：三菱食品）など食料流通などのバリューチェーンの構築を展開し、コンビニエンスストアチェーンのローソンを通じた消費者マーケットの開拓など、川上から川下までにわたる投資や経営参画を通じて収益を上げる体質に変化し、収益拡大を目指している。

7000円に下値抵抗線。上昇第2波あるなら、目標値は9500円近辺が期待できるか。

8136

サンリオ

東PRM

卸売業

キャラクターグッズやグリーティングカード等のソーシャルコミュニケーションギフト商品（プレゼント用品）の企画・販売、およびテーマパークの運営などを事業とする企業。

海外でも人気の高いハローキティなど様々なファンシーキャラクターグッズが有名で、

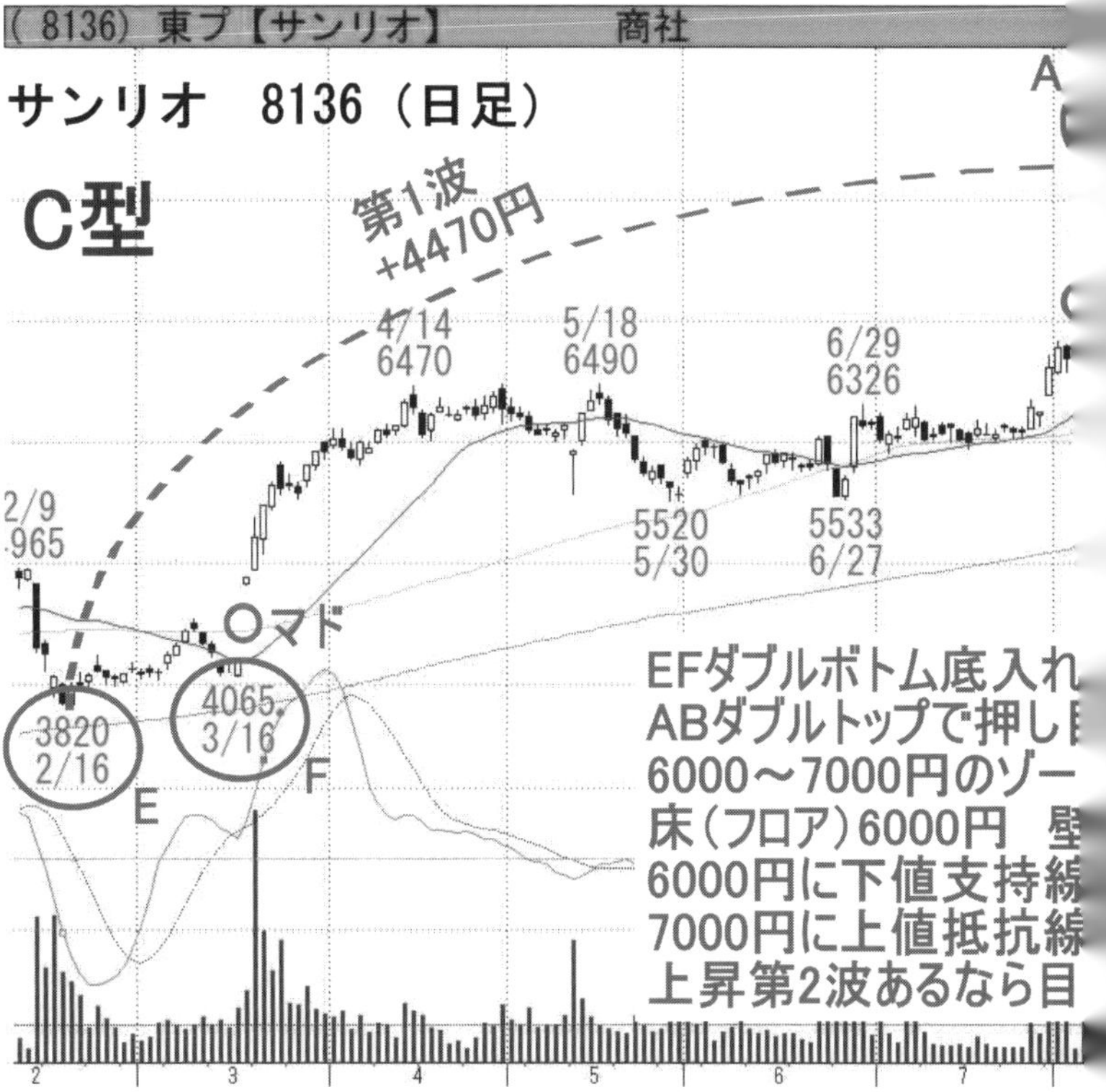
(8136) 東プ【サンリオ】 商社
サンリオ 8136（日足）
C型
第1波
+4470円
4/14
6470
5/18
6490
6/29
6326
2/9
965
5520
5/30
5533
6/27
○マド
EFダブルボトム底入れ
ABダブルトップで押し目
6000～7000円のゾー
床（フロア）6000円 壁
6000円に下値支持線
7000円に上値抵抗線
上昇第2波あるなら目
3820
2/16
4065
3/16
E
F
A
2
3
4
5
6
7

自社開発のキャラクター総数は400種を超える。グリーティングカード事業では日本最大手である。その他に映画製作や出版事業も行う。

サンリオピューロランド（東京都多摩市）、ハーモニーランド（大分県速見郡日出町）などのテーマパーク事業も手がける。

外食産業にも参入しており、一部地域でケンタッキーフライドチキンのフランチャイジーとして出店している。

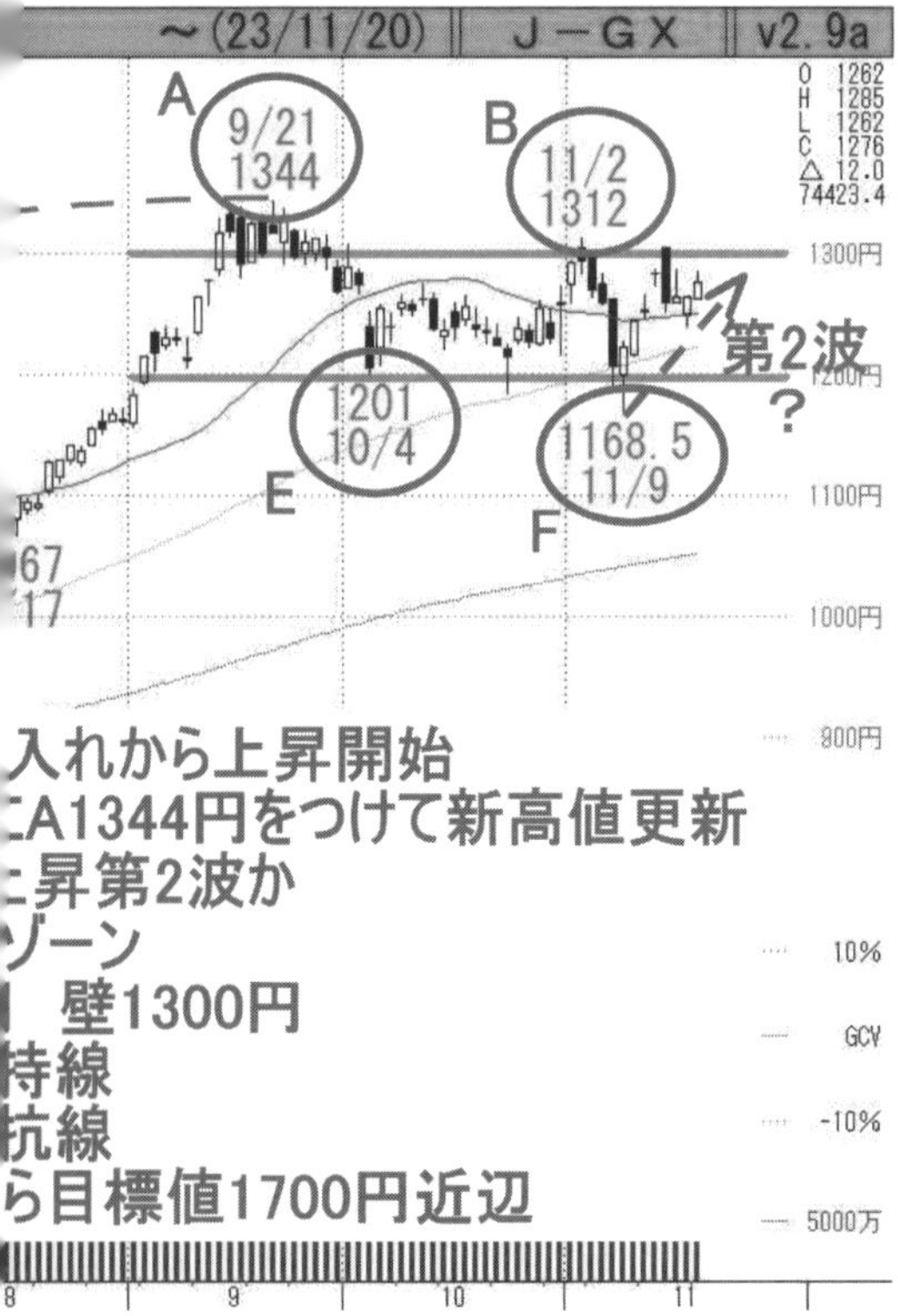
～(23/11/20) J－GX v2.9a
O 1262
H 1285
L 1262
C 1276
△ 12.0
74423.4
A
9/21
1344
B
11/2
1312
第2波
?
1201
10/4
E
1168.5
11/9
F
1300円
1200円
1100円
1000円
900円
入れから上昇開始
A1344円をつけて新高値更新
昇第2波か
ゾーン
壁1300円
持線
抗線
ら目標値1700円近辺
10%
GCV
-10%
5000万
8
9
10
11

8306

三菱UFJフィナンシャル・グループ

東PRM

銀行業

日本3大メガバンクの一角を占める都市銀行である三菱UFJ銀行を中核として、各種銀行や証券会社をはじめ、カード会社、消費者金融会社、資産運用会社など、金融分野におけるトップクラスの企業が一体となり、さまざまな金融サービスを提供する企業グループ。

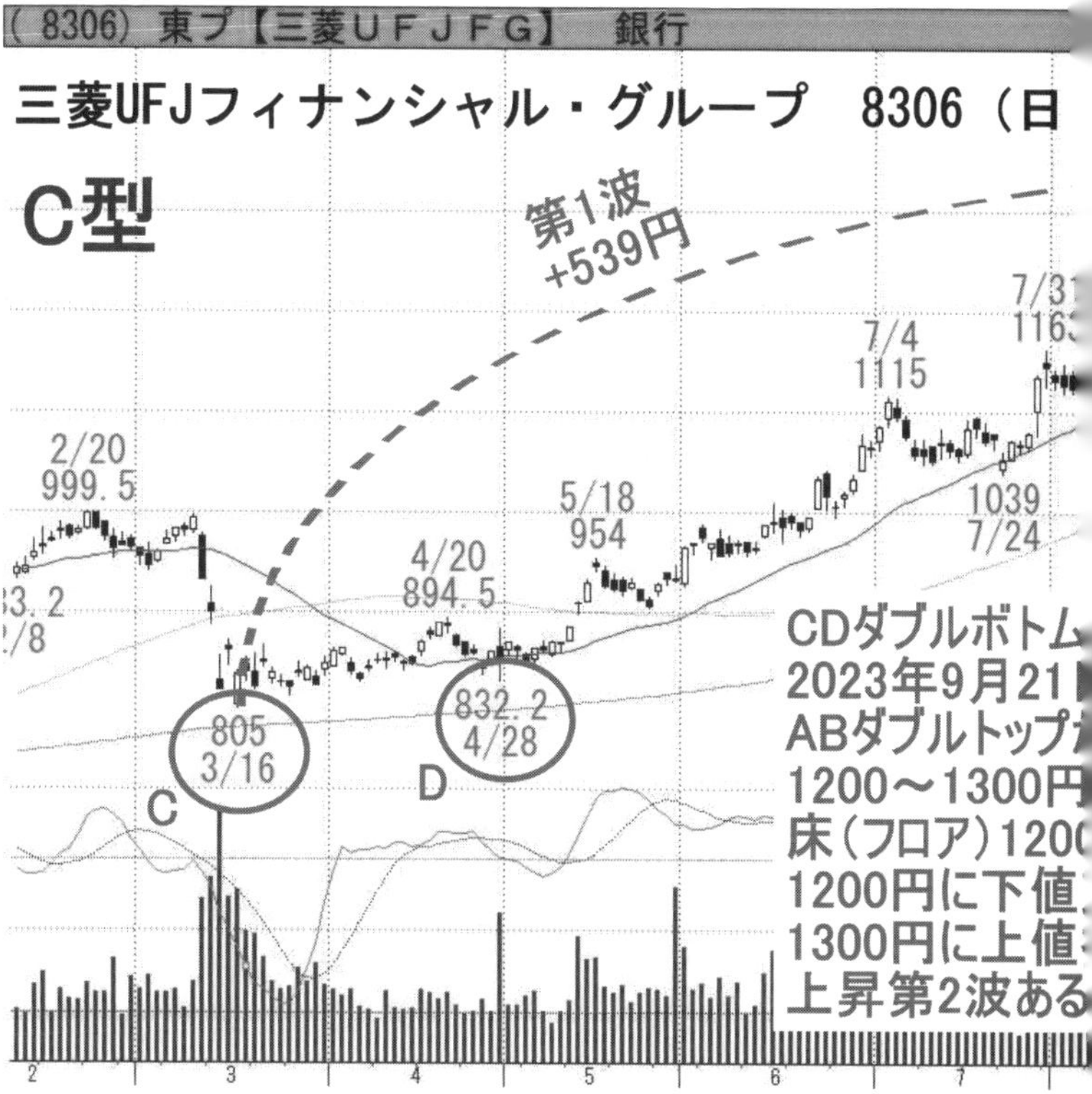
(8306) 東プ【三菱ＵＦＪＦＧ】 銀行
三菱UFJフィナンシャル・グループ 8306（日
C型
第1波
+539円
2/20
999.5
4/20
894.5
5/18
954
7/4
1115
1039
7/24
805
3/16
832.2
4/28
C
D
CDダブルボトム
2023年9月21
ABダブルトップ
1200～1300円
床（フロア）120
1200円に下値
1300円に上値
上昇第2波ある

2022年度は、業務粗利益が過去最高となり、業務純益は、前年度比3775億円増加の1兆5942億円で、マイナス金利導入前の水準に回復。

自己株式取得は過去最大となる4500億円を実施。

2024年度の配当予想は、中期経営計画で掲げた配当性向40％の実現に向けて、過去最大の引き上げ幅となる9円増配の年間41円を予定している。

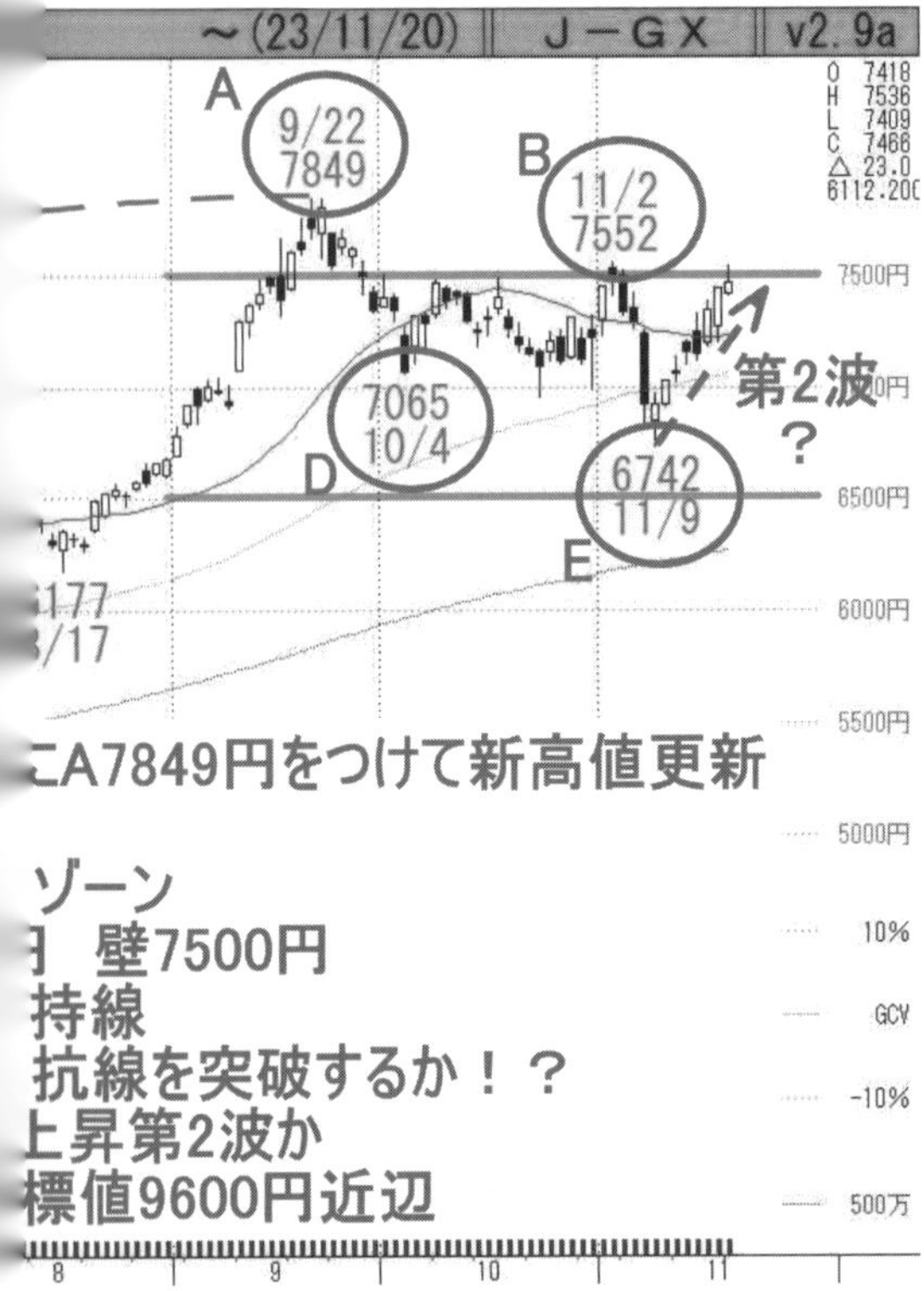

～(23/11/20)
J－GX
v2.9a
O 7418
H 7536
L 7409
C 7466
△ 23.0
6112.200
A
9/22
7849
B
11/2
7552
7065
10/4
D
6742
11/9
E
第2波
？
7500円
6500円
6000円
5500円
5000円
10%
GCV
-10%
500万
A7849円をつけて新高値更新
ゾーン
壁7500円
持線
抗線を突破するか！？
上昇第2波か
標値9600円近辺
8
9
10
11

8316

三井住友フィナンシャルグループ

東PRM

銀行業

3大メガバンクの1つである三井住友銀行（SMBC）などを傘下に置く三井グループ・住友グループの金融持株会社。略称はSMFG。

2023年度連結粗利益は、前年比2247億円増益の3兆1702億円となり、連結業務純益は前年比1236億円増益の1兆2764億円。

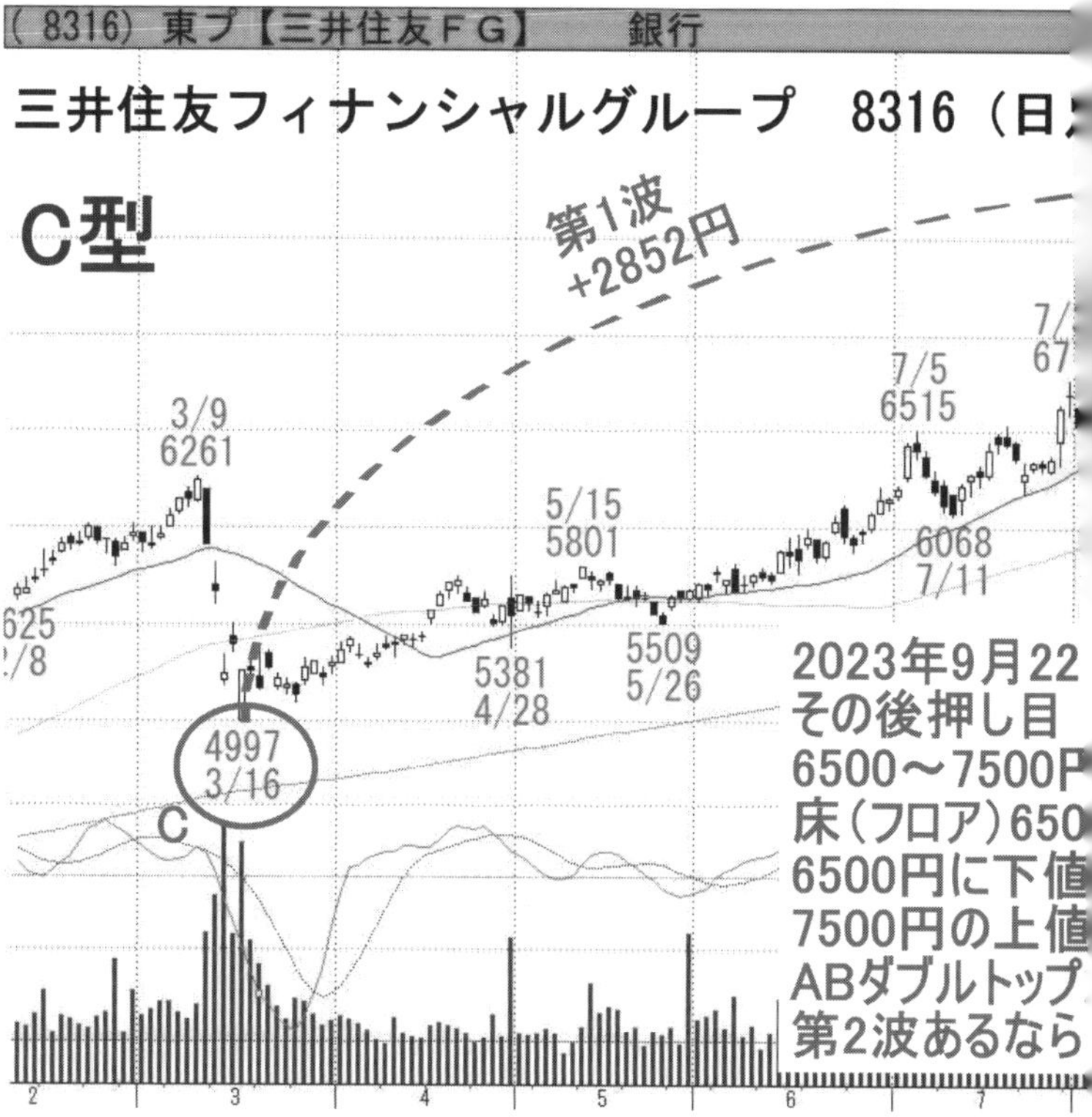
(8316) 東プ【三井住友ＦＧ】　銀行
三井住友フィナンシャルグループ　8316
C型
第1波
+2852円
3/9
6261
4997
3/16
5/15
5801
5381
4/28
5509
5/26
7/5
6515
6068
7/11
2023年9月22
その後押し目
6500～7500P
床（フロア）650
6500円に下値
7500円の上値
ABダブルトップ
第2波あるなら
C

経常利益は前年比１２０３億円増益の１兆１６０９億円。

中核的自己資本を表す普通株式等Ｔｉｅｒ１比率は14・02%、総自己資本比率は15・98%といずれもＢＩＳの基準を大幅に上回る水準を維持している。

9月22日に７８４９円をつけて新高値を更新。７５００円の上値抵抗線を突破して上昇第２波あるなら、目標値９６００円近辺か。

をつけて新高値更新

円

3300円近辺

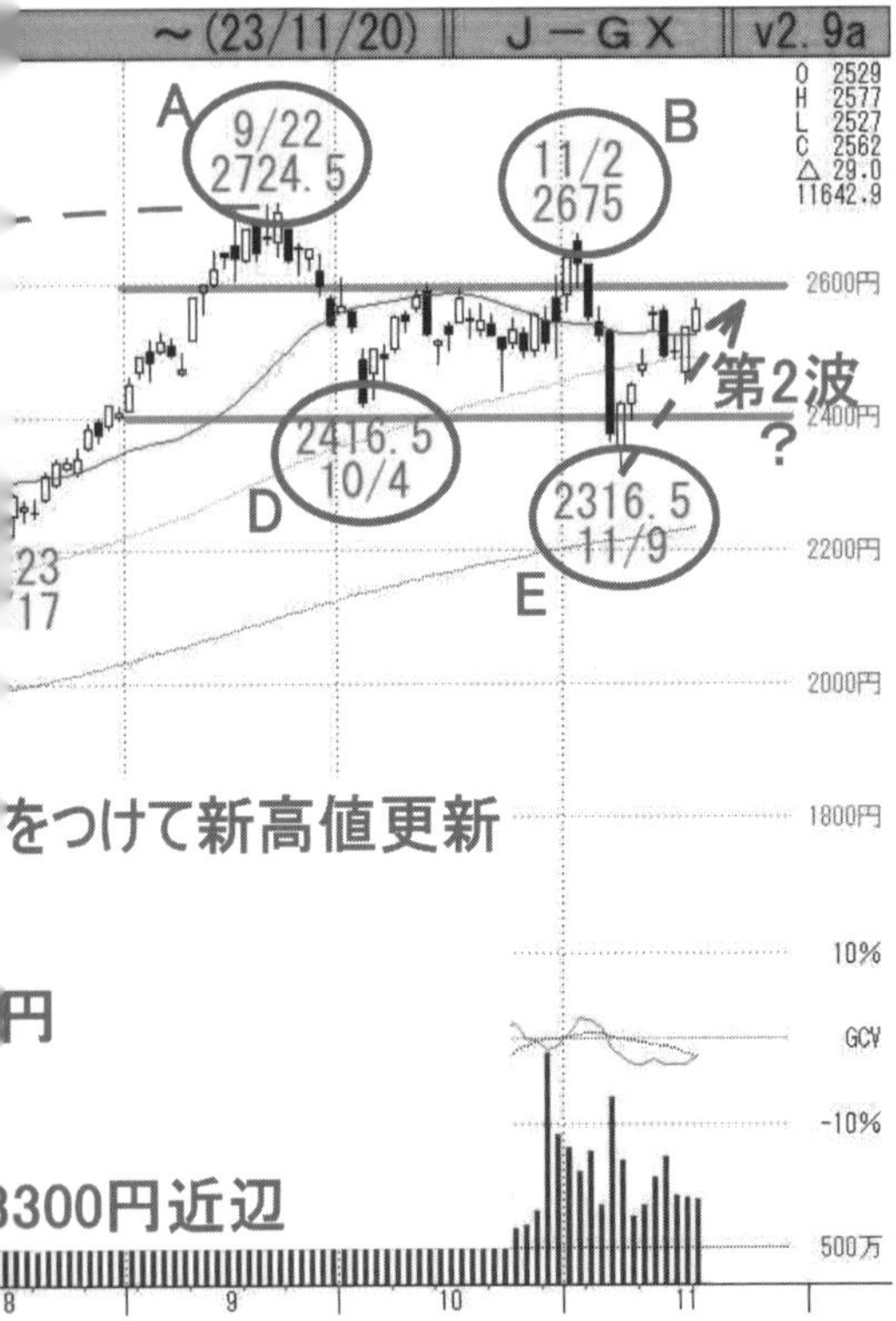
~(23/11/20) J－GX v2.9a
O 2529
H 2577
L 2527
C 2562
△ 29.0
11642.9
A
9/22
2724.5
B
11/2
2675
第2波
?
2416.5
10/4
D
2316.5
11/9
E
2600円
2400円
2200円
2000円
1800円
10%
GCV
-10%
500万
8
9
10
11

8411

みずほフィナンシャルグループ

東PRM

銀行業

大手銀行持株会社であるみずほフィナンシャルグループを親会社とするみずほ銀行、みずほ信託銀行、みずほ証券などの金融関係の企業からなる企業グループ。

総資産・預金量・時価総額などの点で、三菱ＵＦＪフィナンシャル・グループ、三井住友フィナンシャルグループ

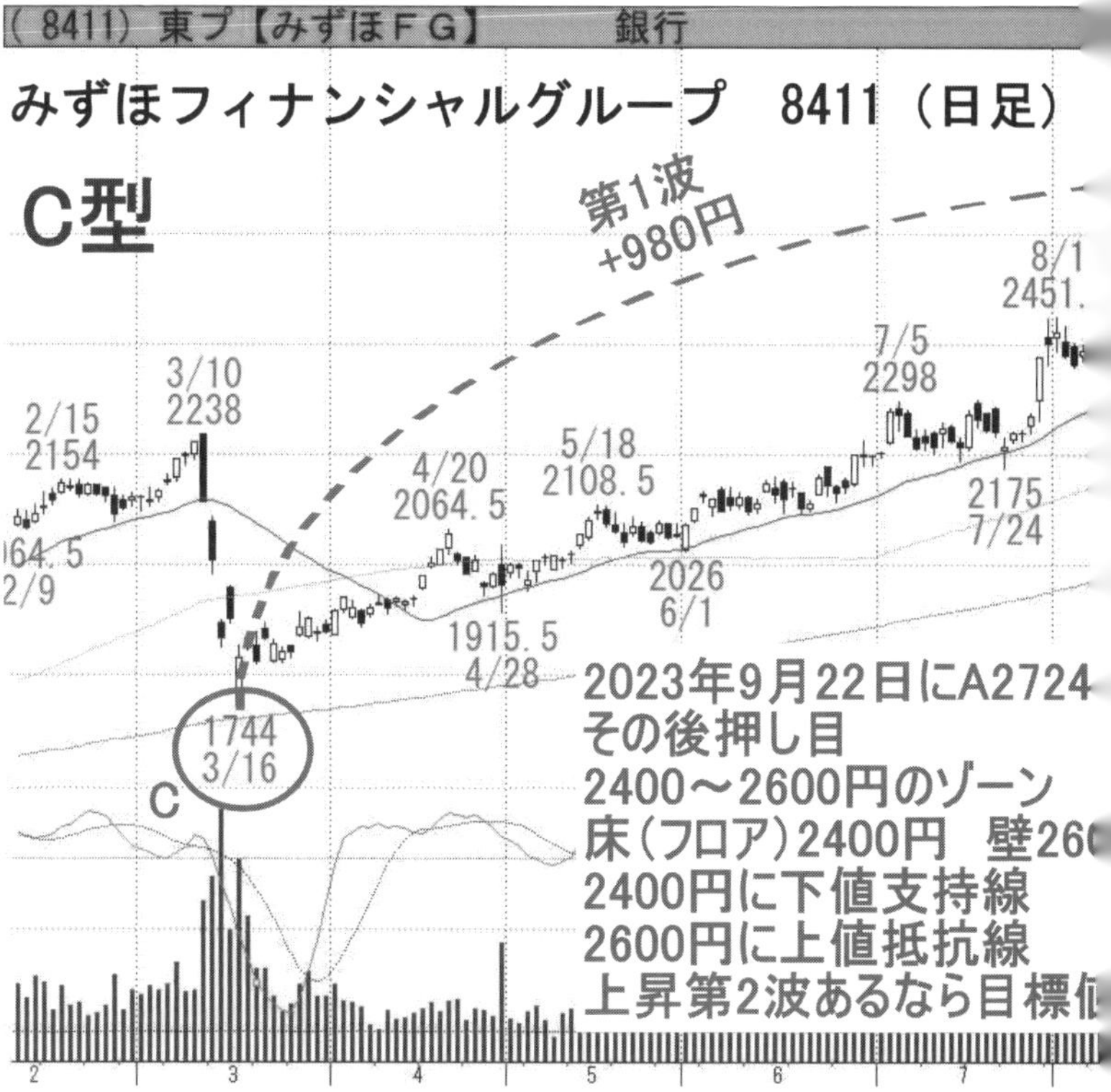
(8411) 東プ【みずほＦＧ】 銀行
みずほフィナンシャルグループ 8411（日足）
C型
第1波
+980円
3/10
2238
2/15
2154
064.5
2/9
4/20
2064.5
5/18
2108.5
7/5
2298
8/1
2451.
2175
7/24
2026
6/1
1915.5
4/28
1744
3/16
C
2023年9月22日にA2724
その後押し目
2400～2600円のゾーン
床（フロア）2400円 壁260
2400円に下値支持線
2600円に上値抵抗線
上昇第2波あるなら目標値
2
3
4
5
6
7

に次ぐ日本第３位の金融グループ。

各事業子会社を通じて銀行・信託・証券・資産運用・クレジットカードなどの業務を提供しており、法人融資先は上場企業の約７割、個人預金口座数は２４００万口座に上り、総資産は２３７兆円に達する。

２０２６年度末までにＡＩなどを使った業務効率化で、グループの従業員数を現在の約７万９０００人から６万人に減らす改革案を公表。

第6章

2024年大注目！
スガシタ流推奨銘柄20
～上級編～

テンバガー（10倍株）」！

	企業名	コード	市場	配当利回り	PBR
11	イーグル工業	6486	東プ	4.27%	0.8倍
12	ホンダ	7267	東プ	3.71%	0.6倍
13	ゼンショーホールディングス	7550	東プ	0.57%	11.6倍
14	伊藤忠商事	8001	東プ	2.60%	1.9倍
15	豊田通商	8015	東プ	2.94%	1.6倍
16	SBIホールディングス	8473	東プ	4.72%	0.9倍
17	AZ-COM丸和ホールディングス	9090	東プ	1.55%	6.8倍
18	日本郵船	9101	東プ	3.45%	0.8倍
19	商船三井	9104	東プ	4.89%	0.7倍
20	川崎汽船	9107	東プ	4.18%	0.8倍

※配当利回り・PBRは2023年11月20日引け値

上級者は、ずばり「目指せ

	企業名	コード	市場	配当利回り	PBR
1	INPEX	1605	東プ	3.53%	0.7 倍
2	東洋精糖	2107	東ス	5.01%	1.1 倍
3	明治ホールディングス	2269	東プ	2.78%	1.3 倍
4	丸大食品	2288	東プ	1.26%	0.6 倍
5	キッコーマン	2801	東プ	0.99%	4.4 倍
6	東洋水産	2875	東プ	1.51%	2.1 倍
7	マツキヨココカラ&カンパニー	3088	東プ	1.27%	0.8 倍
8	日東紡	3110	東プ	1.12%	1.4 倍
9	日本特殊陶業	5334	東プ	4.77%	1.2 倍
10	東洋製罐グループホールディングス	5901	東プ	3.79%	0.7 倍

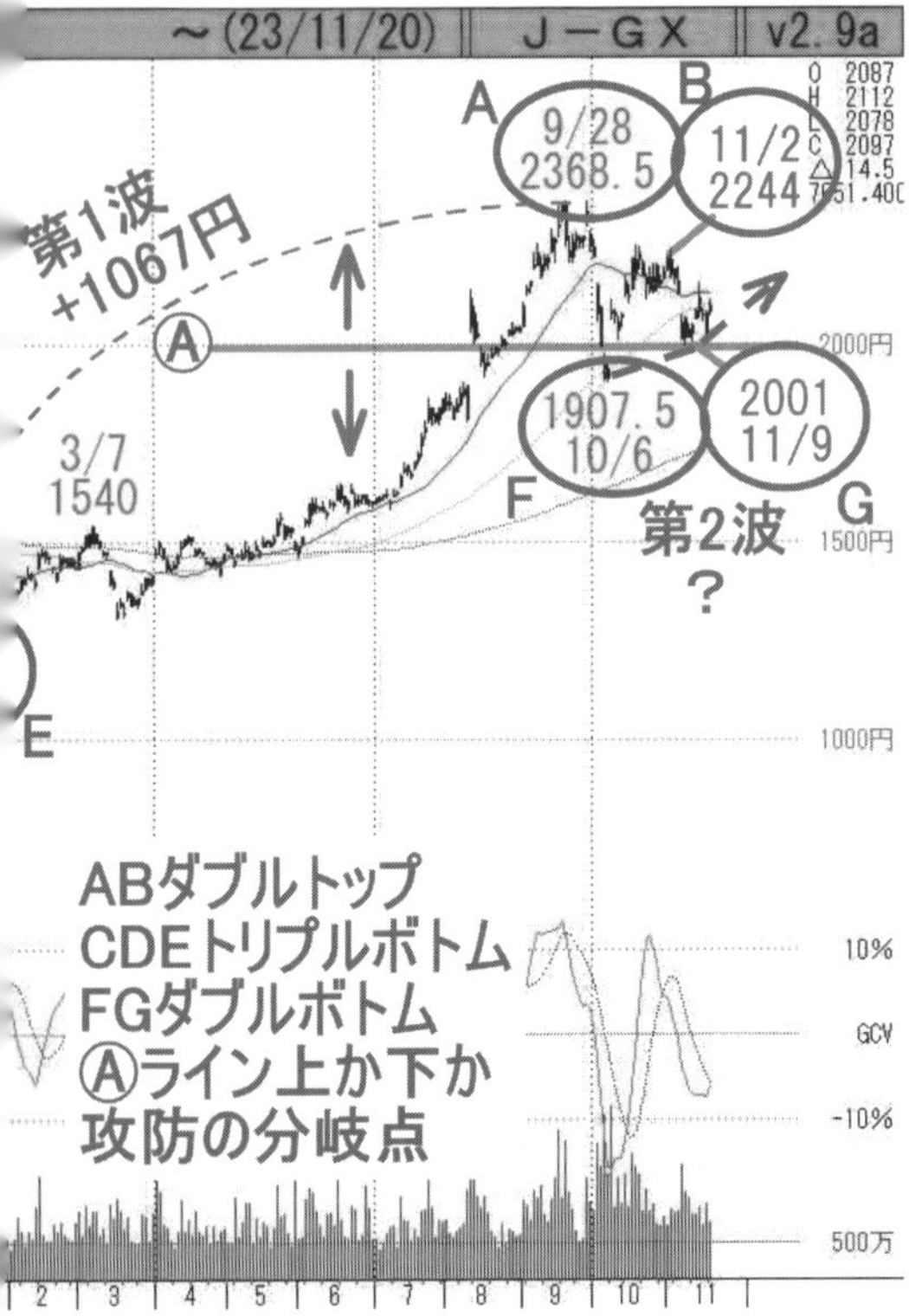
~(23/11/20) J－GX v2.9a
O 2087
H 2112
L 2078
C 2097
△ 14.5
A
9/28
2368.5
B
11/2
2244
第1波
+1067円
Ⓐ
2000円
1907.5
10/6
2001
11/9
3/7
1540
F
G
第2波
?
1500円
E
1000円
ABダブルトップ
CDEトリプルボトム
FGダブルボトム
Ⓐライン上か下か
攻防の分岐点
10%
GCV
-10%
500万
2 3 4 5 6 7 8 9 10 11

1605

INPEX

東PRM

鉱業

国内海外を問わず石油・天然ガス等の権益を多数持つ国内最大手の石油開発企業。探鉱・開発・生産プロジェクトあわせて世界20数カ国でプロジェクトを展開。

旧社名は国際石油開発帝石株式会社。

2020年にはフォーブス・グローバル2000にて

(1605) 東プ【INPEX】 鉱業
INPEX 1605（日足）
B型
6/9
1831
8/30
1675
10/18
1018
/6
72
898
11/22
716
8/23
1293
7/7
C
1318
9/27
D
7 8 9 10 11 12 22 1 2 3 4 5 6 7 8 9 10 11 12 23

世界で５９７番目に大きな株式会社とされた。

　気候変動に対応して、再生可能エネルギー事業への参入を加速。長期的にポートフォリオの１割を再生可能エネルギー事業とすることを目指している。

　株価は１月５日から９月28日までの上昇第１波で１０６７円上げた後、いったん下げている。攻防の分岐点の２０００円を上に放れるかどうか。

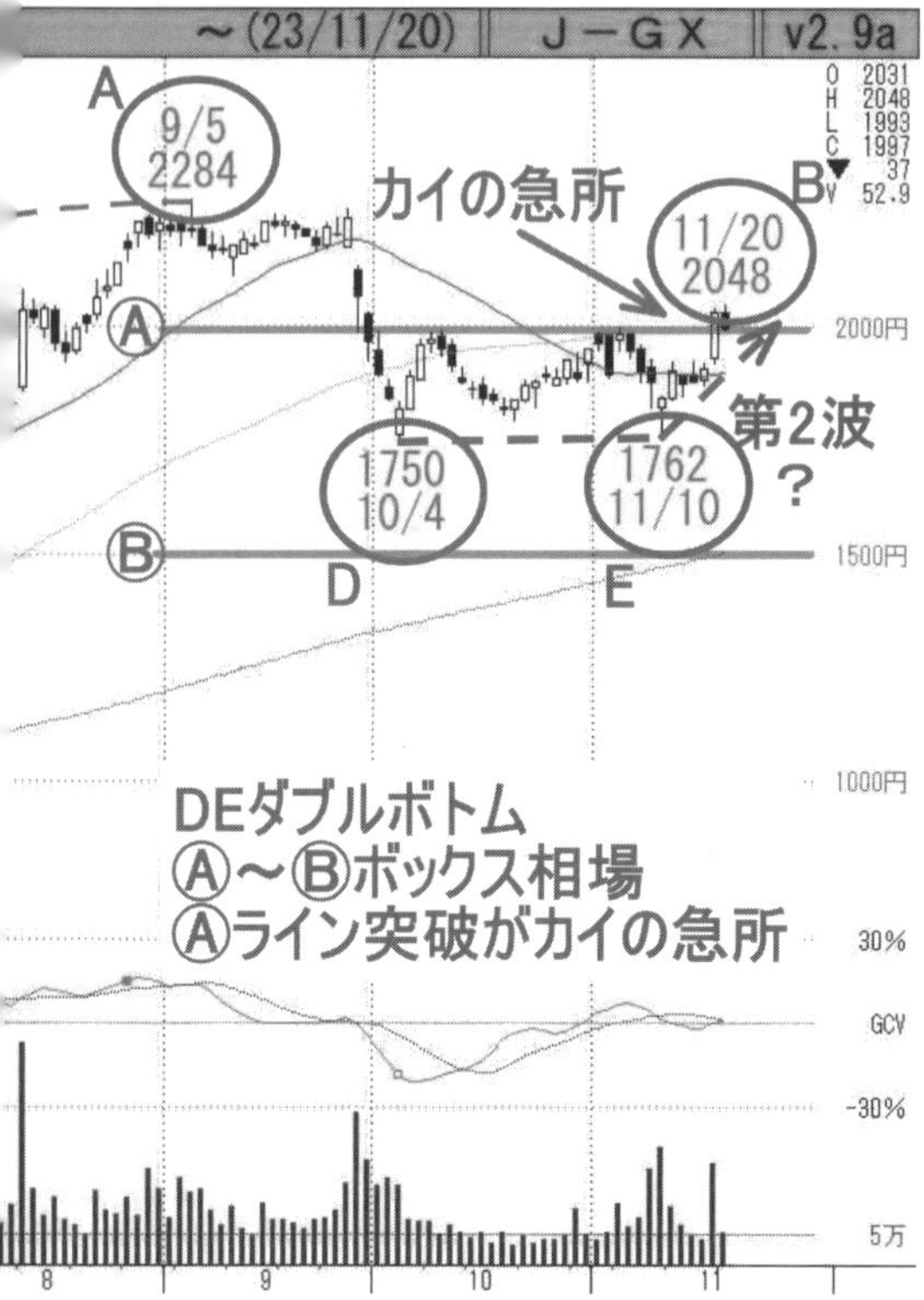
～(23/11/20)
J－GX
v2.9a
O 2031
H 2048
L 1993
C 1997
37
V 52.9
A
9/5
2284
カイの急所
B
11/20
2048
Ⓐ
2000円
第2波
？
1750
10/4
1762
11/10
Ⓑ
1500円
D
E
1000円
DEダブルボトム
Ⓐ～Ⓑボックス相場
Ⓐライン突破がカイの急所
30%
GCV
-30%
5万
8
9
10
11

2107

東洋精糖

東 STD

食料品

「みつ花印」ブランドで有名な砂糖メーカー。

創業は1949年で、古くからの東京証券取引所1部上場会社。

もともと丸紅の系列だが、三菱商事系列の塩水港精糖と双日系列のフジ日本精糖と、系列を超え共同で太平洋製糖を設立し製造業務の委託を行

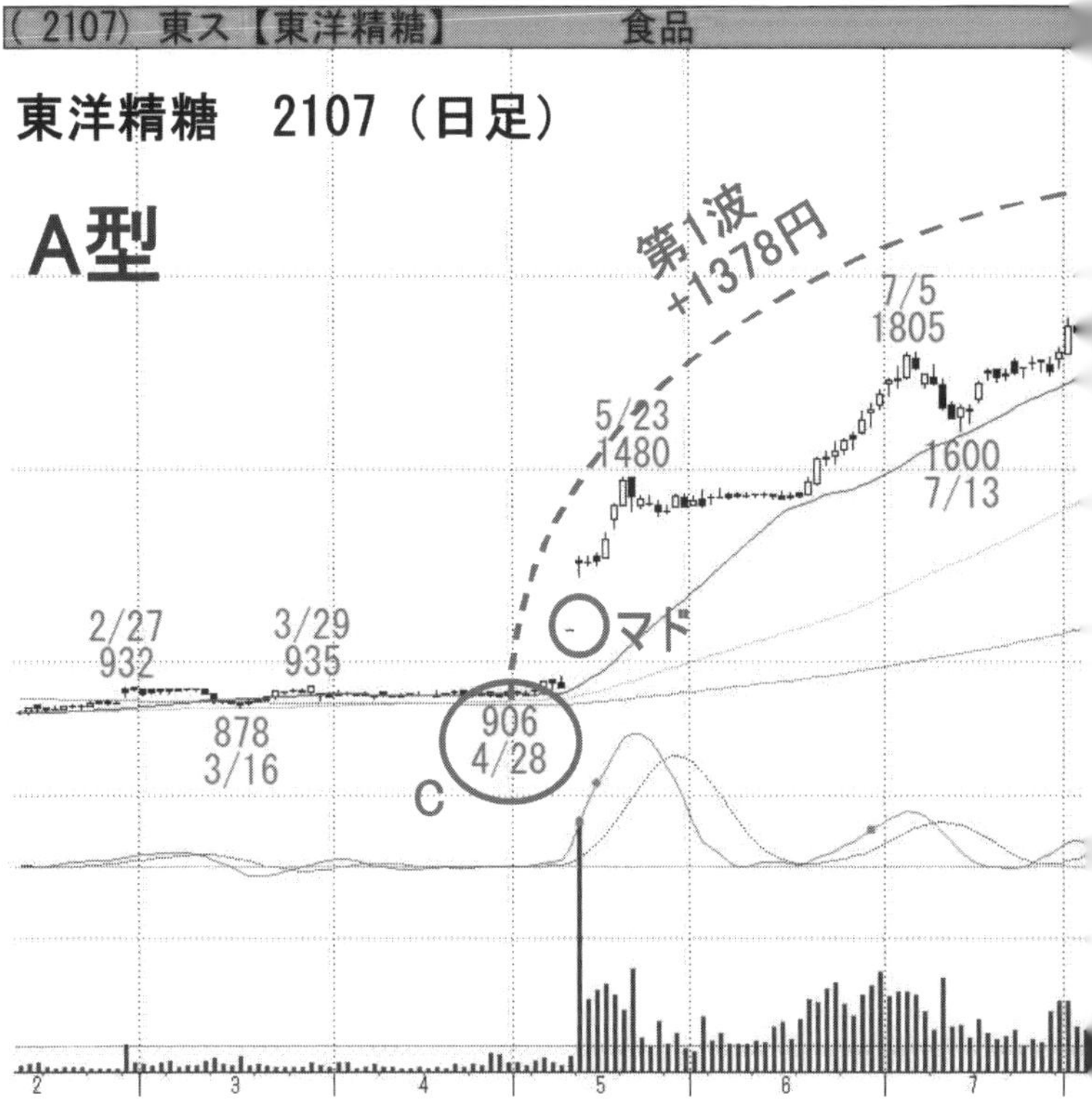
(2107) 東ス【東洋精糖】 食品
東洋精糖 2107（日足）
A型
第1波
+1378円
7/5
1805
5/23
1480
1600
7/13
マド
2/27
932
3/29
935
878
3/16
906
4/28
C
2
3
4
5
6
7

っている。

健康食品・飲料や化粧品原料などにも幅広く利用されるルチン、ヘスペリジン等の機能素材の製造・販売にも取り組む。

売上構成は砂糖事業が9割、機能素材事業が約1割。

株価は4月28日から9月5日までの上昇第1波で1378円上げて、その後1500円~2000円のゾーン入りしている。2000円の壁を突破できるか？

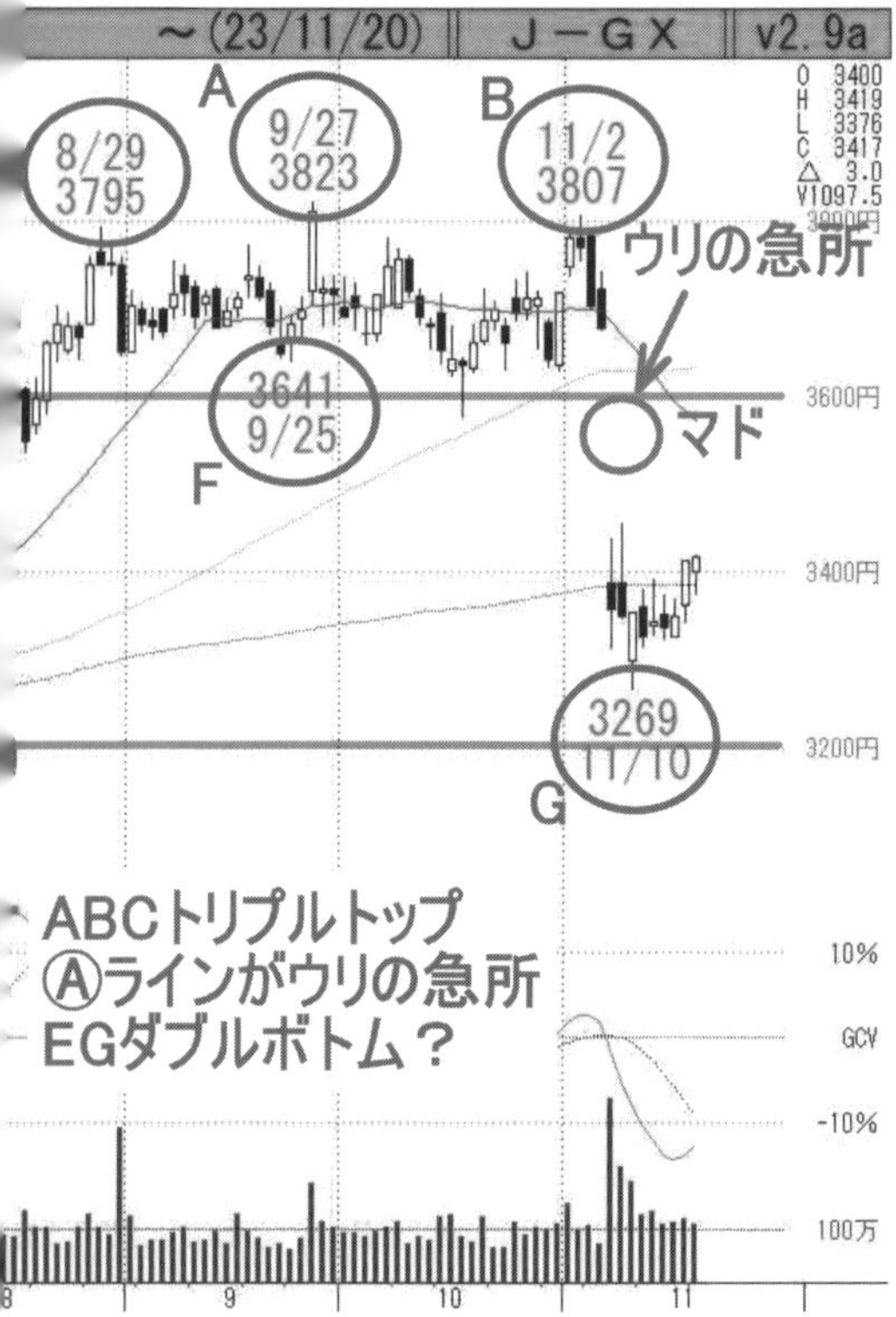
～(23/11/20)
J－GX
v2.9a
O 3400
H 3419
L 3376
C 3417
△ 3.0
V1097.5
A
B
8/29
3795
9/27
3823
11/2
3807
ウリの急所
3641
9/25
F
マド
3600円
3400円
3269
11/10
G
3200円
ABCトリプルトップ
Ⓐラインがウリの急所
EGダブルボトム？
10%
GCV
-10%
100万
8
9
10
11

2269

明治ホールディングス

東 PRM

食料品

2009年に食品メーカーの明治、製薬会社のMeiji Seika ファルマを傘下に持つ持株会社として設立。

前身企業である明治乳業・明治製菓は、共に旧・明治製糖から派生した企業。

持株会社の発足後、2年以内のできるだけ早い時期に再

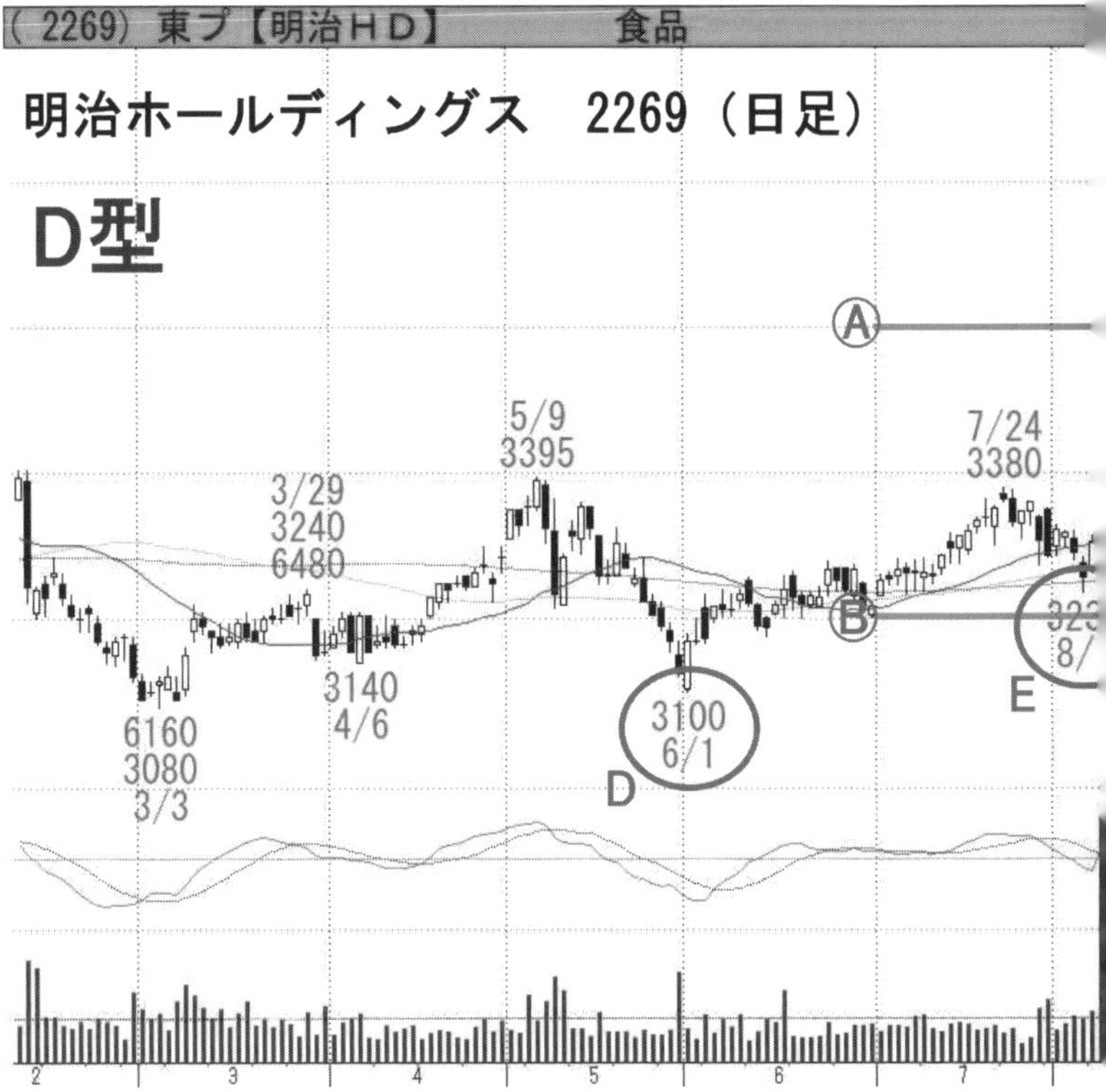
(2269) 東プ【明治ＨＤ】 食品
明治ホールディングス 2269（日足）
D型
A
5/9
3395
7/24
3380
3/29
3240
6480
B
3140
4/6
6160
3080
3/3
3100
6/1
D
E
2
3
4
5
6
7

編を進めていくことを公表していたが、リーマンショック後の世界経済の混乱のなかで原材料価格の高騰もあり、経営統合を加速させ、２０１０年９月に行われた明治ＨＤの記者会見で明乳・明菓のグループ事業再編、並びにそれに伴う傘下会社の社名変更を発表した。

これによって長年使用されてきた『明治乳業』と『明治製菓』の社名は２０１１年３月31日をもって消滅した。

〜(23/11/20)
J－GX
v2.9a
O 1614
H 1617
L 1591
C 1591
▼ 16
V 42.9
A
9/6
1751
C
11/1
1691
1700円
マド
Ⓐ
1600円
第2波
？
1578
10/16
E
1565
11/13
F
1500円
ABダブルトップ
EFダブルボトム
Ⓐライン上か下か
防の分岐点
10%
GCV
-10%
5万
9
10
11

2288

丸大食品

東PRM

食料品

ハム・ソーセージなどの食肉加工品を製造・販売する食品メーカー。

日本ハム、伊藤ハム米久ホールディングス、プリマハムと共に食肉加工業界大手4社の一角を占める。

2022年（2023年3月決算）の丸大食品の売上高は前年比プラス1・5％の2

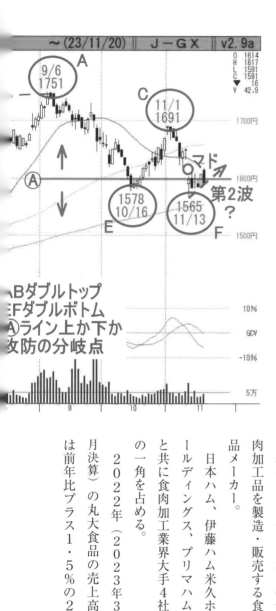

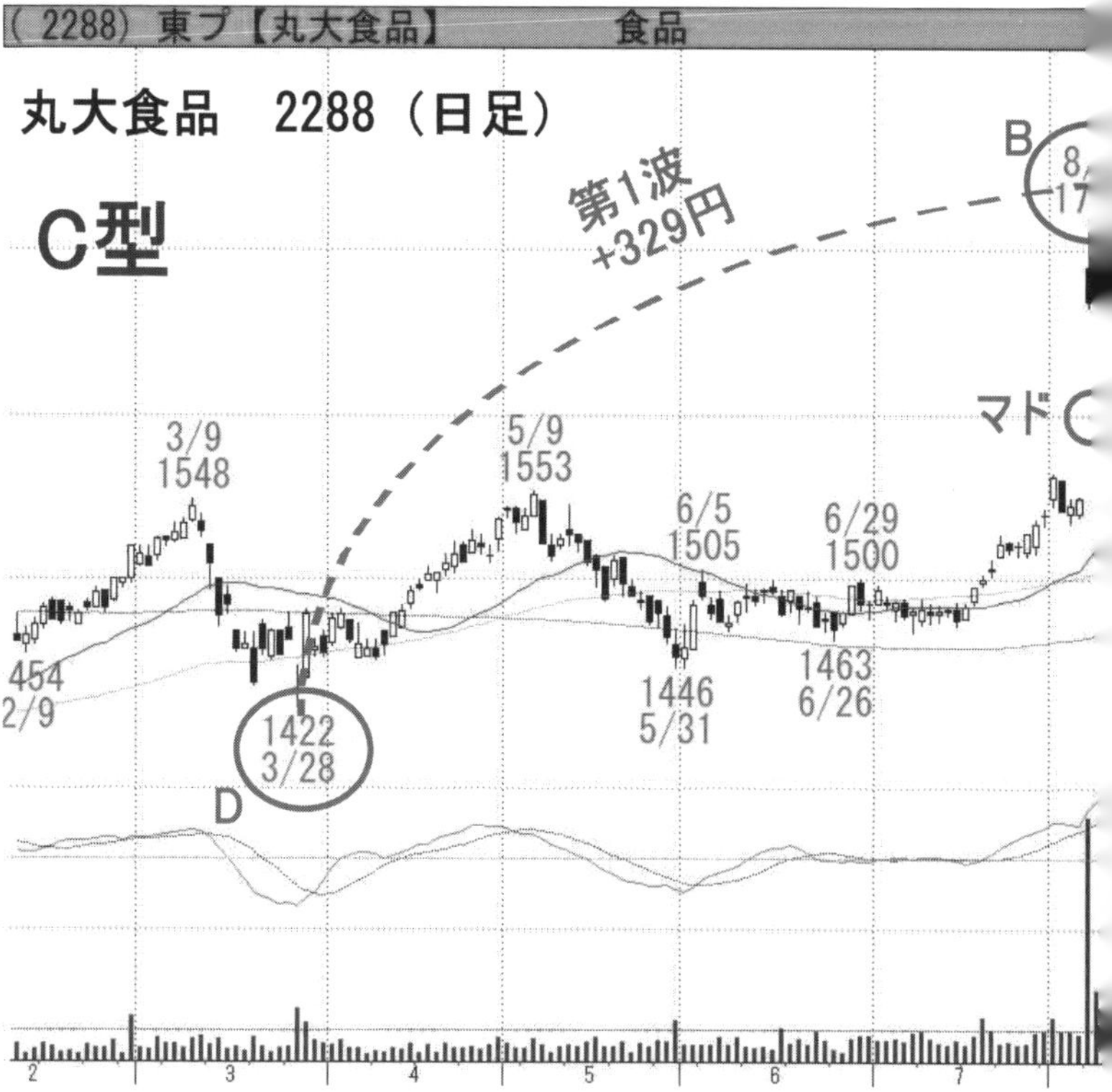
(2288) 東プ【丸大食品】 食品
丸大食品 2288（日足）
C型
第1波
+329円
B
マド
3/9
1548
5/9
1553
6/5
1505
6/29
1500
454
2/9
1422
3/28
D
1446
5/31
1463
6/26
2
3
4
5
6
7

２１０億円、経常利益は前年比マイナス１３４・２％の８・９億円の赤字を計上。

丸大食品の主力商品である燻製屋熟成ウインナーはモンドセレクションで３年連続最高金賞を受賞し、通算で４度の最高金賞を受賞している。２００株以上の株主に対しては、３０００円相当の自社製品が贈られる。

株価の攻防の分岐点は１６００円。これを超えて上昇第２波があるか？

～(23/11/20) J－GX v2.9a
O 9491
H 9617
L 9362
C 9438
▼ 52.0
V 490.5
カイの急所
A
11/13
9912
+2164円
9362
11/20
9/7
8575
10/12
8464
9000円
8000円
7748
9/29
B
7000円
10%
GCV
-10%
50万
9
10
11

2801

キッコーマン

東 PRM

食料品

醤油のトップブランドとして有名な調味料・加工食品の大手メーカーとして有名。

寛文元年（1661年）から続く老舗企業。

日本の食文化を代表する醤油の海外普及にも注力し、いまや「KIKKOMAN」は醤油の代名詞となっている。

アメリカ、アジア、ヨーロ

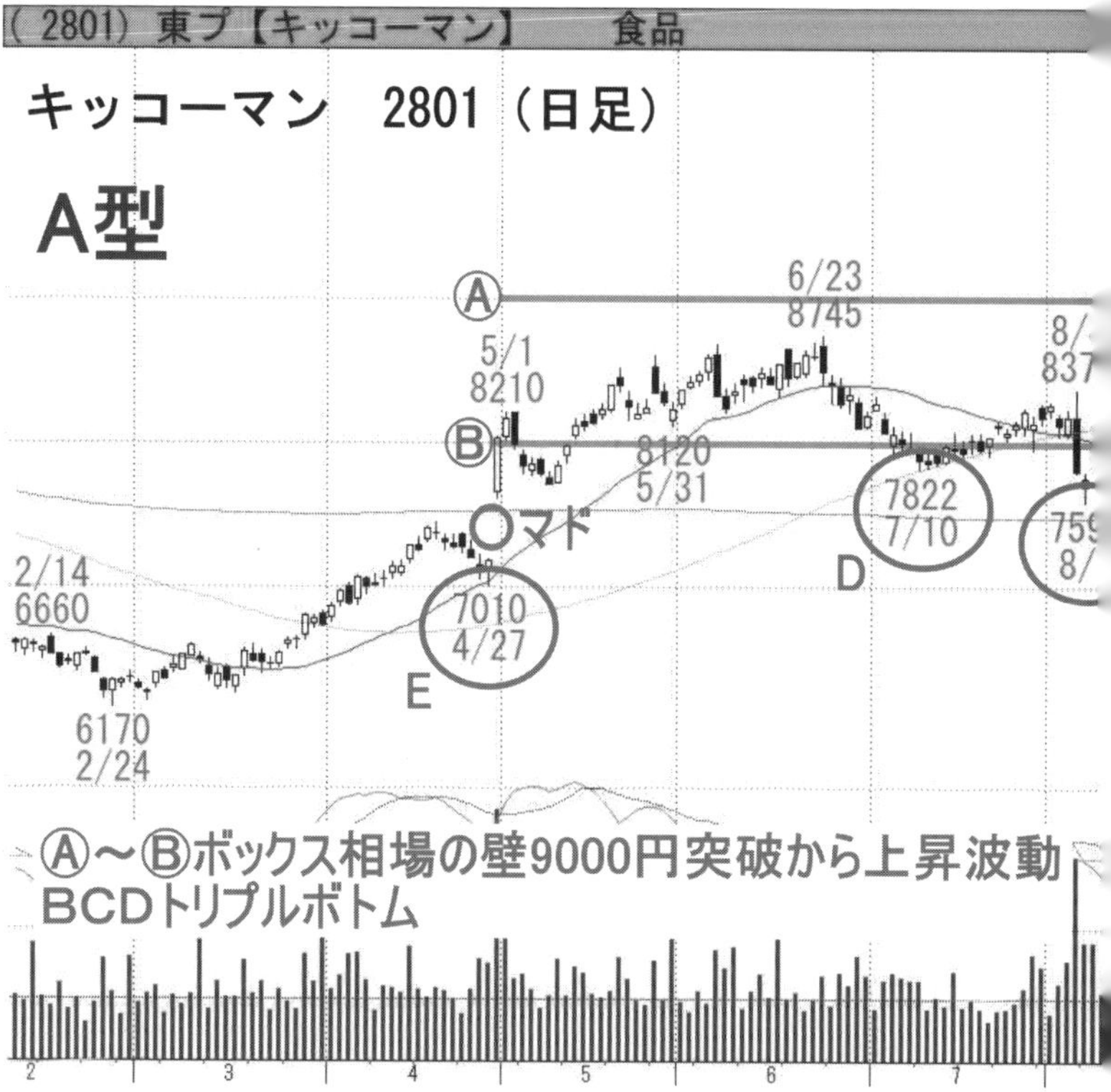
(2801) 東プ【キッコーマン】 食品
キッコーマン 2801（日足）
A型
Ⓐ
Ⓑ
6/23
8745
5/1
8210
8120
5/31
7822
7/10
○マド
2/14
6660
7010
4/27
E
D
6170
2/24
Ⓐ～Ⓑボックス相場の壁9000円突破から上昇波動
BCDトリプルボトム
2
3
4
5
6
7

ッパ、南米などにある８つの海外工場から１００カ国以上の国々に出荷され、愛用されている。

醤油以外にも様々な事業展開を行っており、調味料、健康食品、バイオ事業、外食・中食事業、食料品卸売事業を幅広く展開している。

２００９年10月に新設分割により３つの事業子会社を設立し、純粋持株会社に移行した。

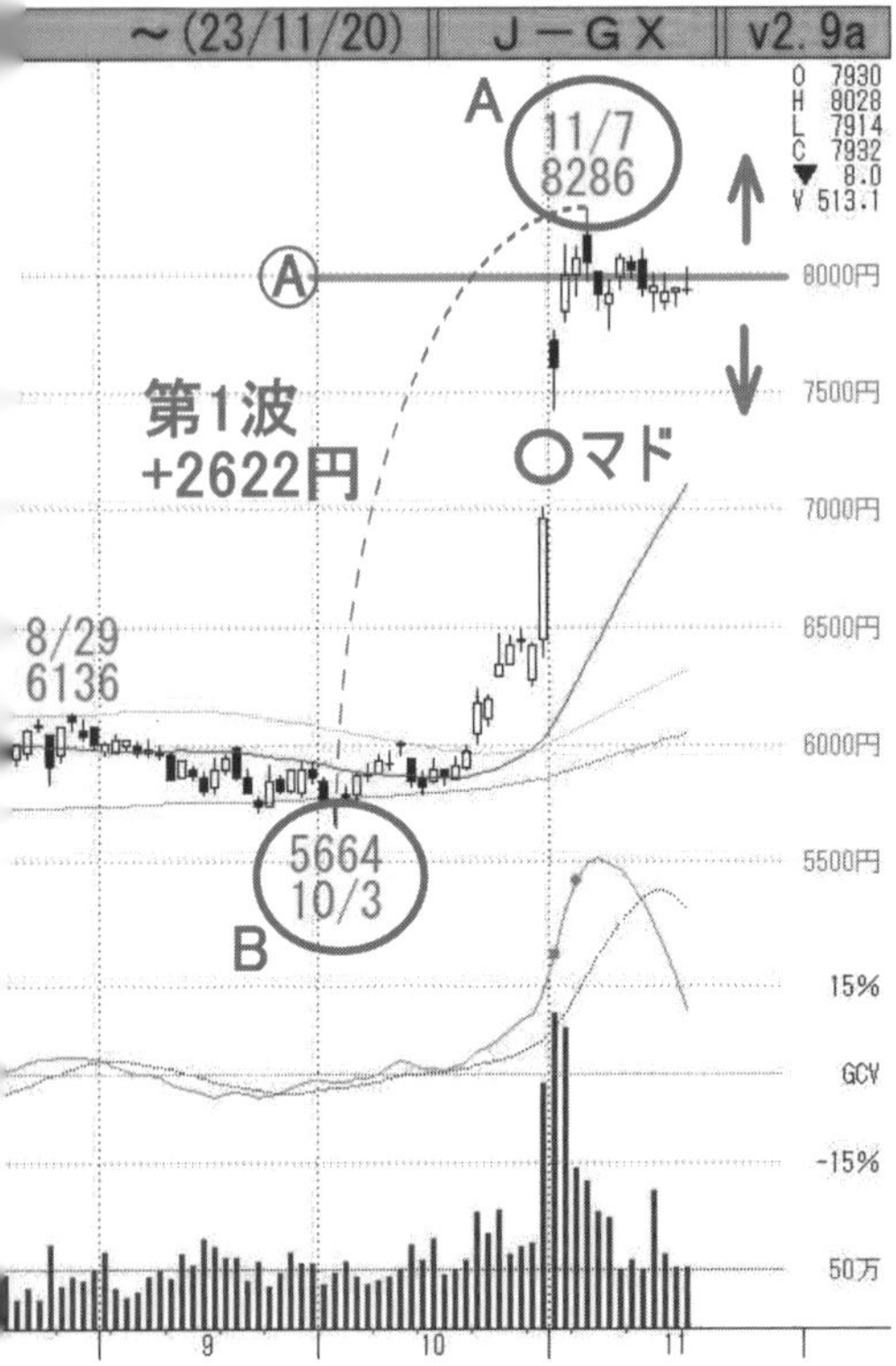

～(23/11/20)
J－GX
v2.9a
O 7930
H 8028
L 7914
C 7932
▼ 8.0
V 513.1
A
11/7
8286
Ⓐ
8000円
7500円
7000円
6500円
6000円
5500円
第1波
+2622円
○マド
8/29
6136
5664
10/3
B
15%
GCV
-15%
50万
9
10
11

2875

東洋水産

東 PRM

食料品

「マルちゃん」ブランドの即席麺で親しまれている食品会社。

創立当初は、水産物の取引および輸出と加工食品（魚肉ハム・魚肉ソーセージなど）の製造・販売が主体だったが、1962年から「マルちゃん」のブランドでインスタントラーメンの製造・販売を開

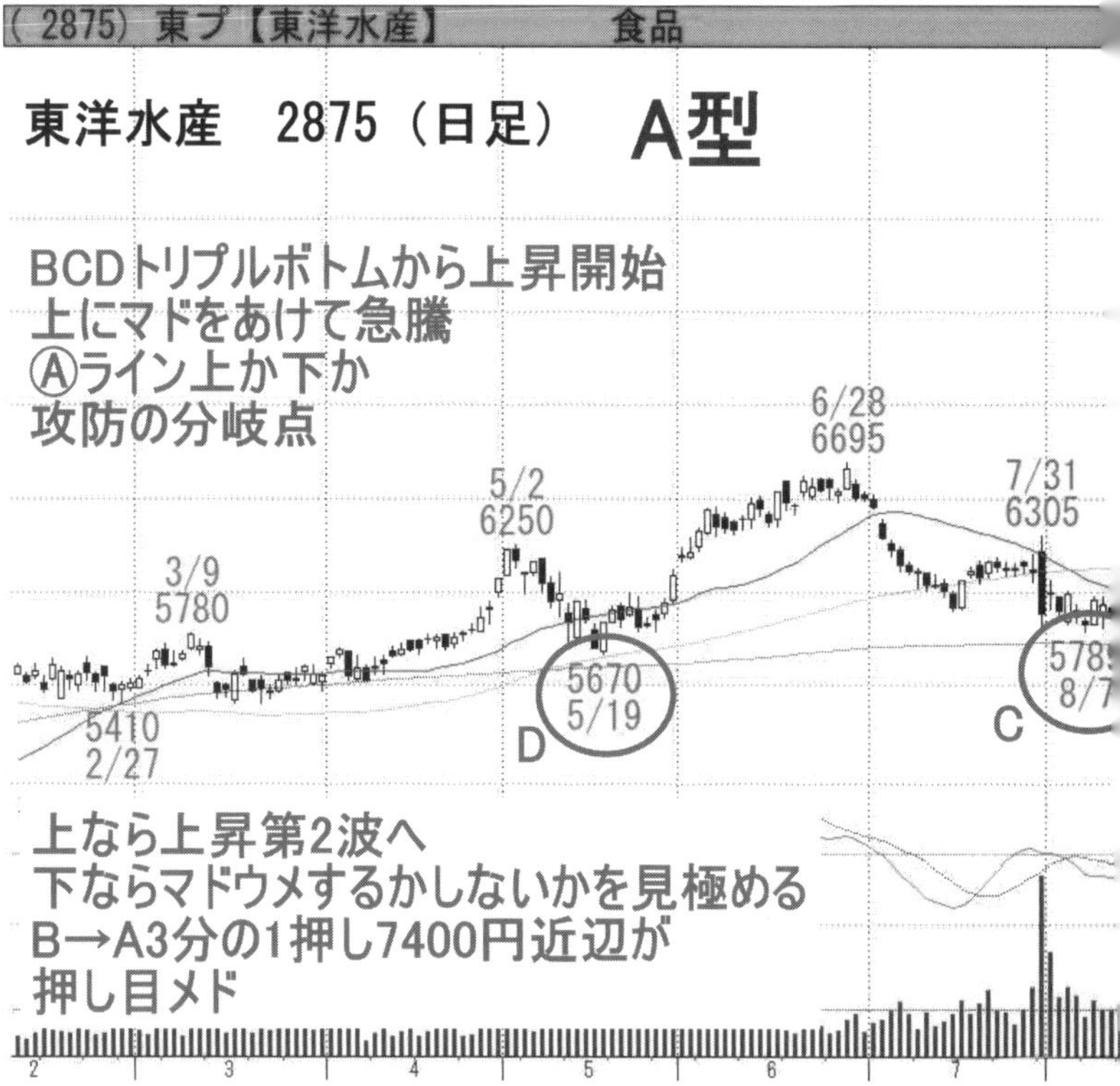
(2875) 東プ【東洋水産】　食品
東洋水産　2875（日足）　A型
BCDトリプルボトムから上昇開始
上にマドをあけて急騰
Ⓐライン上か下か
攻防の分岐点
6/28
6695
5/2
6250
7/31
6305
3/9
5780
5670
5/19
D
C
5410
2/27
上なら上昇第2波へ
下ならマドウメするかしないかを見極める
B→A3分の1押し7400円近辺が
押し目メド
2
3
4
5
6
7

始。

即席麺業界では日清食品に次いでシェア第2位にまで成長した。

1976年からアメリカ工場で製造した即席麺を北米大陸で販売を開始しており、海外でも日清食品と激しいトップシェア争いを演じている。

2011年発売の「マルちゃん正麺」は高めの価格設定にもかかわらず大ヒットしている。

株価は8000円が攻防の分岐点。

3088

マツキヨココカラ&カンパニー

東 PRM

小売業

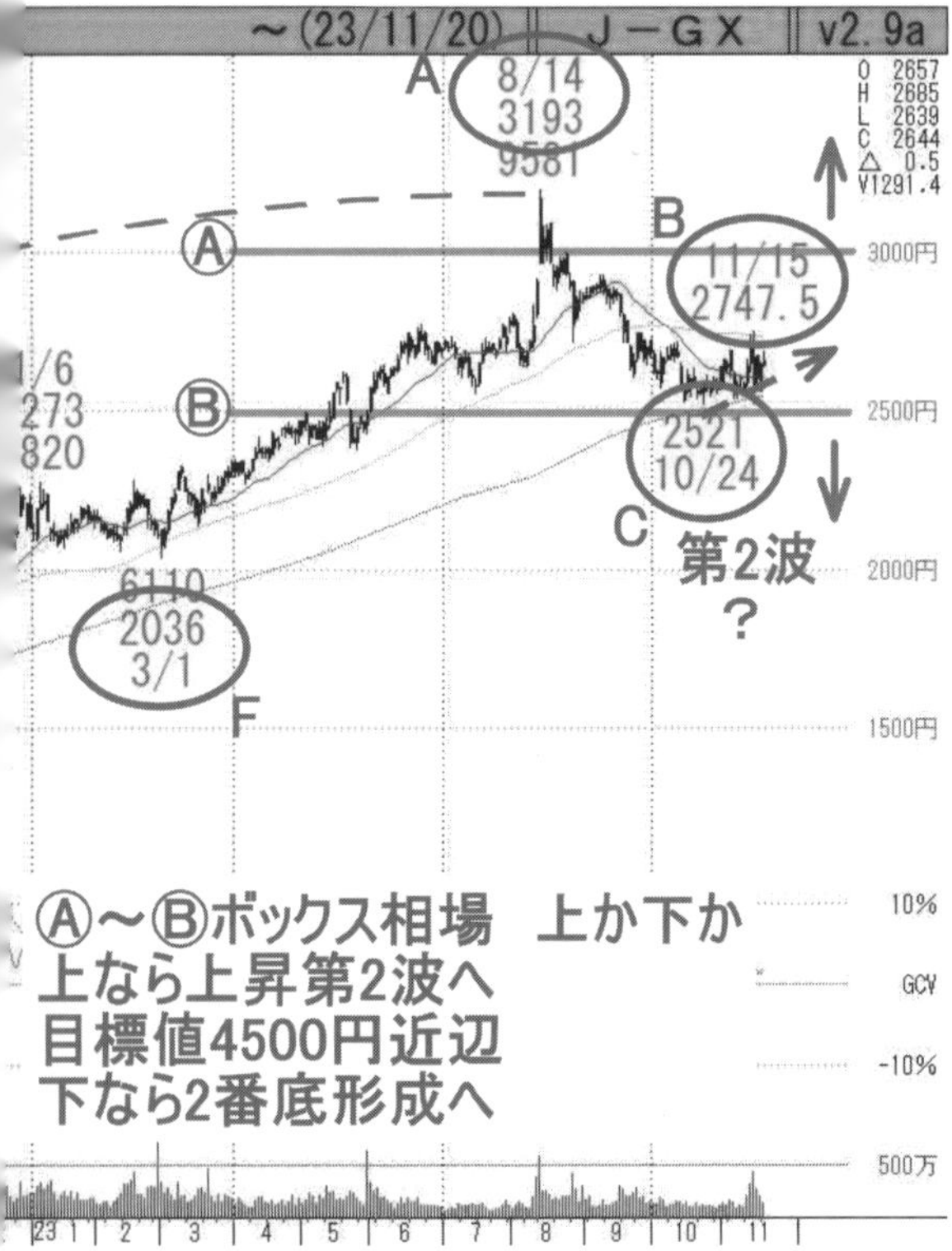
~(23/11/20)
J－GX
v2.9a
O 2657
H 2685
L 2639
C 2644
△ 0.5
V1291.4
A
8/14
3193
9581
B
11/15
2747.5
2521
10/24
C
第2波
？
6110
2036
3/1
F
Ⓐ
Ⓑ
3000円
2500円
2000円
1500円
Ⓐ～Ⓑボックス相場　上か下か
上なら上昇第2波へ
目標値4500円近辺
下なら2番底形成へ
10%
GCV
-10%
500万

ドラッグストア運営のマツモトキヨシグループとココカラファイングループを中心とする持株会社。2021年10月1日をもって、ココカラファイングループとの経営統合を完了し、株式会社マツモトキヨシホールディングスから商号変更したうえで、再度純粋持株会社へ移行した。

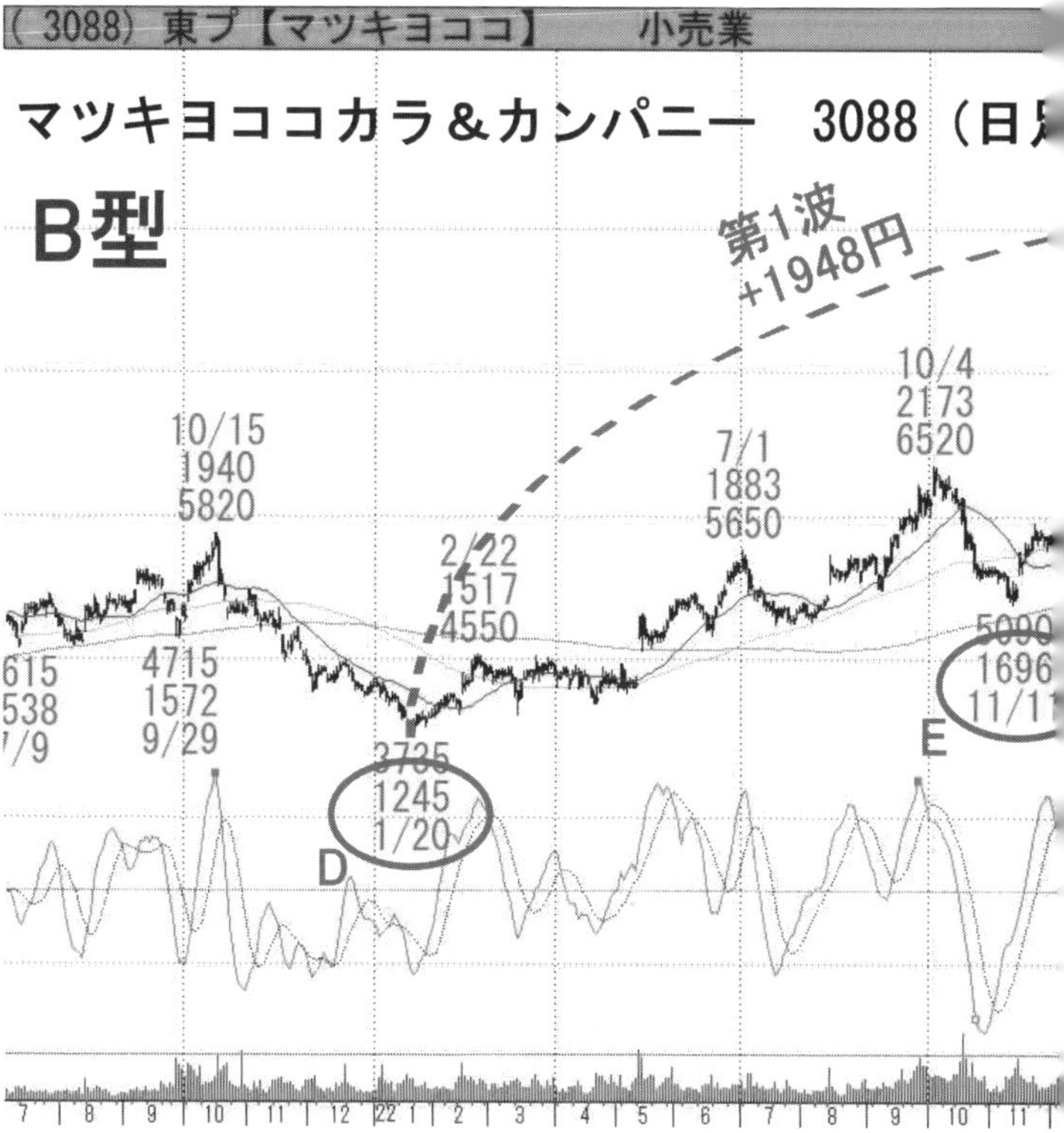
(3088) 東プ【マツキヨココ】 小売業
マツキヨココカラ&カンパニー 3088（日
B型
第1波
+1948円
10/15
1940
5820
2/22
1517
4550
7/1
1883
5650
10/4
2173
6520
615
538
/9
4715
1572
9/29
3735
1245
1/20
D
5090
1696
11/1
E
7
8
9
10
11
12
22
1
2
3
4
5
6
7
8
9
10
11

この経営統合によって全国47都道府県に3400店超の店舗網を持つ「日本最大のドラッグストアグループ」となった。

「健康」「美容」「ウエルネス」の3つを軸に、健康長寿社会を支える企業グループを目指す。

2500円~3000円のボックス相場だが、上に放れれば目標値は4500円近辺か。

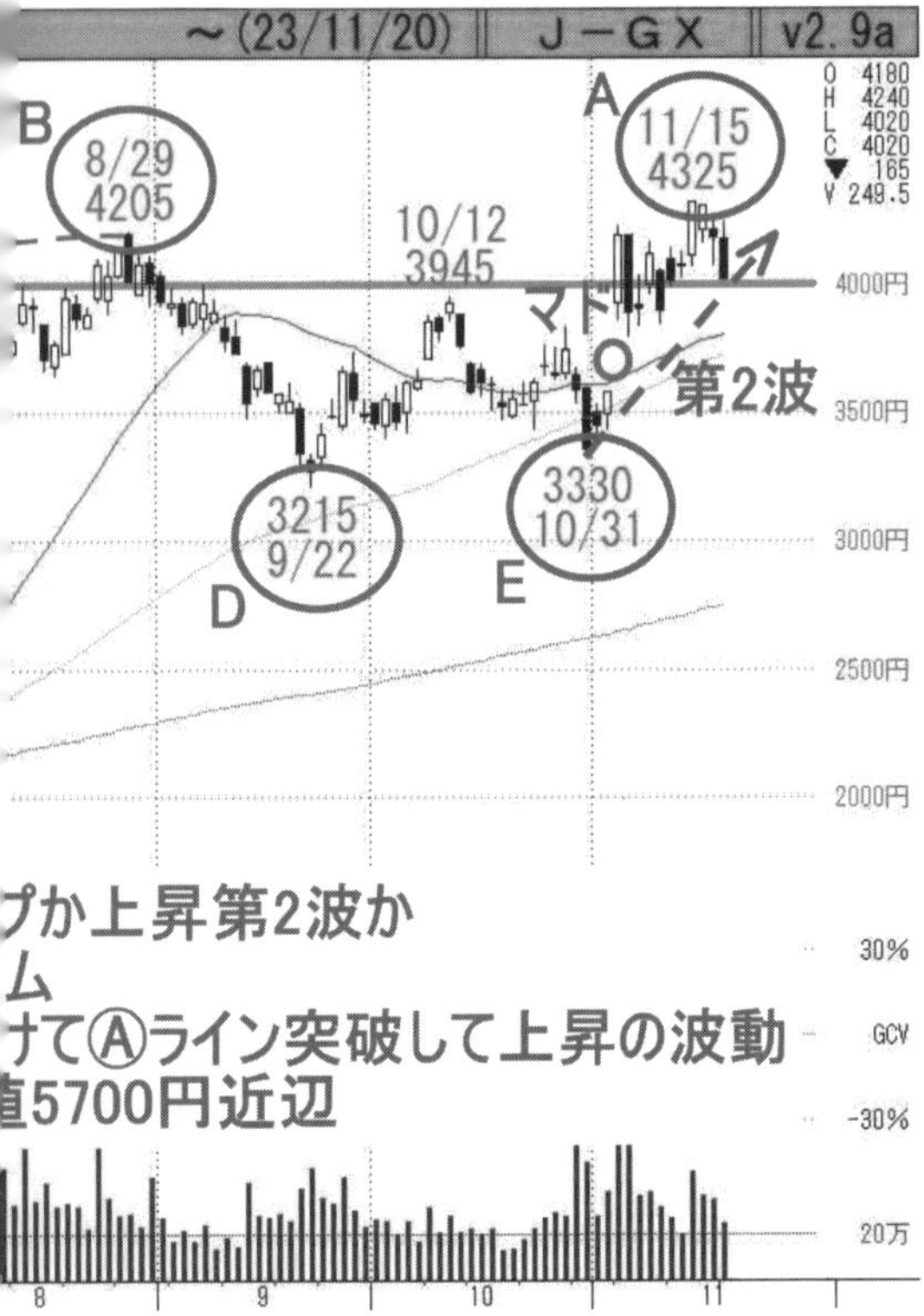
～(23/11/20)
J－GX
v2.9a
O 4180
H 4240
L 4020
C 4020
▼ 165
V 249.5
A
B
8/29
4205
11/15
4325
10/12
3945
マド
第2波
3215
9/22
D
3330
10/31
E
4000円
3500円
3000円
2500円
2000円
プか上昇第2波か
ム
ナて㋐ライン突破して上昇の波動
直5700円近辺
30%
GCV
-30%
20万
8
9
10
11

3110

日東紡

東PRM

ガラス・土石製品

日東紡績株式会社は1923年に設立されたグラスファイバーを始めとした繊維工業品や化学工業製品を主に取り扱うメーカー。

グラスファイバーの工業化をアメリカ企業と同時期に成功させ、その後もグラスウールの製造を日本で初めて開始し、世界で初めて機能性ポリ

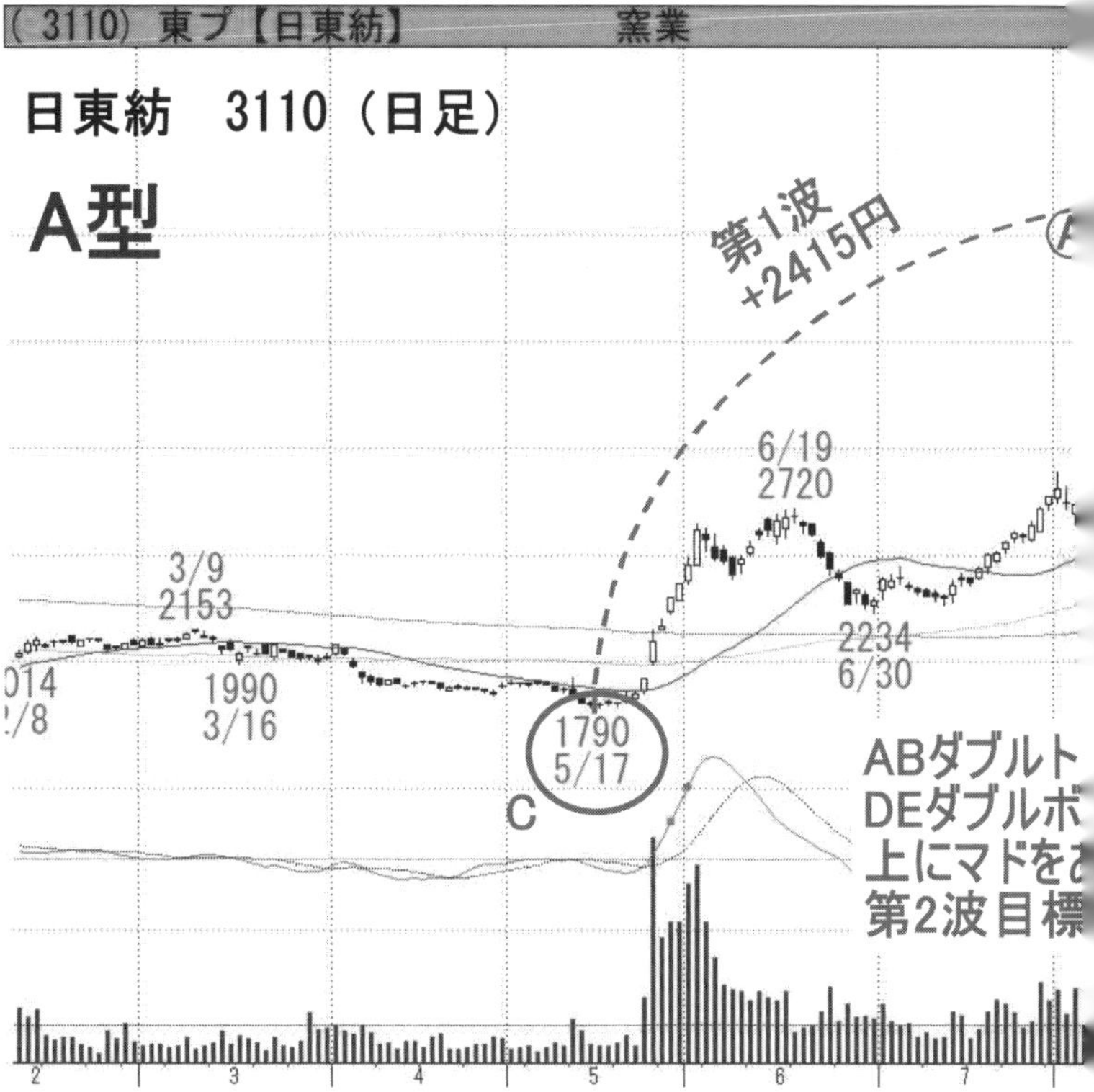
(3110) 東プ【日東紡】 窯業
日東紡 3110（日足）
A型
第1波
+2415円
6/19
2720
3/9
2153
1990
3/16
1790
5/17
C
2234
6/30
ABダブルト
DEダブルボ
上にマドをあ
第2波目標
2
3
4
5
6
7

マーであるPAAの工業化に成功。無機材料の高温溶融による繊維化の分野で高い技術力を持つ。

ガラス繊維は国内トップレベルのシェアを誇る。

主力である繊維事業の他に、メディカルやグラスファイバー、飲料向けの製品も展開している。

株価は上にマドをあけて上昇の波動。第2波の目標値は5700円近辺か。

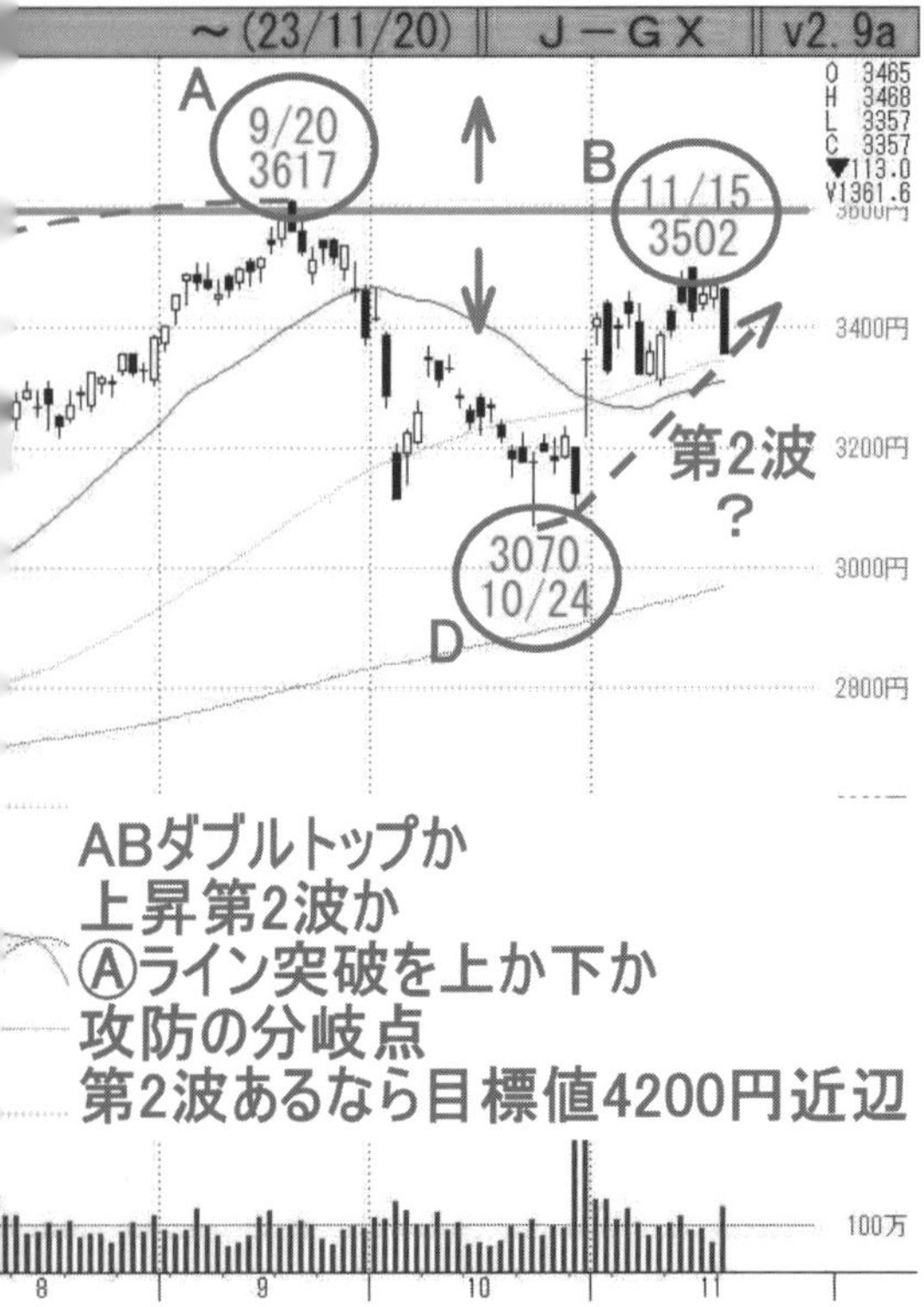
～(23/11/20) J－GX v2.9a
O 3465
H 3468
L 3357
C 3357
▼113.0
V1361.6
A
9/20
3617
B
11/15
3502
3400円
3200円
第2波
？
3070
10/24
3000円
D
2800円
ABダブルトップか
上昇第2波か
Ⓐライン突破を上か下か
攻防の分岐点
第2波あるなら目標値4200円近辺
100万
8
9
10
11

5334

日本特殊陶業

東PRM

ガラス・
土石製品

日本碍子（日本ガイシ）の事業部からスパークプラグの立ち上がりに応じて独立。商標は、スパークプラグでは日本ガイシの商標である「NGKスパークプラグ」を引き続き使用しているが、それ以外では「NTKニューセラミック」を使用。

スパークプラグ、車載用酸

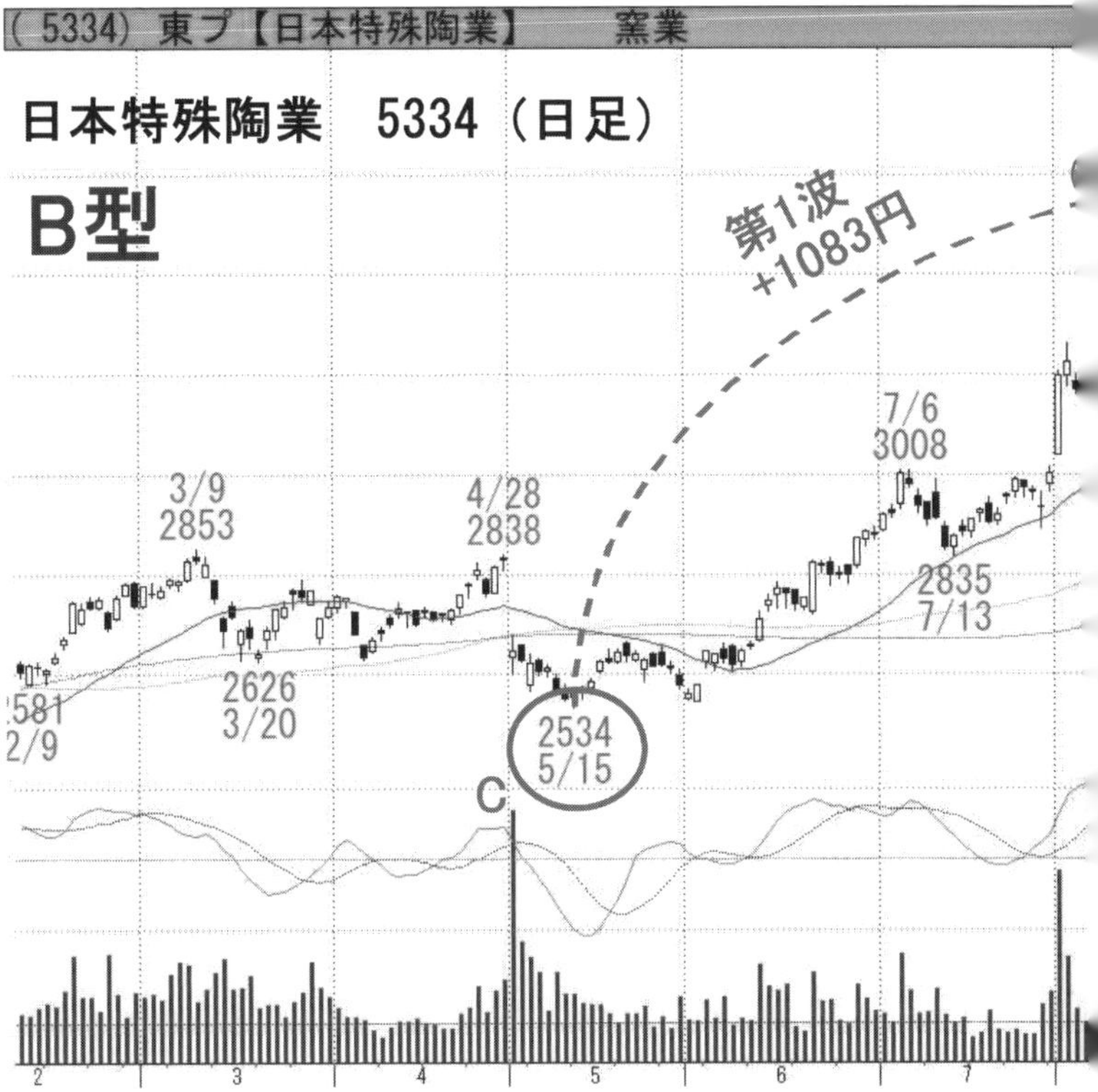
(5334) 東プ【日本特殊陶業】 窯業
日本特殊陶業 5334（日足）
B型
第1波
+1083円
7/6
3008
3/9
2853
4/28
2838
2835
7/13
2581
2/9
2626
3/20
2534
5/15
C
2
3
4
5
6
7

素センサー、超音波振動子、セラミック切削工具の世界シェアトップ。

主力製品であるスパークプラグは、世界のほぼ全ての自動車メーカーに採用されており、Ｆ１等のモータースポーツでも、多くのチームに採用されている。

株価は5月15日から9月20日までの上昇第1波で１０８3円上げた。第2波あるなら目標値は４２００円近辺か。

5901

東洋製罐グループホールディングス

東PRM

金属製品

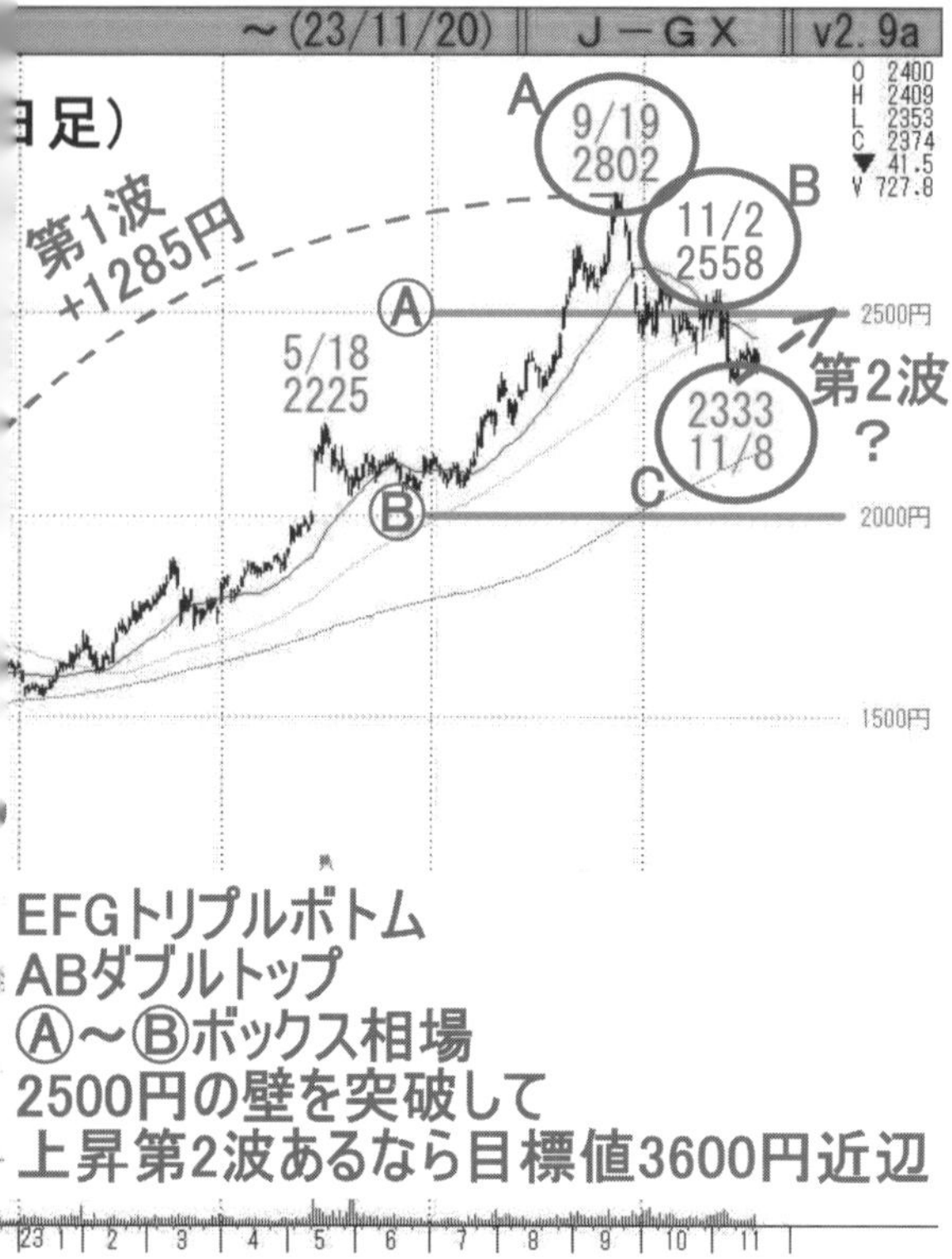
~(23/11/20)
J－GX
v2.9a
日足)
O 2400
H 2409
L 2353
C 2374
▼ 41.5
V 727.8
第1波
+1285円
A
9/19
2802
B
11/2
2558
Ⓐ
2500円
5/18
2225
第2波
？
2333
11/8
Ⓑ
C
2000円
1500円
EFGトリプルボトム
ABダブルトップ
Ⓐ～Ⓑボックス相場
2500円の壁を突破して
上昇第2波あるなら目標値3600円近辺
23 1 2 3 4 5 6 7 8 9 10 11

包装容器で首位の金属製品メーカー東洋製罐などを傘下に持つ持株会社。2013年に東洋製罐株式会社が持株会社に移行し、商号変更した。(新)東洋製罐株式会社は、東洋製罐グループの中核事業会社であり、日本最大手の金属製品メーカー。

世界でも有数の飲料容器メ

（5901）東プ【東洋製罐ＧＨＤ】　非鉄金属製品

東洋製罐グループホールディングス　5901

C型

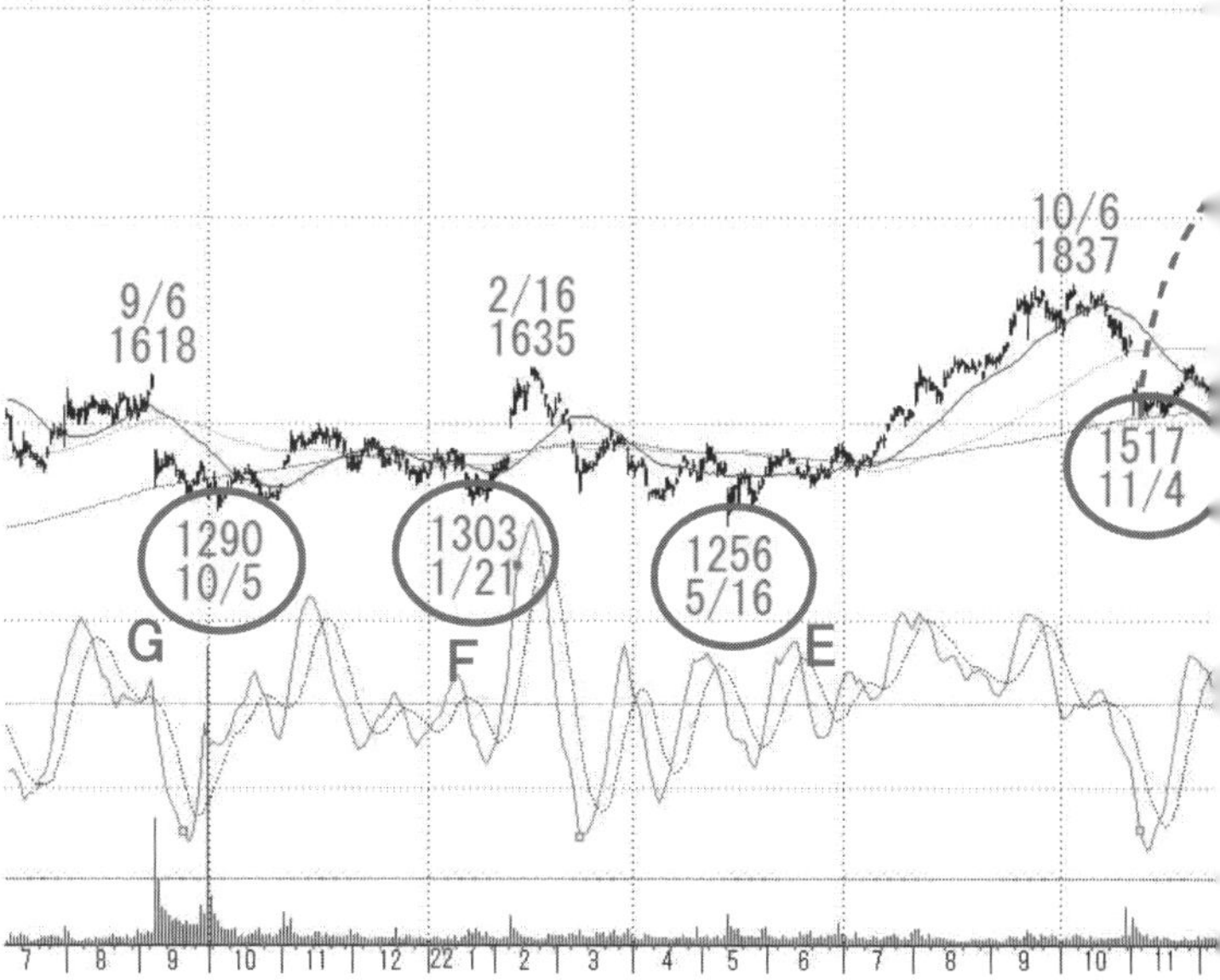

ーカーとして知られ、「包みのテクノロジー」を基軸として、環境にやさしい生活文化の発展を目指してペットボトル・缶・プラスチック・金属の包装容器などを製造。日本初の自動製缶設備による製缶を開始した。

上昇第1波で1285円上げた後で、2000円〜2500円のボックス相場入り。上昇第2波あるなら目標値は3600円。

6486
イーグル工業

東 PRM

機械

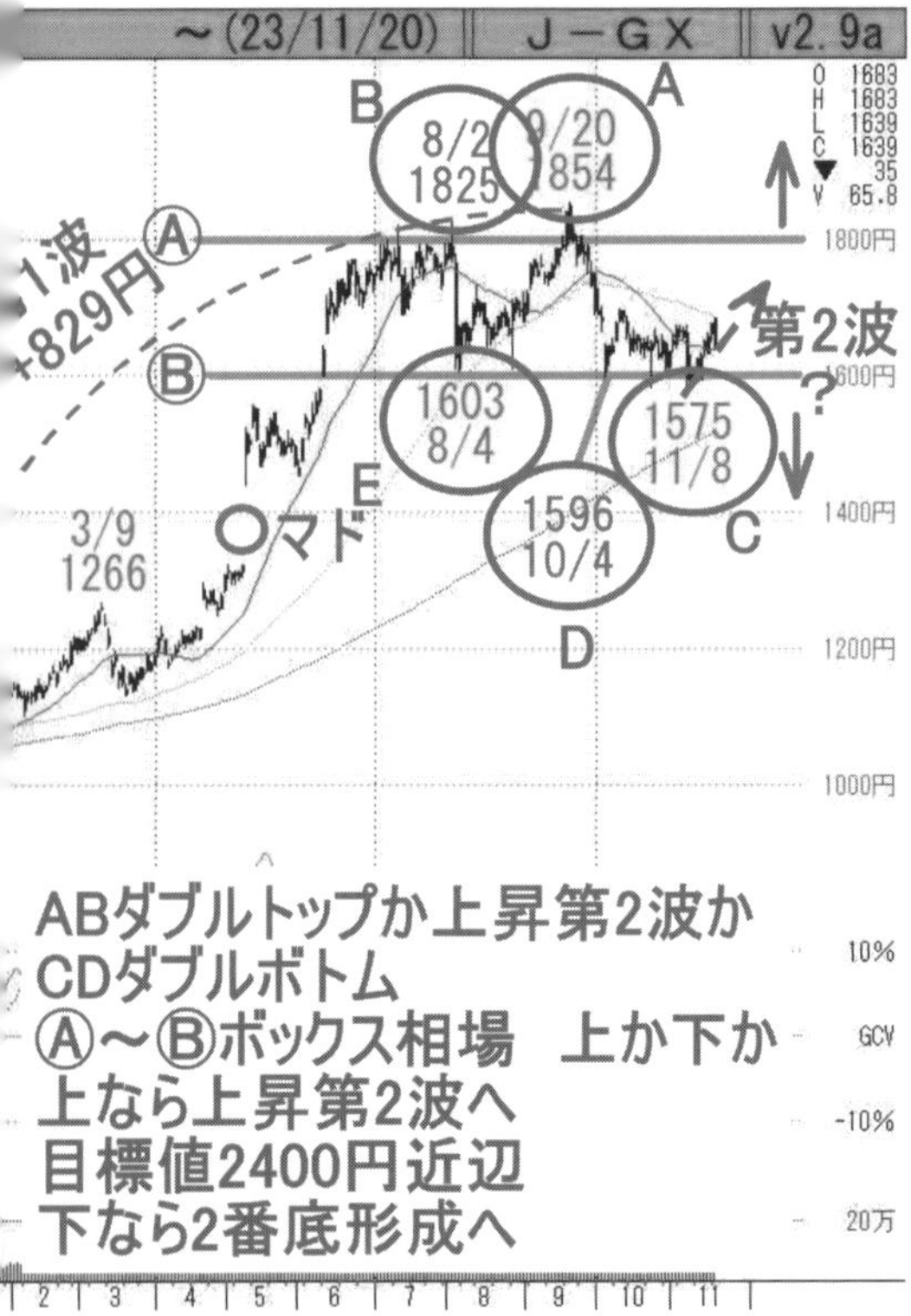
~(23/11/20)
J－GX
v2.9a
O 1683
H 1683
L 1639
C 1639
▼ 35
V 65.8
B
8/2
1825
A
9/20
1854
第1波
+829円
Ⓐ
Ⓑ
第2波
?
1603
8/4
1575
11/8
1596
10/4
E
C
D
3/9
1266
○マド
1800円
1600円
1400円
1200円
1000円
ABダブルトップか上昇第2波か
CDダブルボトム
Ⓐ～Ⓑボックス相場　上か下か
上なら上昇第2波へ
目標値2400円近辺
下なら2番底形成へ
10%
GCV
-10%
20万
2
3
4
5
6
7
8
9
10
11

ポンプやコンプレッサーなどの回転機構の動力を伝える軸部分（シャフト）に設置されるパッキン部品の一種であるメカニカルシールの総合メーカー。略称はＥＫＫ。

回転機器内部の液体の漏れを防ぐのがメカニカルシールの重要な機能だが、トルク低減と高密封性の両立は不可能

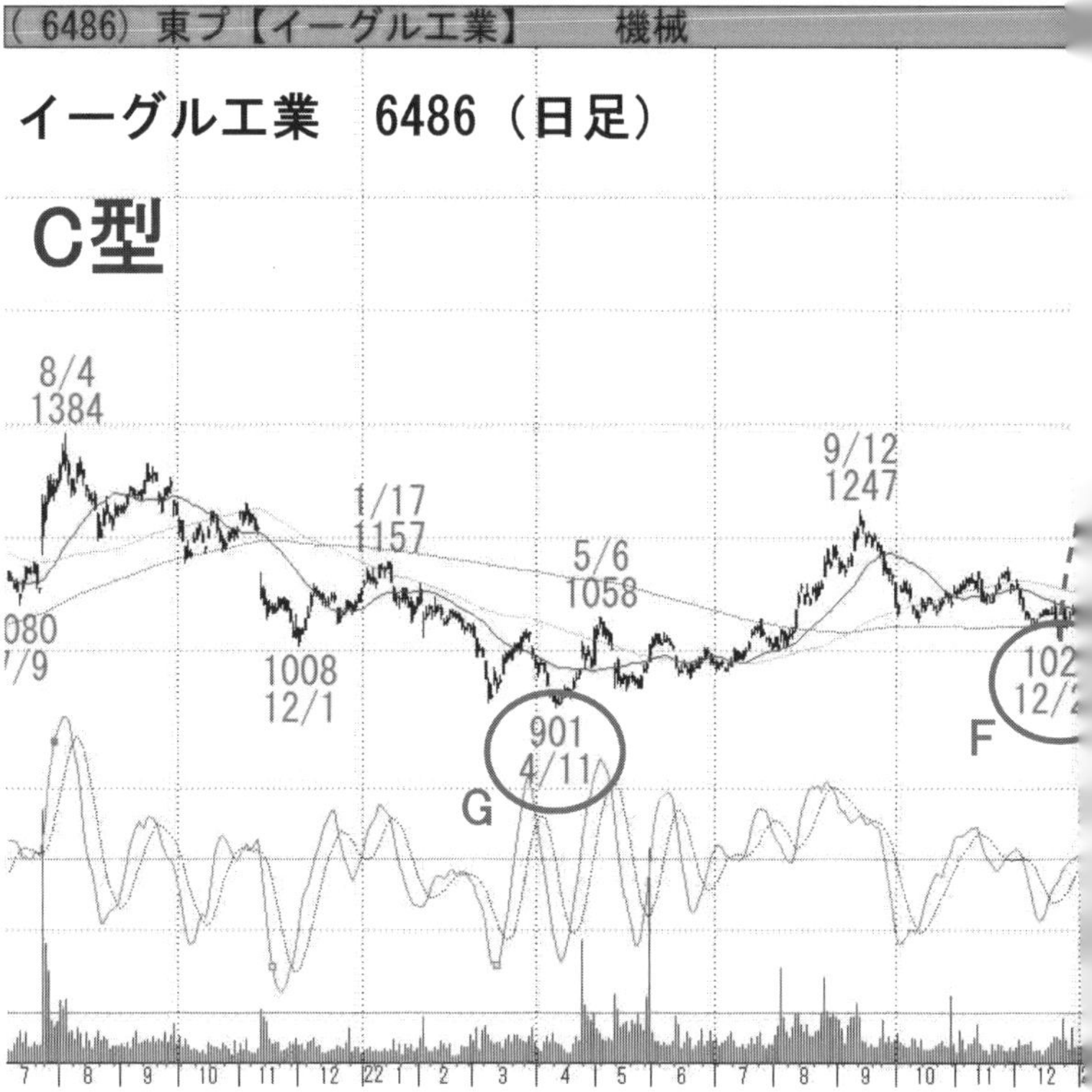
(6486) 東プ【イーグル工業】 機械
イーグル工業 6486（日足）
C型
8/4
1384
1/17
1157
9/12
1247
5/6
1058
080
/9
1008
12/1
901
4/11
G
F
102
12/
7 8 9 10 11 12 22 1 2 3 4 5 6 7 8 9 10 11 12

というのがこれまでの常識だった。

ＥＫＫは表面テクスチャリング技術を開発して世界で初めて、この常識を覆した。

世界中の自動車、船舶、ロケット・航空機、各産業で、その技術と製品が利用されている。

自動車向けの同製品では首位。

他にコントロールバルブなど特殊バルブの製造・販売も手掛ける。

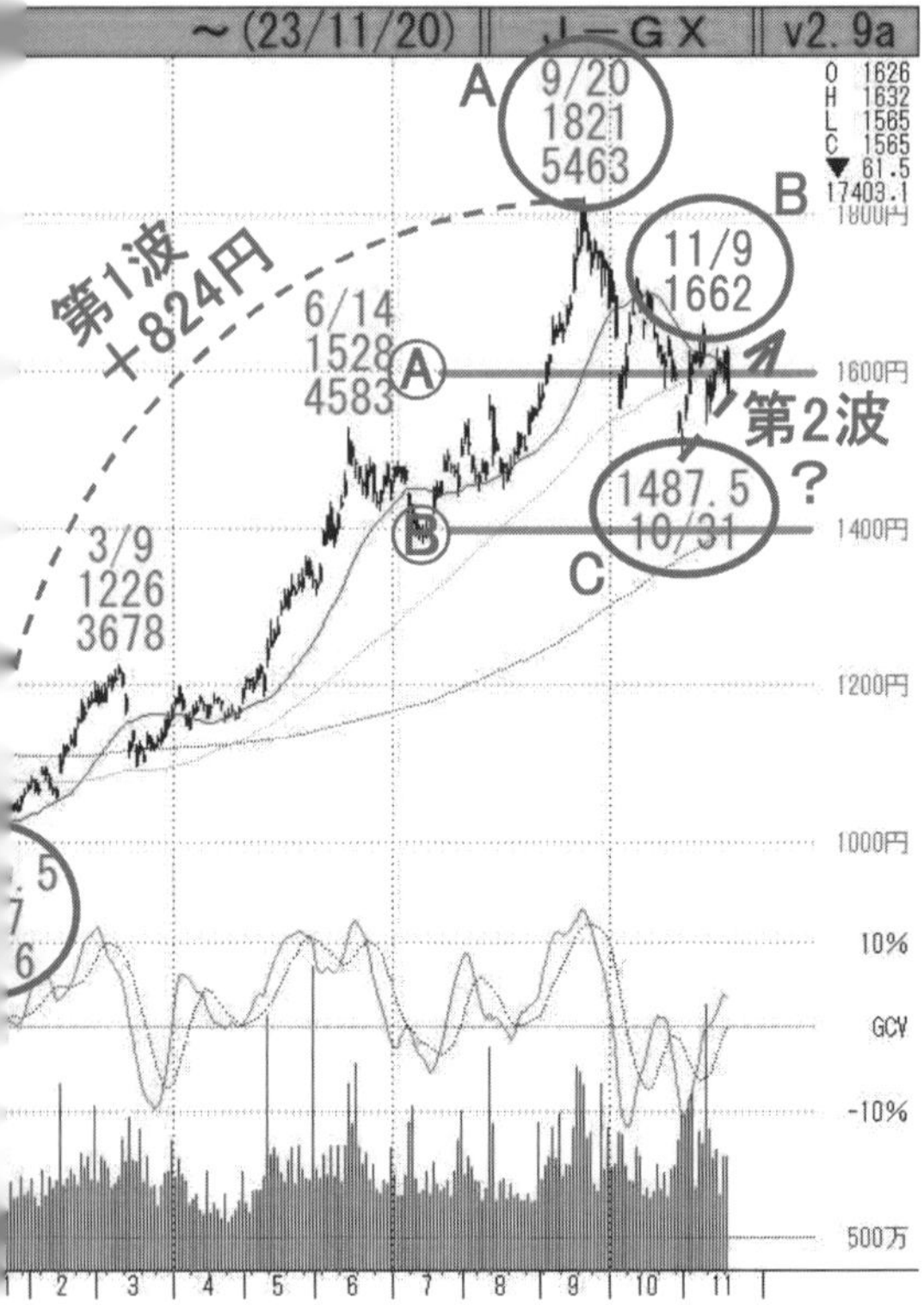
〜(23/11/20)
J−GX
v2.9a
A
9/20
1821
5463
B
11/9
1662
第1波
＋824円
6/14
1528
4583
第2波
?
1487.5
10/31
C
3/9
1226
3678
1800円
1600円
1400円
1200円
1000円
10%
GC¥
-10%
500万

7267

ホンダ

東PRM

輸送用機器

カリスマ経営者の本田宗一郎が1946年に創業。オートバイ、自動車およびライフクリエーション事業（汎用製品：耕耘《こううん》機・芝刈機・除雪機・発電機・船外機）が主要事業。

新規事業として小型ジェット機のホンダジェットを開発販売し、ベストセラーとなっている。ホンダジェットに使

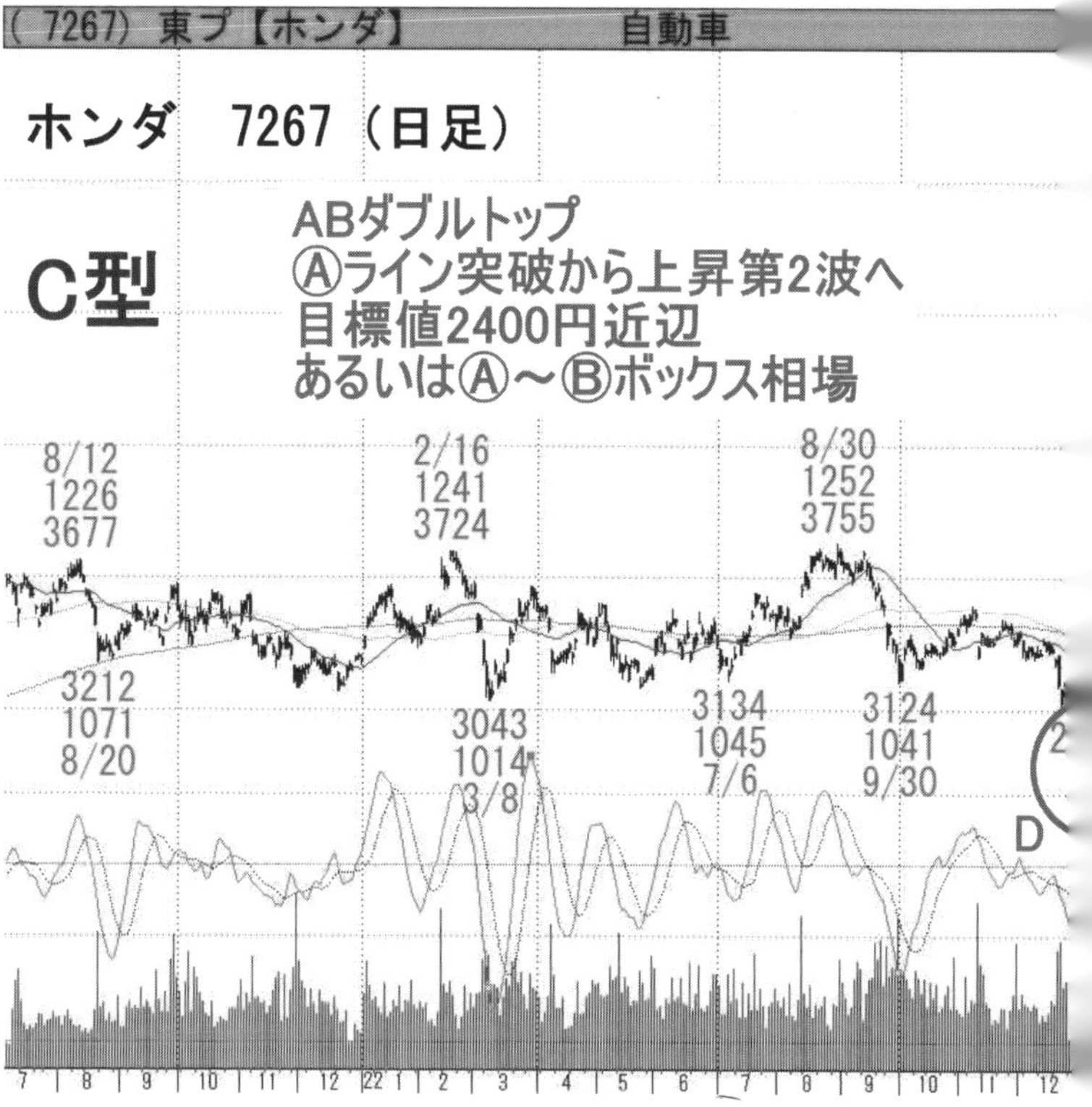
(7267) 東プ【ホンダ】 自動車
ホンダ 7267（日足）
C型
ABダブルトップ
Ⓐライン突破から上昇第2波へ
目標値2400円近辺
あるいはⒶ～Ⓑボックス相場
8/12 1226 3677
2/16 1241 3724
8/30 1252 3755
3212 1071 8/20
3043 1014 3/8
3134 1045 7/6
3124 1041 9/30
D
7 8 9 10 11 12 22 1 2 3 4 5 6 7 8 9 10 11 12

用するターボファン・エンジンもGEと共同で開発した。

また、二足歩行ロボット「ASIMO」に代表される各種ロボティクス機器の研究開発、風力発電施設による売電事業なども展開。

トヨタ同様、EVの開発では出遅れたが、1970年代にアメリカでマスキー法が成立し、CVCCエンジンを開発して厳しい環境規制をクリアするなどその技術力には定評がある。

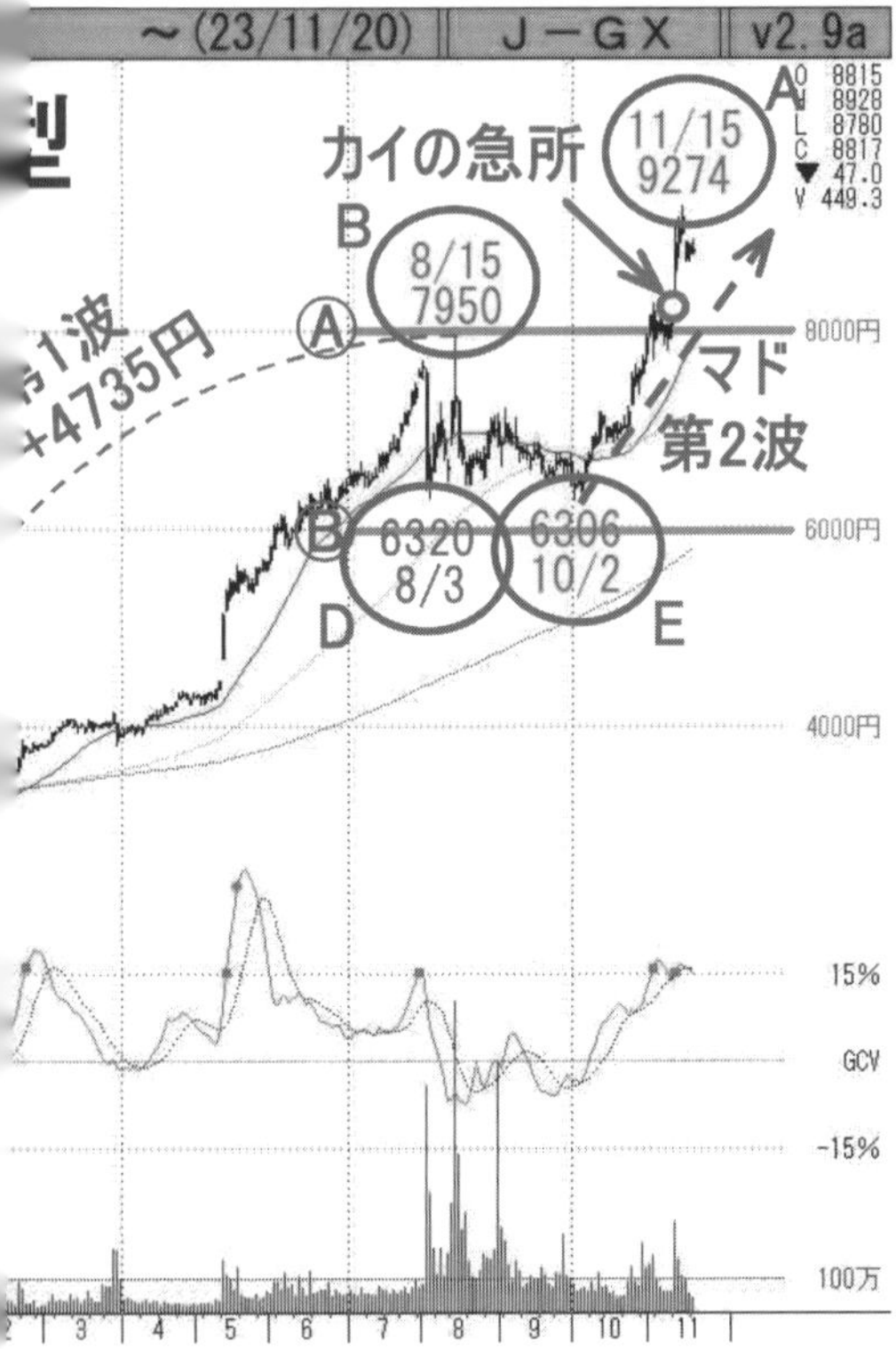
～(23/11/20)
J－GX
v2.9a
O 8815
H 8928
L 8780
C 8817
▼ 47.0
V 449.3
A
11/15
9274
カイの急所
B
8/15
7950
Ⓐ
1波
+4735円
8000円
マド
第2波
Ⓑ
6320
8/3
6306
10/2
6000円
D
E
4000円
15%
GCV
-15%
100万
3
4
5
6
7
8
9
10
11

7550

ゼンショーホールディングス

東 PRM

小売業

「すき家」をはじめとする外食チェーンやスーパーマーケット等を傘下に持つ持株会社。ゼンショーの売上は5950億円（2021年10月）で、日本の外食産業ダントツトップ。

経営理念である「世界中の人々に安全でおいしい食を手軽な価格で提供する」を具現

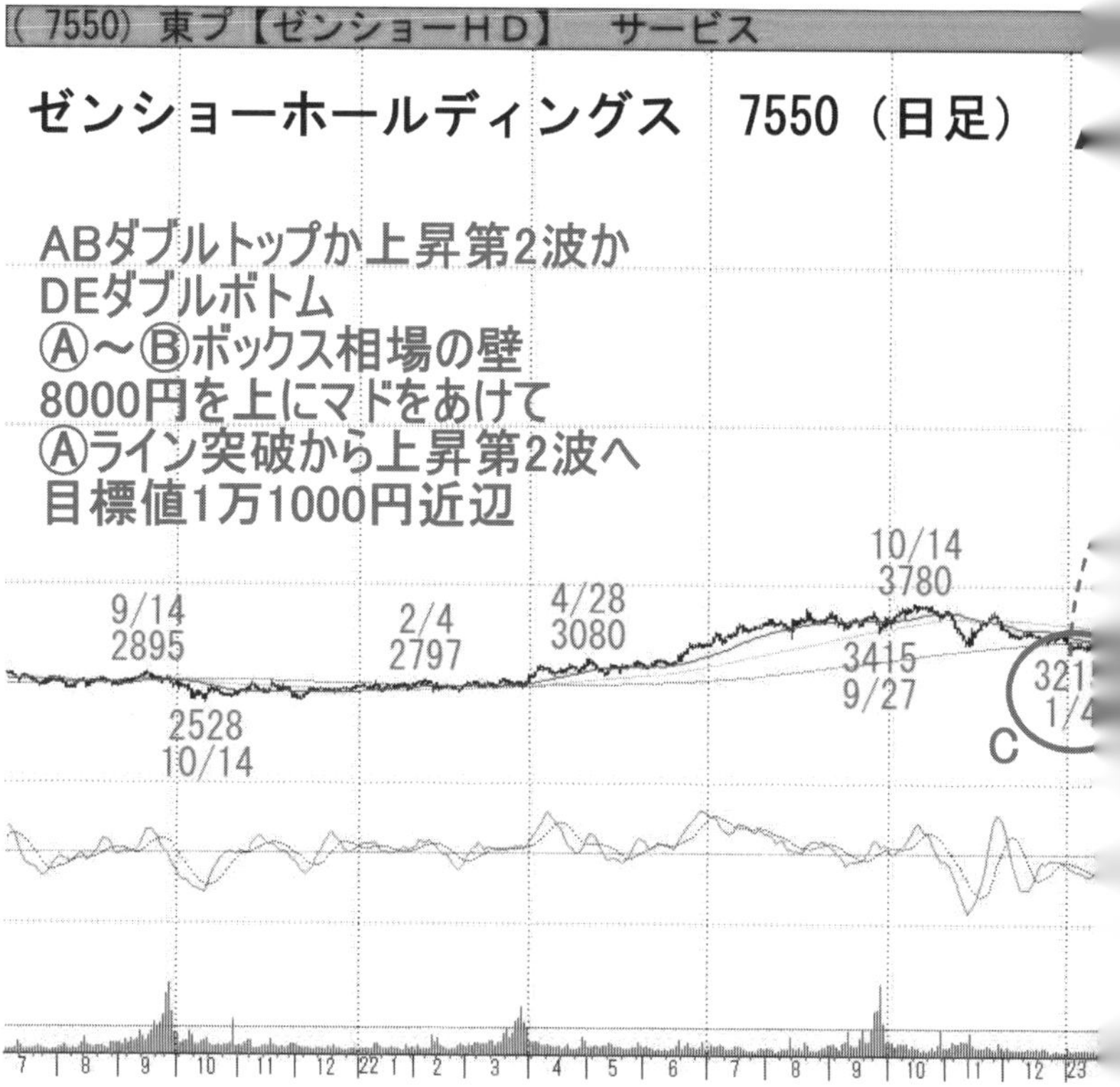
（7550）東プ【ゼンショーＨＤ】　サービス
ゼンショーホールディングス　7550（日足）
ABダブルトップか上昇第2波か
DEダブルボトム
Ⓐ～Ⓑボックス相場の壁
8000円を上にマドをあけて
Ⓐライン突破から上昇第2波へ
目標値1万1000円近辺
9/14
2895
2528
10/14
2/4
2797
4/28
3080
10/14
3780
3415
9/27
C

化するために原材料の調達から製造・加工、物流、店舗での販売までを、一貫して企画・設計、運営するゼンショー独自のマス・マーチャンダイジング・システム（ＭＭＤ）を開発。

Ｍ＆Ａによる事業展開に積極的で、各ジャンルの外食チェーンを次々と買収し傘下に収めている。海外事業にも積極的で「すき家」を中国やタイなど8カ国と地域で展開している。

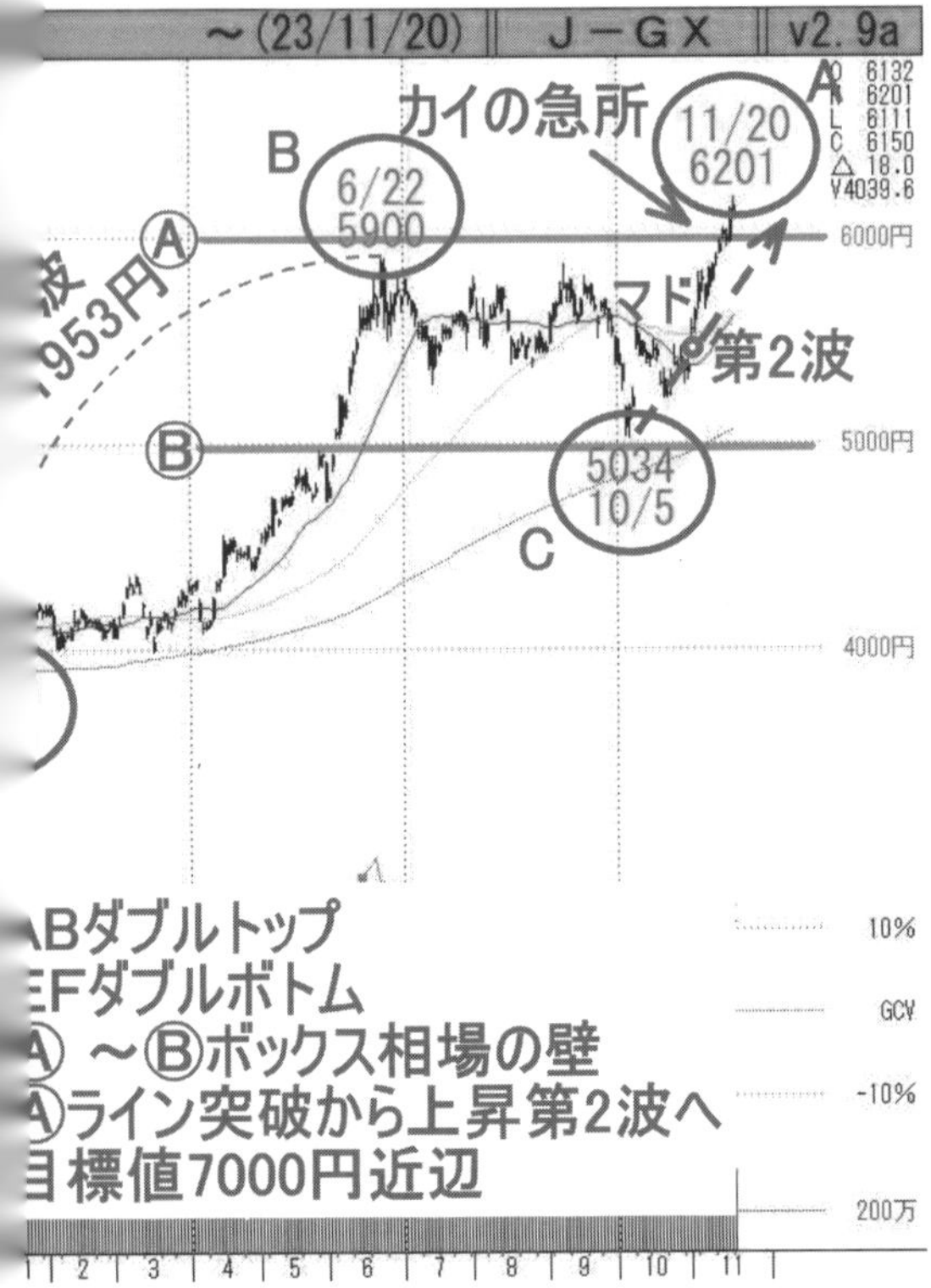
～(23/11/20)
J－GX
v2.9a
O 6132
H 6201
L 6111
C 6150
△ 18.0
V4039.6
カイの急所
A
11/20
6201
B
6/22
5900
Ⓐ
6000円
波
953円
マド
第2波
Ⓑ
5000円
5034
10/5
C
4000円
ABダブルトップ
EFダブルボトム
Ⓐ ～Ⓑボックス相場の壁
Ⓐライン突破から上昇第2波へ
目標値7000円近辺
10%
GCV
-10%
200万

8001

伊藤忠商事

東 PRM

卸売業

世界61カ国に約90カ所の事業拠点を持ち、5大商社のなかでもトップを争う大手総合商社。

戦前は多数の紡織会社を傘下に持つ伊藤忠財閥の中核企業であり、かつては世界最大の繊維商社であった。

現在は祖業である繊維のほかに、食料や生活資材、情報

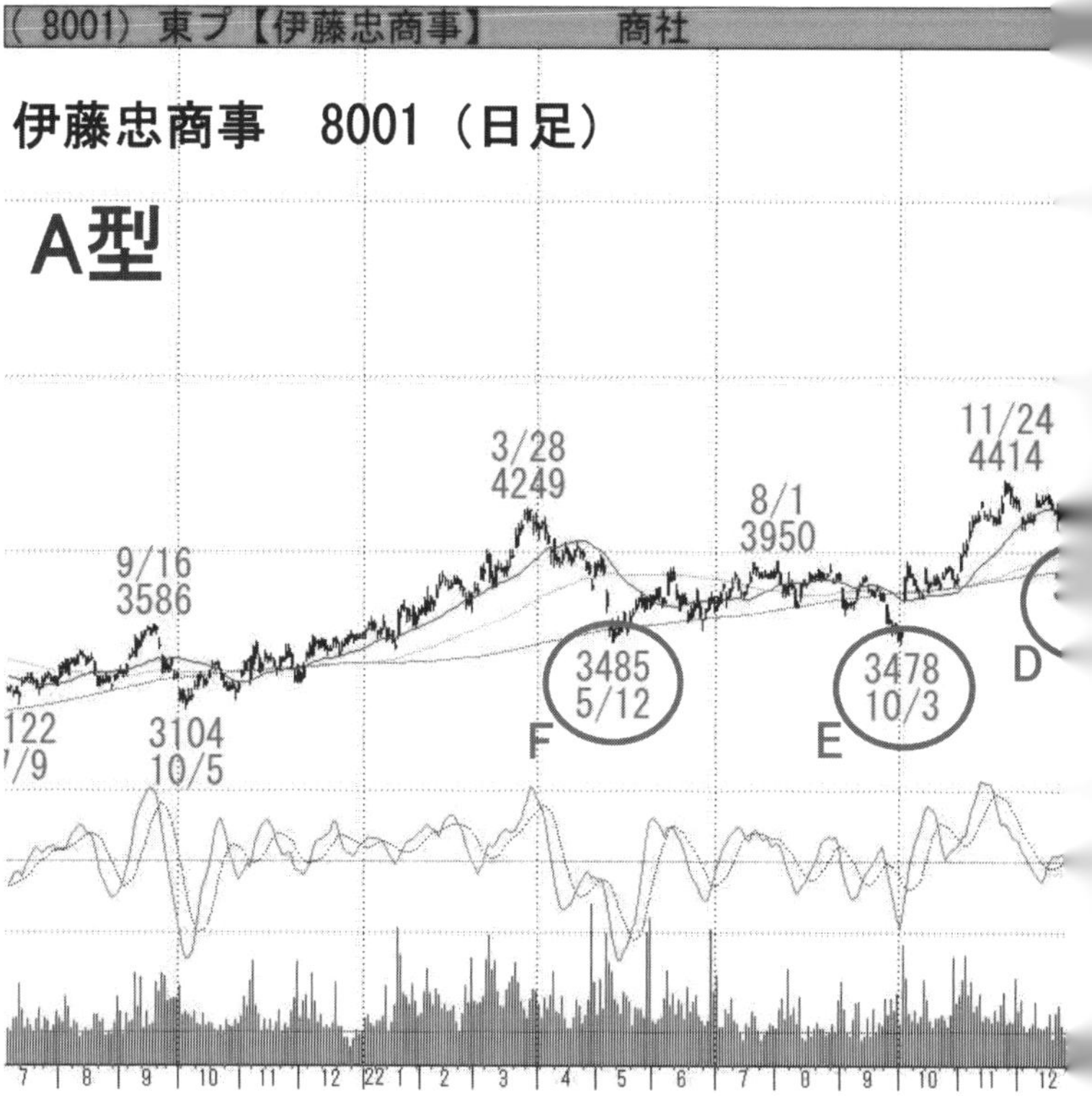
(8001) 東プ【伊藤忠商事】 商社
伊藤忠商事 8001（日足）
A型
11/24
4414
3/28
4249
8/1
3950
9/16
3586
3485
5/12
3478
10/3
D
F
E
3104
10/5
7 8 9 10 11 12 22 1 2 3 4 5 6 7 8 9 10 11 12

通信、保険、金融といった非資源分野全般にわたって強みを発揮している。

コンビニ大手であるファミリーマートの親会社としても有名。

2022年度の連結純利益は2021年度の史上最高益8203億円に続き、2年連続8000億円の大台に乗る、8005億円。

2023年度も8000億円超えを目指す。2023年度も1株当たり160円の増配を予定。

8015

豊田通商

東 PRM

卸売業

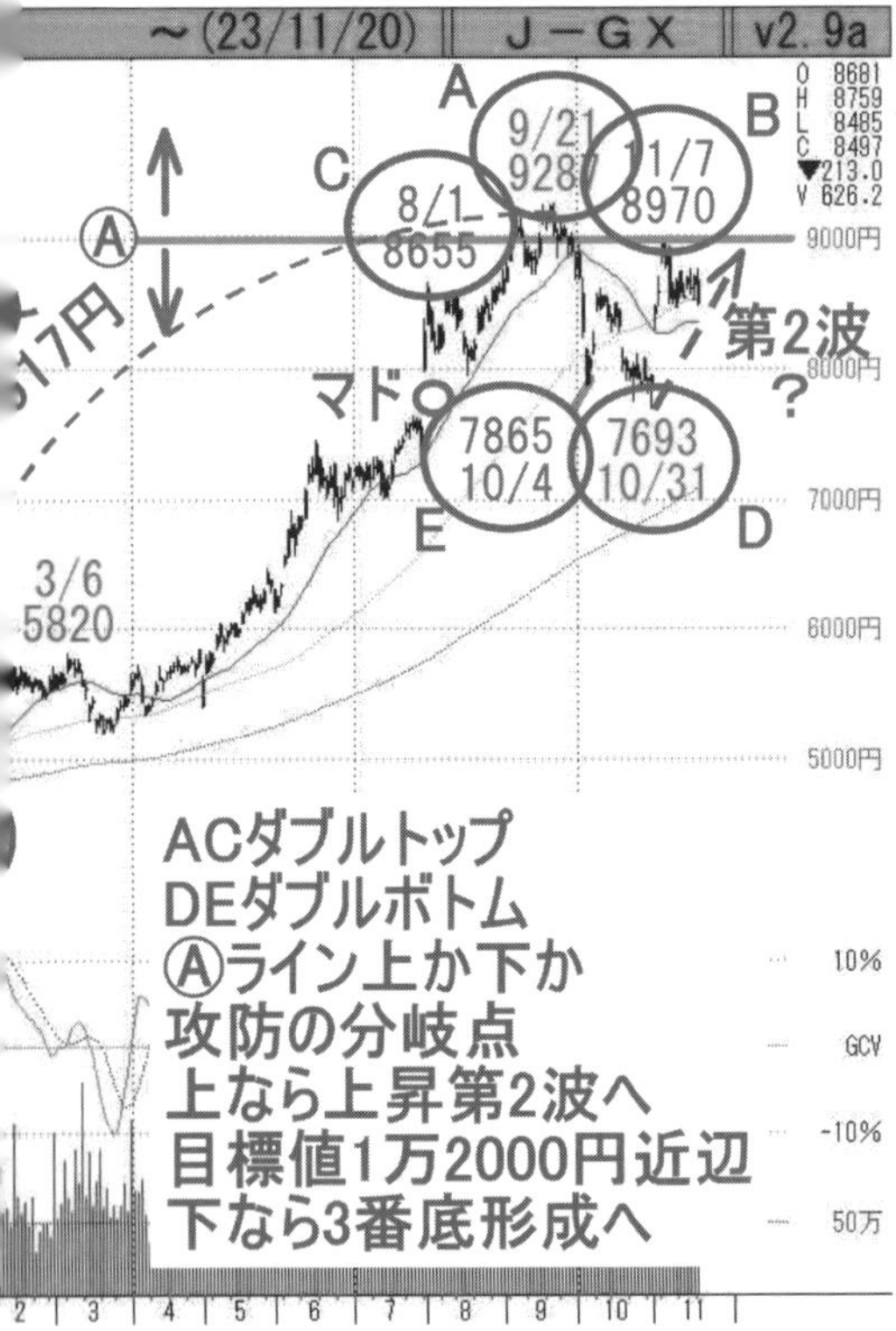

〜(23/11/20)
J－GX
v2.9a
O 8681
H 8759
L 8485
C 8497
▼213.0
V 626.2
A
B
C
9/21
11/7
8970
8/1
8655
Ⓐ
9000円
第2波
8000円
マド
?
7865
10/4
7693
10/31
7000円
E
D
3/6
5820
6000円
5000円
ACダブルトップ
DEダブルボトム
Ⓐライン上か下か
攻防の分岐点
上なら上昇第2波へ
目標値1万2000円近辺
下なら3番底形成へ
10%
GCV
-10%
50万
2
3
4
5
6
7
8
9
10
11

トヨタグループの大手総合商社。

その生い立ちもあり、長い間「トヨタグループ」の商品調達部門というポジションを脱しきれなかったが、2006年のトーメンとの合併によって、これまでの商材であった自動車、金属、機械に限らず、トーメンの保持していた

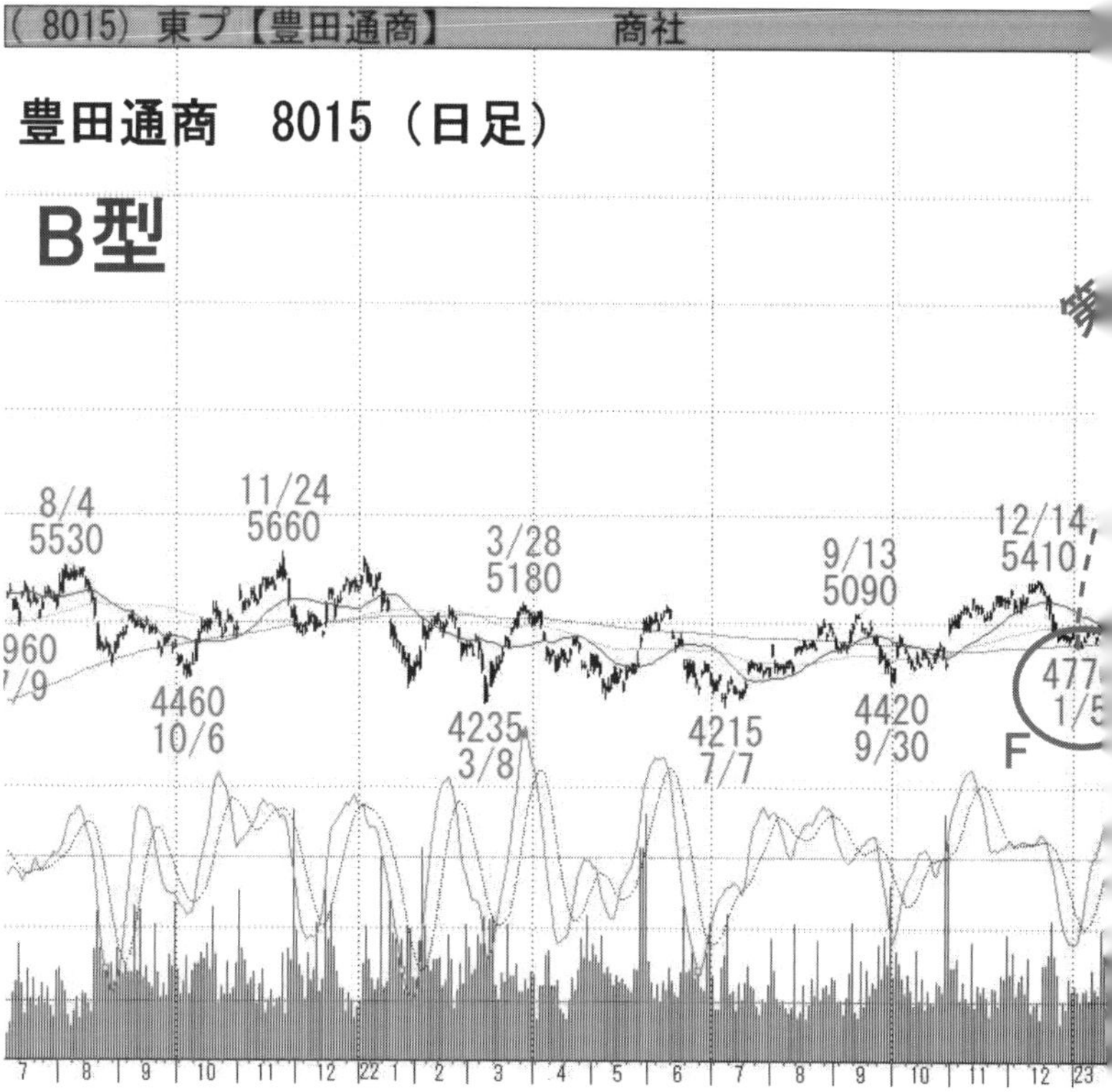

石油、プラントから食品、保険などの多様な分野の権益が加わり、トヨタグループの後ろ盾も得て、名実ともに「大手総合商社」の地位を確立した。

２０２４年3月期通期の年間配当は２０４円を予定。前期を２円上回る。

株価は４５１７円上げた上昇第１波のあとやや下げているが、攻防の分岐点である９０００円を超えれば上昇第２波か。

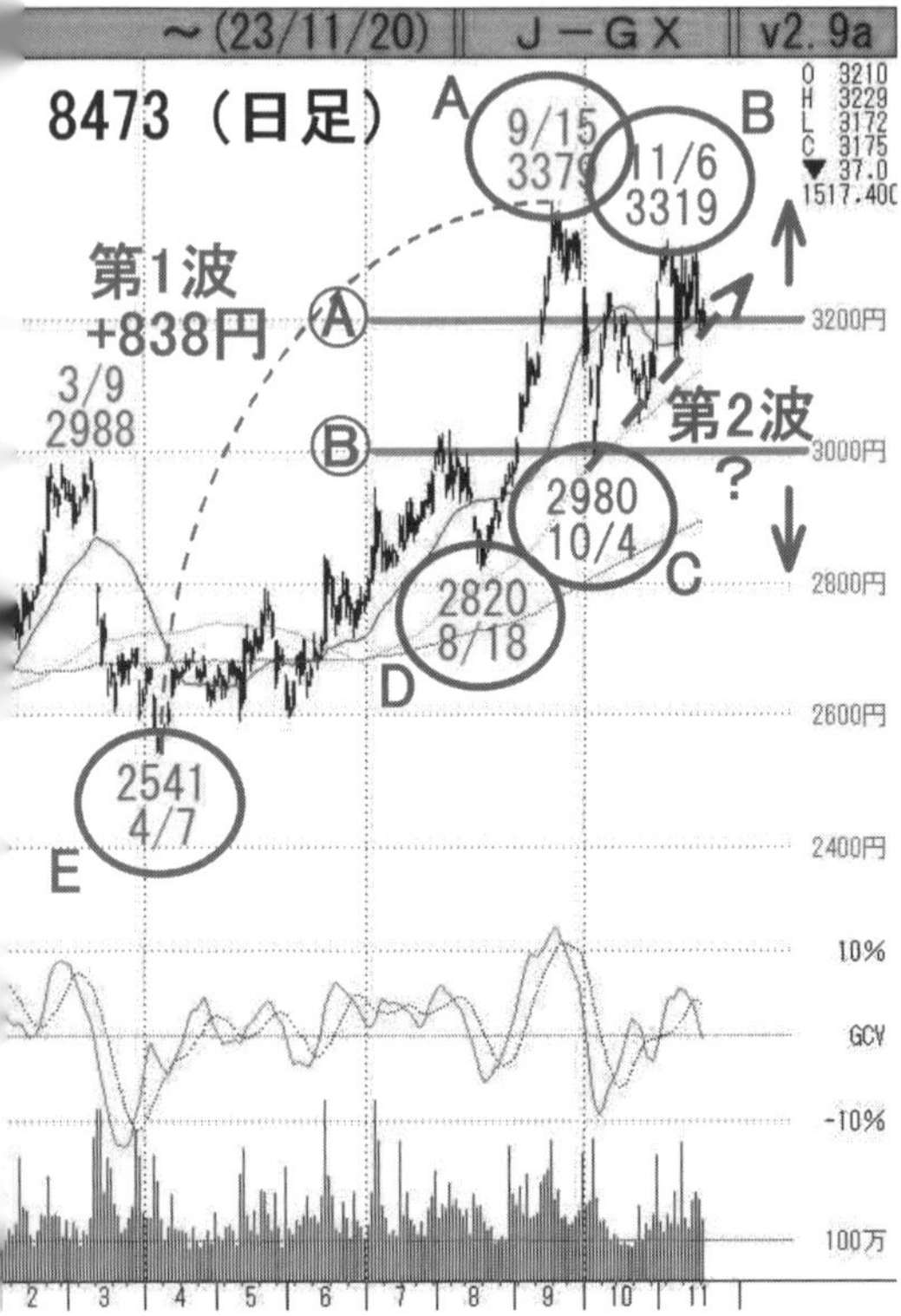
~(23/11/20) | J－GX | v2.9a
8473（日足）
A
B
C
D
E
9/15
3379
11/6
3319
O 3210
H 3229
L 3172
C 3175
▼ 37.0
1517.400
第1波
+838円
3/9
2988
Ⓐ
Ⓑ
第2波
?
2980
10/4
2820
8/18
2541
4/7
3200円
3000円
2800円
2600円
2400円
10%
GCV
-10%
100万
2
3
4
5
6
7
8
9
10
11

8473

SBIホールディングス

東 PRM

証券業

ネット証券最大手のSBI証券と日本長期信用銀行の流れを汲むSBI新生銀行、日本最大のベンチャーキャピタルであるSBIインベストメントを中心に、多数の事業子会社を傘下に抱える金融コングロマリットである「SBIグループ」を形成している持株会社。

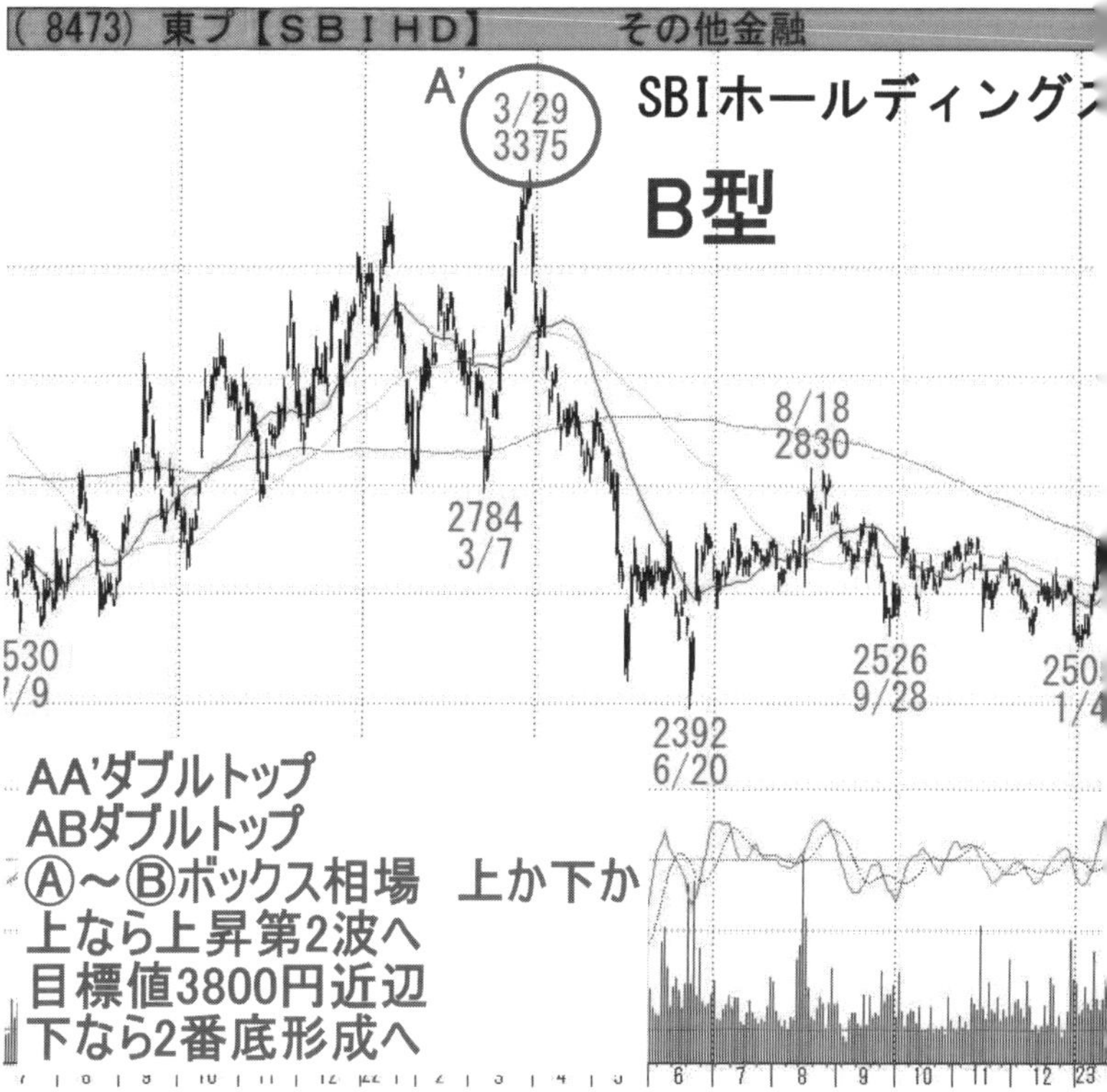
(8473) 東プ【ＳＢＩＨＤ】 その他金融
SBIホールディングス
B型
A'
3/29
3375
8/18
2830
2784
3/7
530
/9
2526
9/28
250
1/4
2392
6/20
AA'ダブルトップ
ABダブルトップ
Ⓐ～Ⓑボックス相場 上か下か
上なら上昇第2波へ
目標値3800円近辺
下なら2番底形成へ

地方銀行との提携を積極的に推し進め、「第4のメガバンク」を目指し積極的な拡大路線を採っている。

ネット銀行や私設取引システム運営、ブロックチェーンなど新しい領域での事業開発に強みがある。

株価は上昇第1波で838円上げたあと、3000円～3200円のボックス相場入り。上昇第2波があれば目標値は3800円近辺が期待できるか。

9090

AZ-COM丸和ホールディングス

東PRM

陸運業

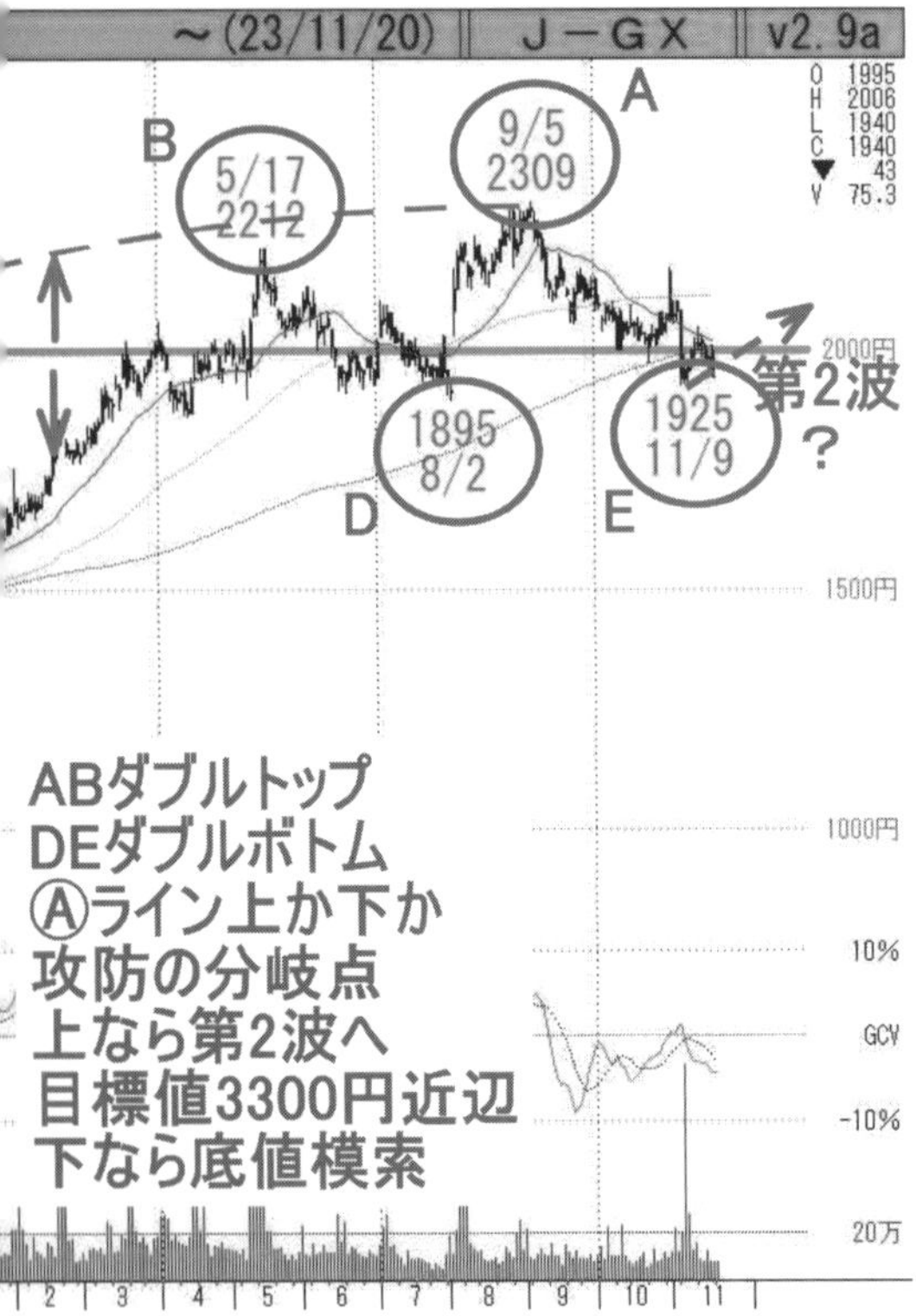

～(23/11/20)
J－GX
v2.9a
O 1995
H 2006
L 1940
C 1940
▼ 43
V 75.3
A
B
5/17
2212
9/5
2309
1895
8/2
1925
11/9
D
E
第2波
？
2000円
1500円
1000円
ABダブルトップ
DEダブルボトム
Ⓐライン上か下か
攻防の分岐点
上なら第2波へ
目標値3300円近辺
下なら底値模索
10%
GCV
-10%
20万
2
3
4
5
6
7
8
9
10
11

小売り向けの物流サービスを手がける物流会社。

アマゾンジャパンの配送業務を受託して成長。ネット通販が普及するなか、近年はM&Aを中心に事業規模を拡大している。

和佐見勝社長は、2018年にも約5億2000万円相当の保有株式、2020年に

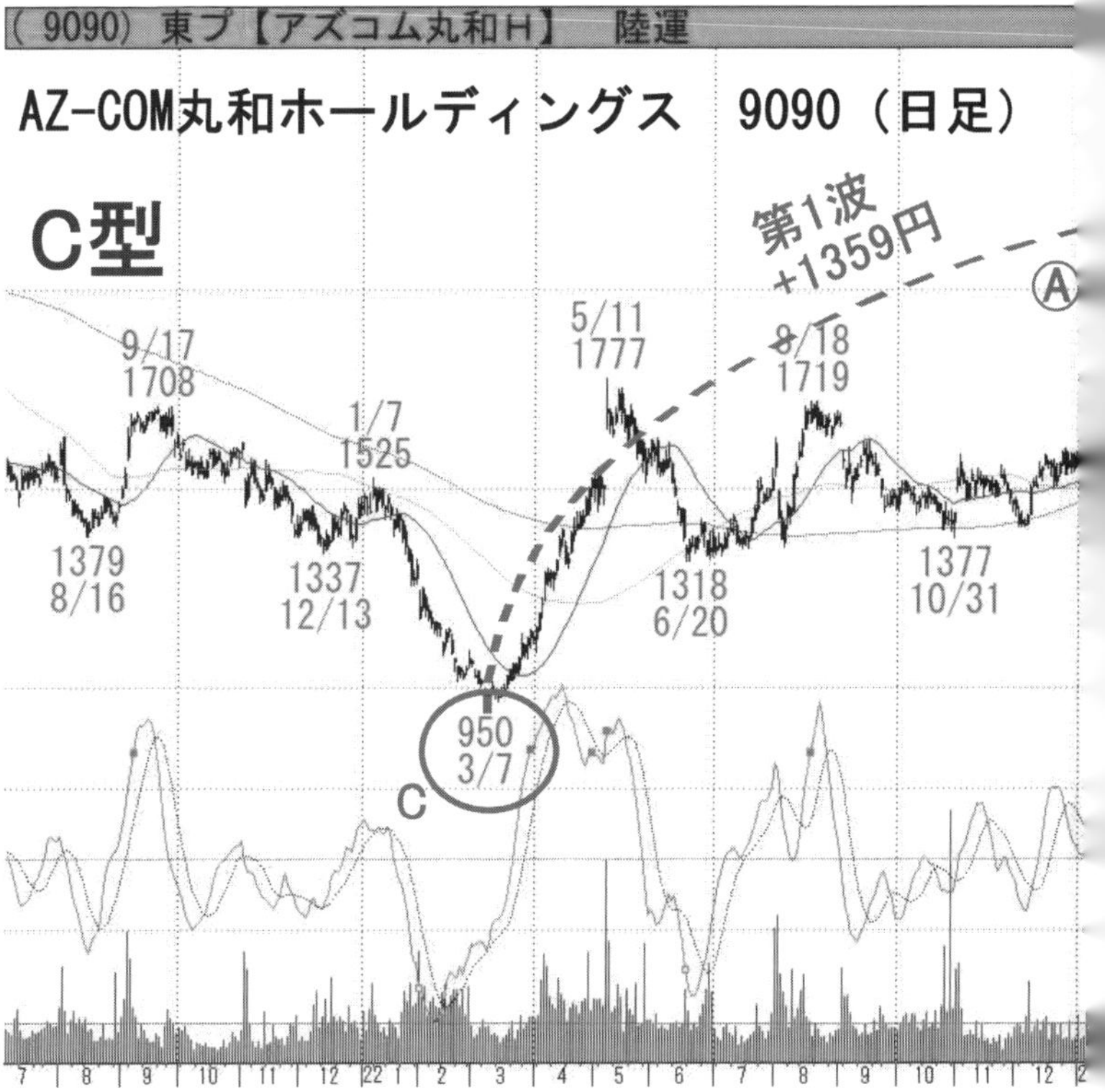
（9090）東プ【アズコムル丸和Ｈ】　陸運
AZ-COM丸和ホールディングス　9090（日足）
C型
第1波
+1359円
Ⓐ
9/17
1708
1/7
1525
5/11
1777
8/18
1719
1379
8/16
1337
12/13
1318
6/20
1377
10/31
950
3/7
C
7
8
9
10
11
12
22
2
3
4
5
6
7
8
9
10
11
12

は現金10億円を従業員に贈与していたが、２０２３年９月に、会社設立50周年を記念して、同社の業務拡大に貢献したトラック運転手など従業員と役員の約１万５０００人を対象に、和佐見社長の保有資産から総額50億円超を支給すると発表して話題になった。

株価は３月７日から９月５日までの上昇第１波で１３５９円上げた。２０００円の攻防の分岐点を超えれば上昇第２波が見込めるか。

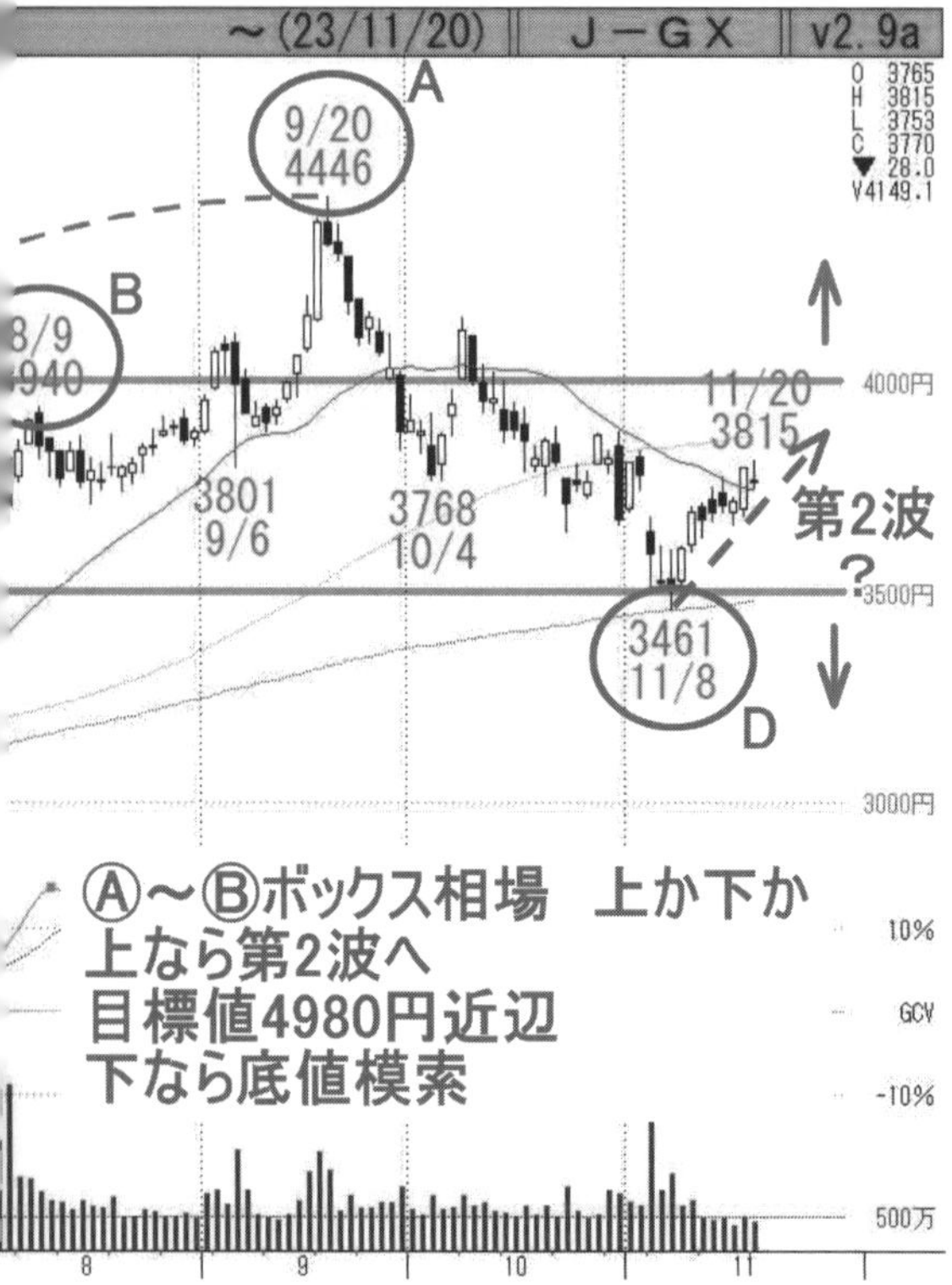
～(23/11/20)
J－GX
v2.9a
O 3765
H 3815
L 3753
C 3770
▼ 28.0
V4149.1
A
9/20
4446
B
8/9
3940
11/20
3815
3801
9/6
3768
10/4
第2波
?
3461
11/8
D
4000円
3500円
3000円
Ⓐ～Ⓑボックス相場　上か下か
上なら第2波へ
目標値4980円近辺
下なら底値模索
10%
GCV
-10%
500万
8
9
10
11

9101

日本郵船

東PRM

海運業

NYKで知られる日本海運のフラグシップ企業。

運航船舶数規模、連結売上高および連結純利益で日本で1位。世界でも有数の海運会社。

2018年4月に事業統合したコンテナ船が、稼ぎ頭。コロナ禍による世界的なロジスティクスの混乱に加えてウ

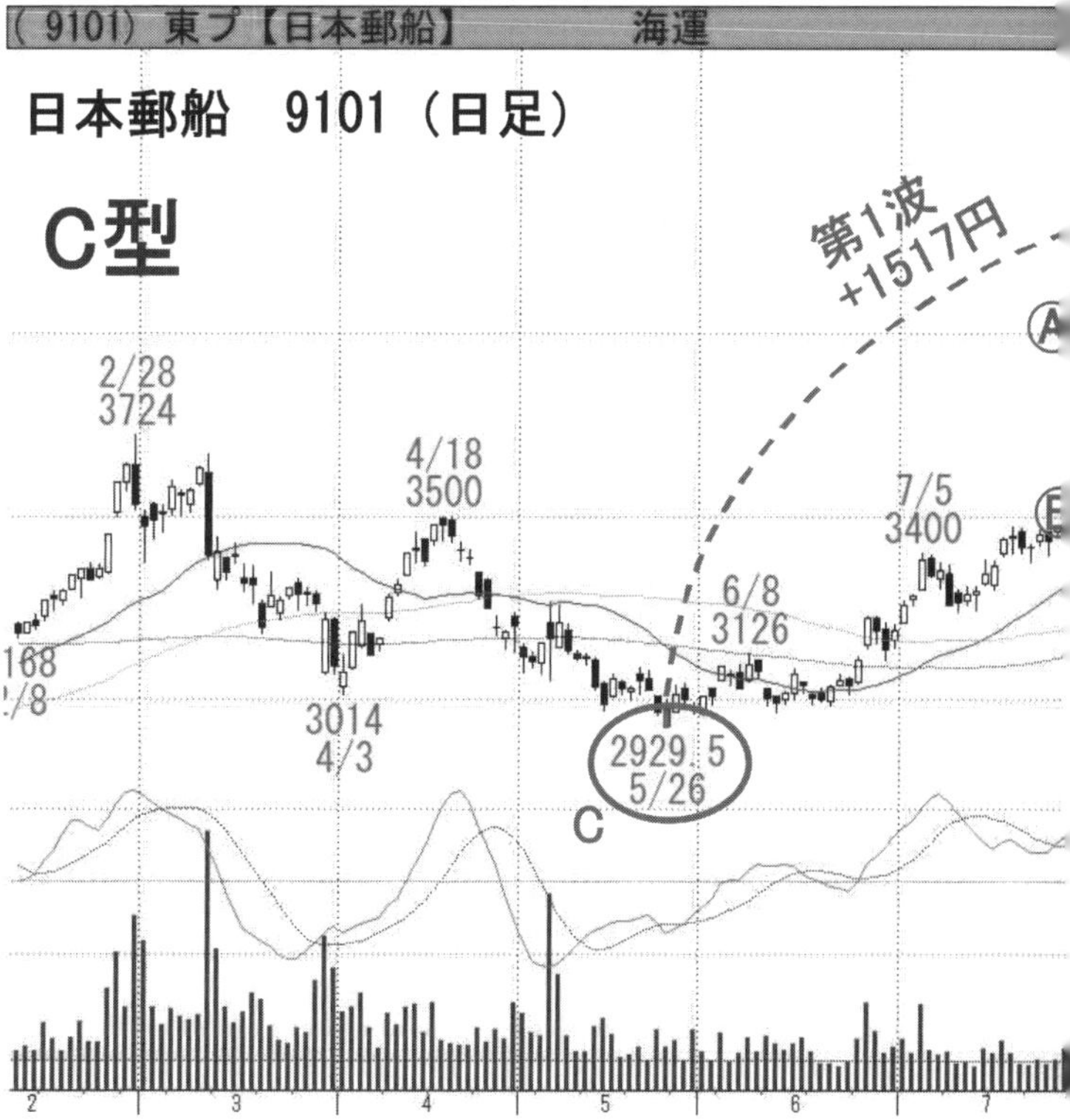
(9101) 東プ【日本郵船】 海運
日本郵船 9101（日足）
C型
第1波
+1517円
2/28
3724
4/18
3500
7/5
3400
6/8
3126
3014
4/3
2929.5
5/26
C
2
3
4
5
6
7

クライナ戦争が始まったことで、世界的に海運による物資輸送の役割が重要になっている。このため海運業の株価もＴＯＰＩＸ業種別指数において全業種中で値上がり率トップとなっている。

傘下に郵船ロジや日本貨物航空（ＮＣＡ）を収め、陸運・空運を強化して、総合物流企業を目指す。

~(23/11/20)
J－GX
v2.9a
O 3883
H 3918
L 3870
C 3883
△ 2.0
V3245.9
A
9/20
4655
Ⓐ
4500円
B
10/31
4166
4000円
3867
10/5
第2波
3669
11/8
?
E
Ⓑ
3500円
F
Ⓐ～Ⓑボックス相場上か下か
上なら第2波へ
目標値5300円近辺
下なら底値模索
10%
GCV
-10%
500万
8
9
10
11

9104

商船三井

東 PRM

海運業

世界最大級の保有船舶数を誇る海運業大手。鉄鉱石、タンカー、LNG船、不定期便に強みがある。LNG船の保有数は世界1位。

海運事業以外にも、海上輸送で培った知見とネットワークを活かし、様々な社会インフラ事業を展開。

グリーンエネルギーを生み

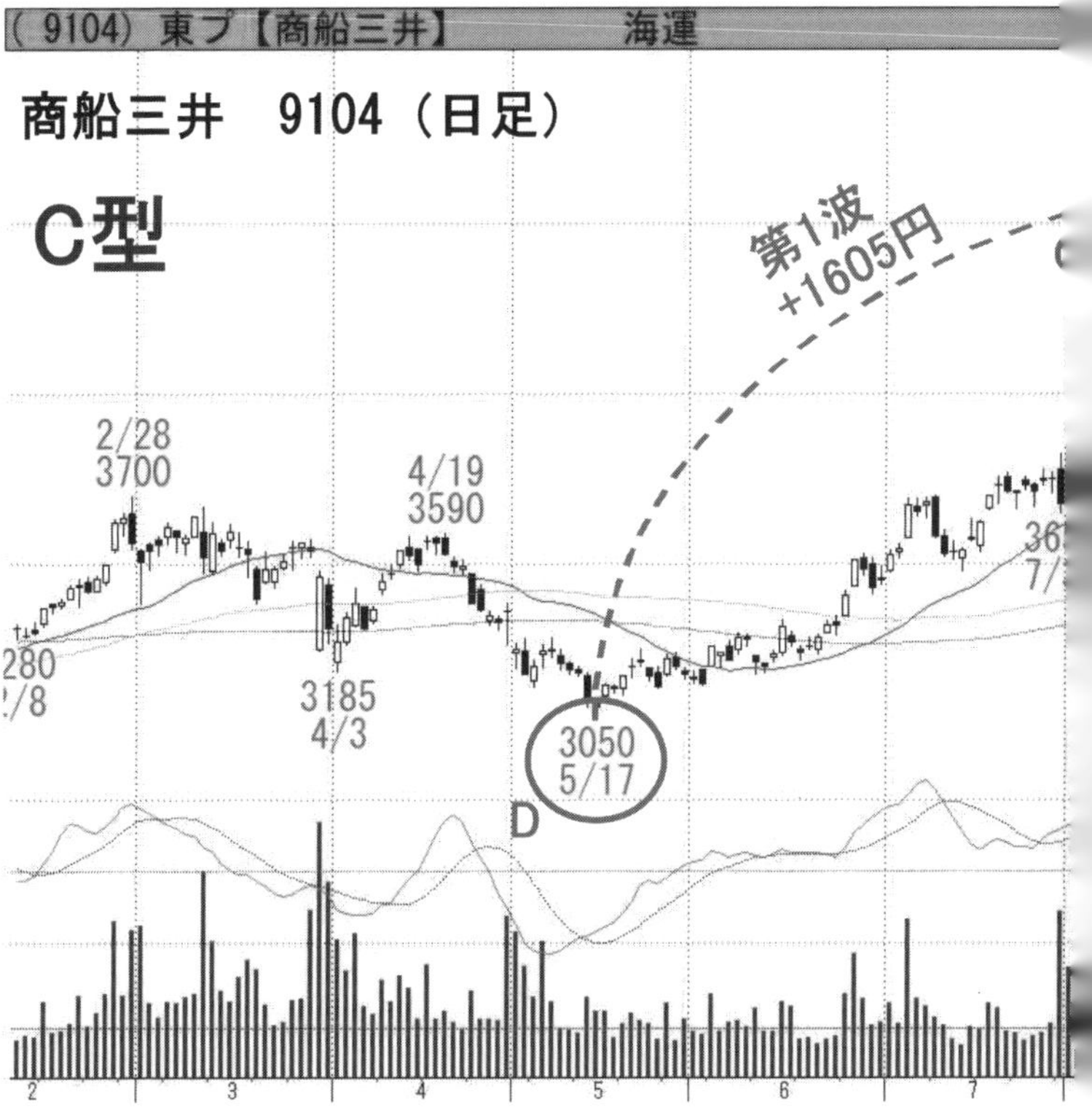
(9104) 東プ【商船三井】 海運
商船三井 9104（日足）
C型
第1波
+1605円
2/28
3700
4/19
3590
3185
4/3
3050
5/17
D
280
2/8
2
3
4
5
6
7

出す洋上風力発電の分野においても、洋上風力発電設備の建設前に立地環境を調査し、事業想定海域の選定を支援する海洋コンサルティングサービスをはじめ、風力発電設備やその資材の陸上・海上・航空輸送、湾岸荷役、通関、据え付けなどのサポートも行っている。

株価は３５００円〜４５００円のボックス相場入りしているが、上昇第２波があれば、目標値は５３００円近辺か。

9107

川崎汽船

東PRM

海運業

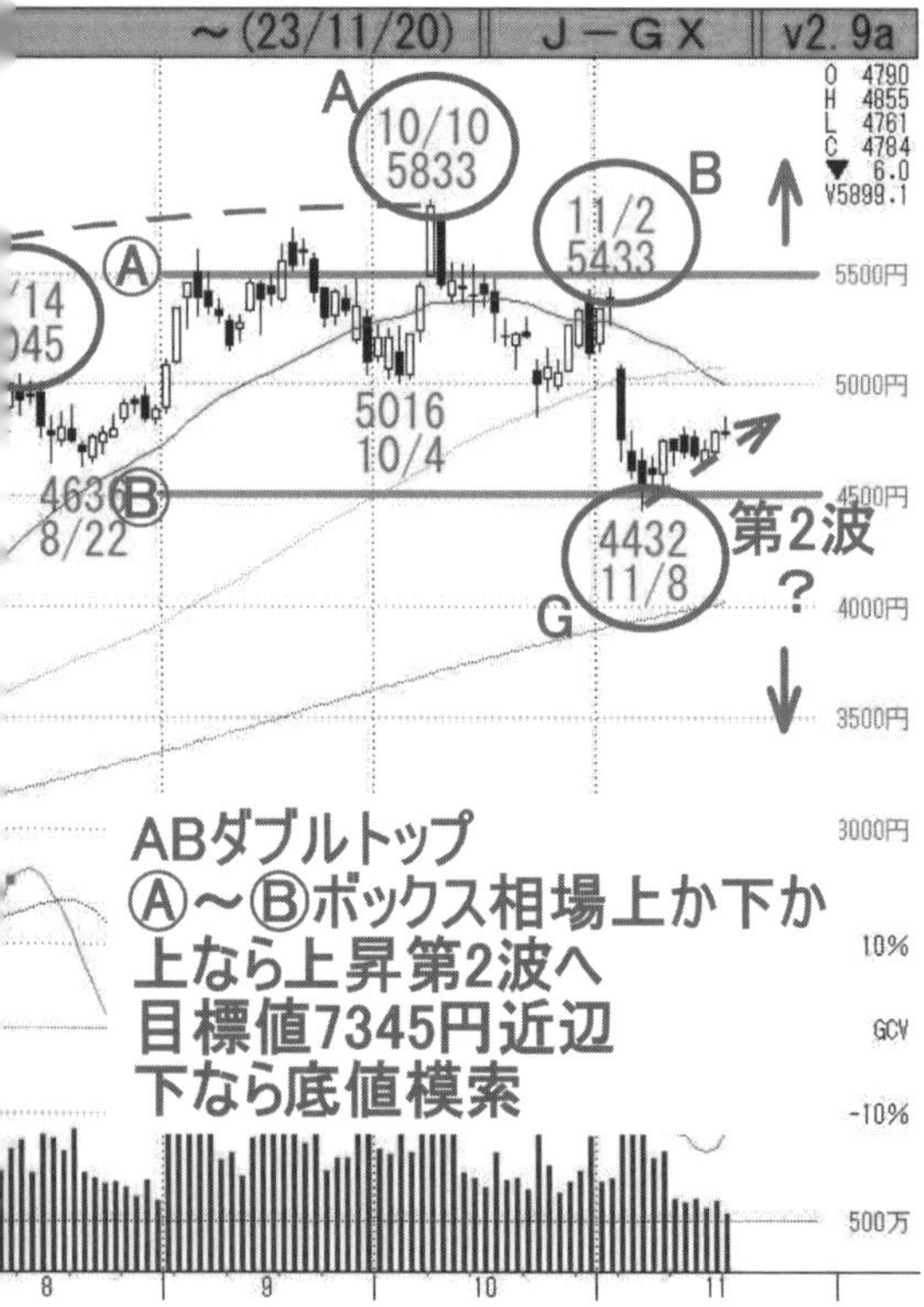
~(23/11/20)
J－GX
v2.9a
O 4790
H 4855
L 4761
C 4784
▼ 6.0
V5899.1
A
10/10
5833
B
11/2
5433
Ⓐ
5016
10/4
4636
8/22
Ⓑ
4432
11/8
第2波
？
G
5500円
5000円
4500円
4000円
3500円
3000円
ABダブルトップ
Ⓐ～Ⓑボックス相場上か下か
上なら上昇第2波へ
目標値7345円近辺
下なら底値模索
10%
GCV
-10%
500万
8
9
10
11

日本郵船、商船三井に次いで国内第3位の規模を持つ海運大手企業。

上位2社と比較するとコンテナ船への依存率が高いとされる。

このほか、石炭・鉄鉱石などの不定期貨物船、自動車運搬船、LNGタンカー、石油タンカーなどを運航する。ま

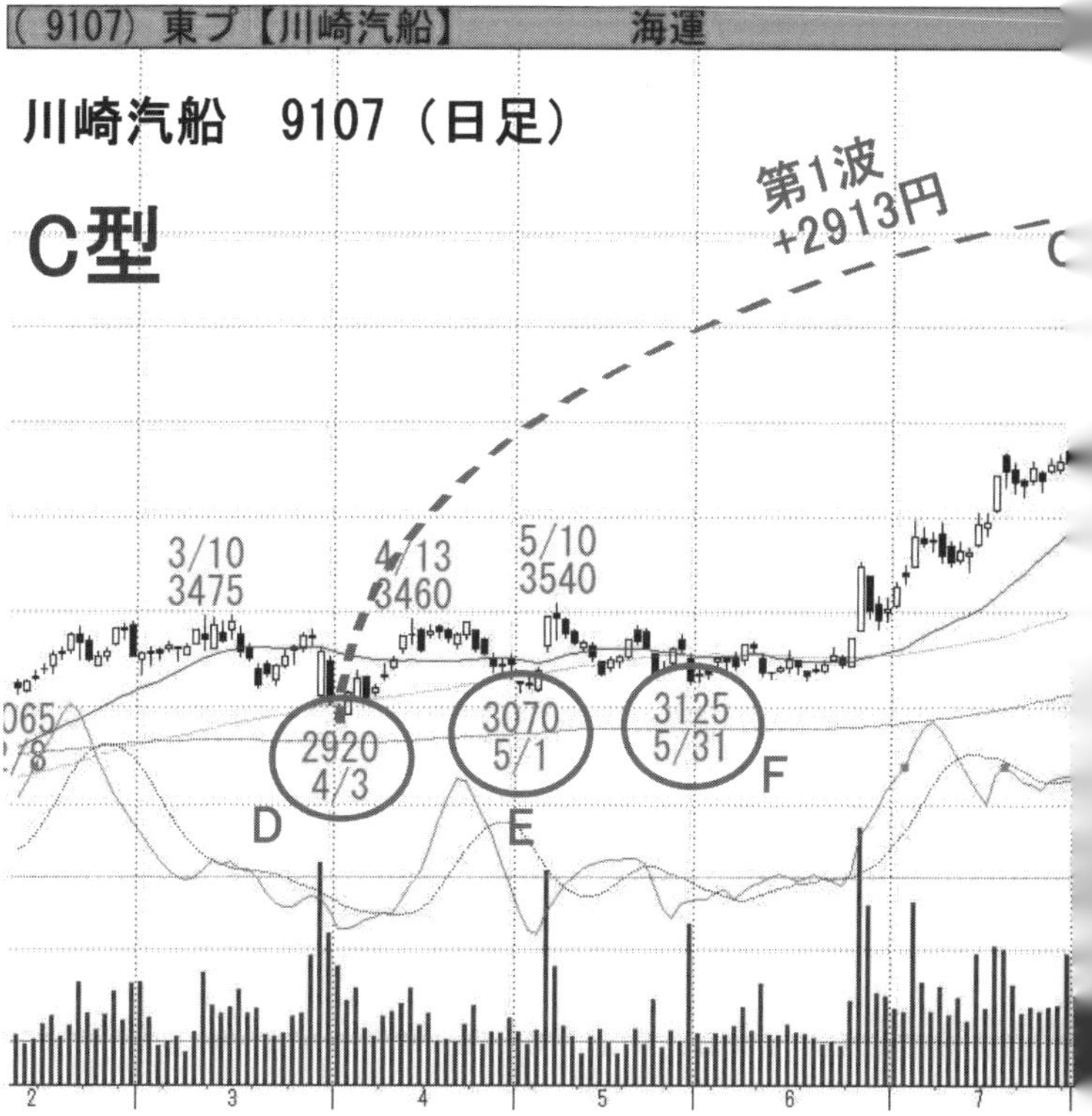
(9107) 東プ【川崎汽船】 海運
川崎汽船 9107（日足）
C型
第1波
+2913円
3/10
3475
4/13
3460
5/10
3540
2920
4/3
3070
5/1
3125
5/31
D
E
F
2
3
4
5
6
7

た、日本で初めて自動車専用船を導入した企業でもある。

　コンテナ船事業では、韓国の韓進海運、台湾の陽明海運、中国のコスコ・コンテナラインと海運アライアンス「ＣＫＹＨグループ」を組んでいる。

　２０２３年の株主配当金は、中間配当、期末配当ともに３００円で６００円となり、注目された。２０２４年は中間、期末とも１００円の配当を予定。

装丁・泉沢光雄
イラスト・青木宣人

■著者プロフィール
菅下 清廣（すがした　きよひろ）

投資家、ストラテジスト、スガシタパートナーズ株式会社代表取締役社長、学校法人立命館顧問、近畿大学世界経済研究所客員教授。ウォール街での経験を生かした独自の視点で相場を先読みし、日本と世界経済の未来を次々と言い当ててきた「富のスペシャリスト」として名を馳せ、「経済の千里眼」との異名も持つ。経験と人脈と知識に裏打ちされた首尾一貫した主張にファンも多く、政財界はじめ各界に多くの信奉者を持っている。著書に『日経平均4万円時代に世界がうらやむ日本の大化け株を探せ!』（徳間書店）、『50年間投資で食べてきたプロが完全伝授！　一生お金に困らない人の株式投資術』（KADOKAWA）、『2023-2024資産はこの「黄金株」で殖やしなさい！　日本株大復活』（実務教育出版）など多数。メールマガジンも好評配信中（無料）。

「スガシタレポートオンライン」は、
https://sugashita-partners.com/report-online/
から登録できます。

2024年大注目《ねんだいちゅうもく》！
スガシタ流《りゅう》60銘柄《めいがら》で
あなたのお金《かね》を増《ふ》やす!!

発行日	2023年12月25日	第1版第1刷
	2024年　2月20日	第1版第2刷

著　者　菅下《すがした》　清廣《きよひろ》

発行者　斉藤　和邦
発行所　株式会社　秀和システム
〒135-0016
東京都江東区東陽2-4-2　新宮ビル2F
Tel 03-6264-3105（販売）Fax 03-6264-3094
印刷所　三松堂印刷株式会社　Printed in Japan

ISBN978-4-7980-7147-3 C0033